Stefan Stadtherr Wolter

Prora
Kolossales am Nordstrand

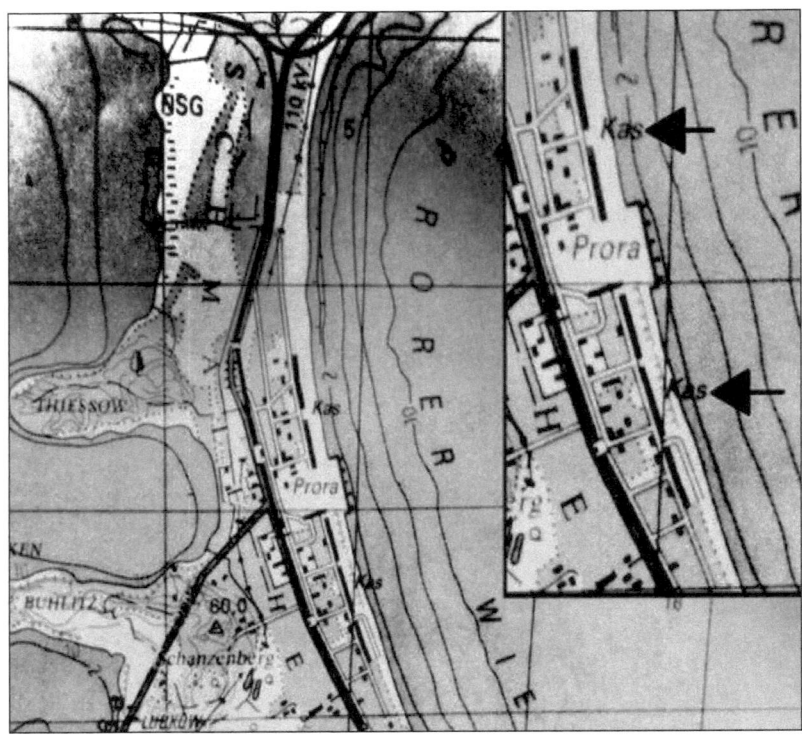

Eine geheime DDR-Karte mit originaler Bezeichnung „Kaserne" für die fünf von der Nationalen Volksarmee genutzten Blöcke. Im Bereich des Ausbildungsgeländes (Mitte) steht der Ortsname Prora. Oberhalb schließt sich der nördliche Koloss mit den heute sog. Blöcken IV und V an (oberer Pfeil). Ganz links sind die Manövergelände zu sehen. **Im Folgenden orientieren wir uns an der Nummerierung der jeweils elf Höfe von rechts (Süden) nach links (Norden).**

Stefan Stadtherr Wolter

Prora

Kolossales am Nordstrand

Denk
MAL
Prora

Mit den Büchern „*Kolossales am Südstrand*" und „*Kolossales am Nordstrand*" halten Sie das Ergebnis jahrelanger Recherchen und mühsamer Zuordnungen von Geschichten rund um den „Koloss von Prora" in Händen. Eine Arbeit, insbesondere zur weithin (ver)heimlich(t)en DDR-Geschichte, die bis heute politisch und medial kaum Beachtung findet.

Die in die Nische verbannte Arbeit, ins Licht gerückt auf der Website www.DenkMAProra.de, kostet Geld — das die Initiative nicht hat und aus den dargelegten Gründen nirgendwo beantragt werden kann. Um zumindest die Arbeit an der Website fortführen zu können, ist privates Engagement gefordert. *Ihr finanzieller Beitrag* wäre sehr willkommen! Falls gewünscht, mit Namens-nennung/Verlinkung. Bei Interesse: denkmalprora@gmx.de

Bauen Sie mit am großen Virtuellen Museum zur Geschichte des Kolosses von Prora!

Block V beherbergte auch russische Streitkräfte, die Spuren hinterließen. Hier ein Graffiti von vor 30 Jahren, als sich die russischen Truppen aus Deutschland zurückzogen.

Impressum

1. Auflage
© Kolossales im Klartext 2024

Satz: Dr. Stefan Stadtherr Wolter, Berlin

Verlag: BOD · Books on Demand GmbH, In de Tarpen 42, 22848 Norderstedt

Druck: Libri Plureos GmbH, Friedensallee 273, 22763 Hamburg

ISBN: 978-3-7693-2307-8

Preis: 16.50 €

Inhalt

„Ohne unsere vielfältigen Bemühungen wäre die reale Geschichte des Gebäudes der künftigen Jugendherberge Prora bis heute nicht präsent. So gern der Denk-MAL-Prora e.V. als solcher auch in der Bildungsarbeit selbstständig aktiv geworden wäre, ist doch festzustellen, dass er in erster Linie zum Instrument wurde, die Themen DDR-Militärgeschichte und Bausoldaten ins Bewusstsein zu rücken und dauerhaft in Prora zu verankern. Dabei erhielt unser Verein bis zu seinem Ende kaum Unterstützung – nicht von der Politik und auch nicht von der Kirche oder von sonstigen Institutionen und Verbänden.

Erst nach der Auflösung unseres Vereins und unserem Vorwurf einer ‚selektiven und unglaubwürdigen Erinnerungskultur in Mecklenburg-Vorpommern‘ und dem damit verknüpften Hilferuf machten sich viele engagierte Menschen dafür stark, dieses Thema nicht nur halbherzig in einem Ausstellungsraum zu verankern, sondern in die Deutung des Ortes Prora öffentlich mit einzubeziehen.“

Dr. Stefan Stadtherr Wolter
Zeitgeschichte regional, 2/10 14. Jg. 2010

„Wir haben lange versäumt, uns mit der Geschichte des Ortes Prora nach 1945 auseinanderzusetzen. Die Lücke seit 1989 – Jahre des Vergessens und Verdrängens – muss geschlossen werden.“

Jochen Schmidt
Direktor der Landeszentrale für politische Bildung M-V, März 2011

Zum Geleit

I

Verjüngt und aufgemotzt steht sie an einem der schönsten Strände von Rügen – die kilometerlange Anlage von Prora. Als Seebad trägt sie zur Schau, was sie in ihrer Geschichte nicht einen Tag lang gewesen ist. Was sie aber nun tatsächlich sein darf, nachdem Politik und Medien sie nach 1990 zweckdienlich einseitig in dieses Gewand gesteuert haben. Fast hat die „Schönheitskur" unsere inzwischen fast neunzigjährige Diva vergessen lassen, was sie einst gewesen ist: Welch systemstabilisierenden Entwicklungsweg sie in der DDR genommen hatte, nachdem sie aus der Nazi-Kinderstube herausgewachsen und um 1950 unter aufopfernden Mühen tausender Arbeiter und Soldaten für den Kalten Krieg präpariert worden war. Es scheint so, als *soll* sie sich nicht daran erinnern, was sie über vierzig Jahre hinweg „erlebt" und ausgemacht hat. Und wie sie hunderttausende DDR-Bürger zweier Generationen geprägt oder zumindest beeinflusst hat. Durchaus nicht wenige Menschen hat sie gar gebeugt und etliche gebrochen. Noch gibt es Zeugen der DDR-Geschichte, die in der Lage sind, das wahre *Prora unterm weißen Mantel* zu erkennen. Für alle anderen, und das ist die Mehrheit, fällt das Begreifen (durchaus im Wortsinn) zusehends schwerer und ist, kommt das geplante Bildungszentrum nicht zustande, kaum noch zu realisieren. Der vorgesehene Abschnitt in Block V neben der Jugendherberge Prora, gelegen am nördlichen Ende des Blocks, könnte die Kasernengeschichte und insbesondere die der Wegbereiter der Friedlichen Revolution authentisch und begreifbar wachhalten.

Doch die Aussichten darauf sind nicht rosig. Trotz stetiger Willensbekundungen über nun beinahe zwanzig Jahre hinweg, in Block V von Prora ein Bildungszentrum zur Geschichte des Ortes entstehen zu lassen, präsentiert sich der vorgesehene Abschnitt als Bauruine. Diesem Phänomen ging ein Machtspiel voraus, das mit falschen Versprechungen im Jahr 2010 zum heutigen „Luftschloss" führte.

Nachdem das Bildungszentrum im Jahr 2013, dann 2022 und schließlich 2026 eröffnen sollte, werden zum Start derzeit keinerlei Aussagen mehr getroffen. Derweilen stiegen die geplanten Kosten von 3 auf 5 und schließlich auf 7 Millionen Euro. Seit 2020 wurden angeblich 13,7 Millionen benötigt und neuerdings ist von 20 Millionen Euro die Rede. Hingegen zeugt das Durchpeitschen des Baus der Jugendherberge (2009-11) in den historischen Kasernenräumen davon, was *politischer Wille* vermag – wenn man denn will!

Auch das Nichtvorhandensein des Bildungszentrums spiegelt den politischen Willen wider. Denn um ein ausgewogenes Zentrum zur NS-Vorgeschichte und vierzigjährigen DDR-Ausbau- und Nutzungs-geschichte ist es im Grunde nie gegangen. Ziel des jahrelang vor Ort ansässigen und von der Landesregierung protegierten Vereins Prora-Zentrum (Vereinsvorsitzende Kerstin Kassner, Landrätin bis 2011) scheint in erster Linie Einflussnahme und Profilierung im Sinne ganz bestimmter, nicht offen ausgesprochener Absichten gewesen zu sein. Und zwar die, das geplante KdF-Bad im Bewusstsein zu verankern und zugleich als künftiges Seebad salonfähig zu machen. Das unter-schied in Nuancen das kleine Prora-Zentrum e.V. (gegründet im Jahr 2001) vom größeren Dokumentationszentrum Prora, das im Jahr 2000 gegen das Vergessen des dämonischen dunklen Naziursprungs antrat und sich den Kampf gegen die Banalisierung des „Mahnmals der NS-Geschichte" auf die vor Ort wehenden Fahnen geschrieben hatte (vgl. Kolossales am Südstrand, 2019).

Beide Vereine arbeiteten mit ihrer einseitigen Wahrnehmung des Ortes *gegen* die Geschichte des Kalten Krieges; historische Relikte aus der Kasernennutzungszeit berührten nicht. Bis auf die Zeiten, in de-nen sich mit einschlägigen Projekten Drittmittel einwerben ließen, spielten Zeitzeugen der DDR-Geschichte so gut wie keine Rolle in Prora.

Dass Prora-Zentrum e.V. sich schließlich doch mit der DDR-Militärgeschichte, insbesondere den Bausoldaten, auseinandersetzen musste, ist eine Folge des jahrelangen (2006-2010) Insistierens des Autors und Vereinsgründers Denk-MAL-Prora. Dafür wird er bis heute missachtet und aus sämtlichen staatlich finanzierten Projekten vor Ort herausgehalten. Mehrfache Kooperationsangebote und Ver-netzungsversuche führten nicht zum Ziel. Da nützte es auch nichts, dass die Zeitschrift „Zeitgeschichte regional" Notwendigkeit und Werdegang der Initiative veröffentlicht hat – mit der Feststellung: „Offenbar hat sein (gemeint ist der Autor) Insistieren die Entwicklung und Umsetzung der Konzeption für die zukünftige Bildungsstätte in Prora beeinflusst."[1] Genau an dieser Bildungsstätte scheiden sich die Geister. Der 2008 gegründete Verein Denk-MAL-Prora (seit 2011 als Initiative DenkMALProra fortgeführt) schien Prora-Zentrum e.V. gefährlich zu werden. Offenbar fürchtete man um die sich angeeigneten Pfründe – sowie die historischen Wahrheiten bezüglich des Platzes der heutigen Jugend. Mithilfe der Landeszentrale für politische Bildung wusste sich Prora-Zentrum e.V. seinen Heimvorteil zu sichern; entgegen den Ambitionen der Zeitzeugen und all jener, die an einem raschen Entstehen eines Zentrums zur umfassenden Geschichte des Ortes Interesse haben. Doch 2024 meldete der am Tropf der Landesregierung hängende, stets auskömmlich finanzierte Verein Insolvenz an. Stahl er sich aus der Verantwortung – nun, da er liefern müsste?

Wie stark indessen die Einflussnahme des Autor gewesen ist, wird erst jetzt bewusst: Fünfzehn Jahre ist es her, seitdem er „eine möglichst genaue Dokumentation der historischen Raumsituation in der künftigen Jugendherberge und der Einrichtung von ,Zeitfenstern', die die gesamte Geschichte des Blockes auch hinsichtlich der baulichen Struktur (…) transparent machen", forderte.[2]

Wenngleich die Planung des Bildungszentrums einmal mehr auf tönernen Füßen steht: Jetzt endlich ließ die durch die Privatisierung des Blocks (2019) in die Enge getriebene Landesregierung Mecklenburg-Vorpommern den Abschnitt des geplanten Bildungszentrums in einer in Prora bis dahin nicht dagewesenen Weise bauhistorisch und restauratorisch untersuchen. Mit Ergebnissen, die dem Autor Recht geben (vgl. S. 195 f.). Immer wieder hatte er auf die notwendige Beachtung der unterschiedlichen Bauphasen der Anlage mitsamt ihrer bisweilen bildlichen Ausschmückung hingewiesen – mündend in den Aufsatz: „Auferstanden aus KdF-Ruinen. Der ,stalinistische Kasernengroßbau Prora' und seine heutige Rezeption" (Ch. Links Verlag, 2018). Dass der für das Bildungszentrum eingeplante Gebäudeabschnitt eines Tages nicht im Seebad-Antlitz erstrahlen soll, sondern im graubraunen Kasernenantlitz belassen bleibt, geht ebenfalls auf das stetige Insistieren des Autors zurück. Ja, selbst die Tatsache, dass der Abschnitt „geplante Liegehalle mit Kamm" verschont blieb von der Privatisierung des übrigen Blocks, ist der Initiative DenkMALProra und seinen engagierten Mitstreitern mitzuverdanken.

Nicht nur auf diesem Gelände, auch vor dem benachbarten *Block IV,* konnten wichtige Spuren dokumentiert, gesichert oder gar unter Denkmalschutz gestellt werden. Bezeichnenderweise existiert keine einzige weitere Publikation zu den komplexen geschichtlichen Abläufen an diesem exponierten Ort der DDR-Geschichte. Diesen Verdiensten zum Trotz spielt die aus dem Verein Denk-MAL-Prora hervorgegangene Initiative in den offiziellen Statements der Landesregierung und zumeist auch in den überregionalen Medien keine Rolle. Die Bemühungen werden analog zur Verbannung aus der Bildungsarbeit vor Ort aus allen Verlautbarungen des Landes herausgehalten, seitdem der Bildungsverein Prora-Zentrum im Jahr 2010 mithilfe der Landesregierung und unter Vortäuschung falscher Tatsachen in die Position des Bildungsträgers gehievt worden war und die Deutungshoheit über die Geschichte des Ortes für sich beanspruchte. Wir werden dieses *Abbild einer abgründigen demokratischen Kultur im Lande,* im Jahr 2012 quellenfundiert dokumentiert (PDF-Asche aufs Haupt!)[3], in einem Exkurs nachzeichnen, der die Entwicklungen bis zum Jahr 2024 fortführt.

Dabei ist ein Bildungszentrum zur komplexen Geschichte Proras so wichtig: Wieder und wieder wurde Proras Kommerzialisierung und Banalisierung als Ferienort mit dem Hinweis auf dieses entstehende Zentrum zur Geschichte beschönigt. Was wurden seitens der Landespolitik für Worte geschwungen! Bis auf je eine kleine Ausstellung zur NS- und DDR-Zeit und häufigen Wechselausstellungen, die mit Prora im besten Falle indirekt zu tun hatten, war im kleinen Prora-Zentrum jedoch über all die Jahre hinweg nur wenig zu sehen. Schon allein personell war das Zentrum nicht derartig aufgestellt, dass es das in Aussicht gestellte große Bildungszentrum hätte stemmen können. Folglich wurden bis zur Privatisierung des Blocks V (2016/19), welche das Entstehen des Bildungszentrums wegen des drohenden Totalverlustes der realen Geschichte der Anlage dringlicher machte, keine ernsthaften Anstrengungen in diese Richtung unternommen.

Das Gemengelage von Verantwortlichkeiten, für Außenstehende wenig nachvollziehbar und verworren, kam dem Hinhaltemanöver zugute. Die Drahtzieher des heutigen Desasters, so wird der Exkurs herausstellen, sind in der Landeszentrale für politische Bildung sowie in der Person der ehemaligen Landrätin Rügens zu suchen: Jochen Schmidt und Kerstin Kassner. Mehrfach um genaueres Hinsehen gebetene höhere Instanzen (von Ministerpräsidentin Schwesig bis hin zu Bundeskanzlerin Angela Merkel und Bundespräsident Joachim Gauck – letztere jeweils drei Schreiben) ignorierten die Wortmeldungen. Schon 2012 analysierte der Autor nach einem knapp siebenjährigen Kampf, in dem er stetig auf einen anderen „Verantwortlichen" verwiesen wurde:

„In Prora werden unliebsame Angelegenheiten wie die Fragen des Erinnerns seit Jahren zwischen den verschiedenen Verantwortlichkeiten hin- und hergeschoben. So hatte es 2006 begonnen und so ist es in unschöner Regelmäßigkeit geblieben. Immer wieder hatte Denk-MAL-Prora versucht, gutwillige Ansprechpartner für die Arbeit der Aufarbeitung, Dokumentation und Bildung zu gewinnen. Nichts ging, immer lagen die Entscheidungen beim jeweils anderen. Dabei sind alle miteinander verquickt und sie drehen sich im Kreis – wie auf einem Karussell. Nun schaut die Landesregierung, die angeblich ein Gesamtkonzept für die Bildungsarbeit am Platz verfolgt (so wurde dem Verein immer wieder signalisiert), in der Frage des Bildungszentrums auf das Rotieren von Landkreis, Herbergswerk und Prora-Zentrum e.V. Und dreht sich in enger Bindung an dieses doch mit – möglicherweise so lange, bis die Sache ausgesessen ist und sich totgelaufen hat."[4]

Erst seit 2021 gibt es eine politisch klar definierte Verantwortlichkeit für die inhaltliche Ausrichtung des Bildungszentrums: die Landeszentrale für politische Bildung (LpB), Schwerin. Es also genau jene Instanz, die zusammen mit der ehemaligen Landrätin Kerstin Kassner über fast zwei Jahrzehnte hinweg immer wieder vollmundig auf ein erinnerungspolitisches „Gesamtkonzept" für den Platz rund um Block V verwiesen hatte und unter diesem Anspruch zunächst die Erinnerungstafel für die DDR-Bausoldaten ablehnte, dann einen „Erinnerungsgarten" mit integriertem historischen Tor der einstigen Wache, den der damalige Zeltplatzleiter in Aussicht gestellt hatte, und die schließlich den Ankauf der Musealien des alten NVA-Museums in Block III vereitelt hat – die allerletzten Ausstattungsstücke der einstigen Riesenkaserne. Ein Touristenmagnet! Untätig sah sie zu, als Block V 2016 zum Verkauf vorbereitet wurde; nie zeigte sie und ihr protegierter Verein Prora-Zentrum ein wirkliches Interesse an den übriggebliebenen baulichen Hinterlassenschaften aus der Geschichte des Kalten Krieges. Man stelle sich vor, die unentgeltliche Arbeit von DenkMALProra über zwei Jahrzehnte hinweg, die daraus entstandenen Prora-Bände und die Websites, gäbe es nicht!

Nach den Enthüllungen „Asche aufs Haupt" (2012) ist es an der Zeit, die Entwicklungen investigativ weiterzuverfolgen. Eigentlich ist es in einer funktionierenden demokratischen Kultur die Aufgabe der Medien, genauer hinzusehen. Sie, die aus welchen Gründen auch immer, mit Vorliebe das „ehemalige KdF-Seebad" marktschreierisch im Bewusstsein verankern, störten sich am aufgezeigten Dilemma nicht. Im Gegenteil! Der Filz, der das historische Prora umgarnt, bleibt so unkommentiert wie die Geschichte des Kalten Krieges. Hat man mit der dem Direktor der Landeszentrale für politische Bildung übergebenen Verantwortlichkeit für die Konzeption des Bildungszentrums (2021) den Bock zum Gärtner gemacht?

II

Binnen sieben Jahren, 2004 bis 2011, verkaufte die Bundesanstalt für Immobilienaufgaben alle *fünf* halbwegs intakten Prora-Blöcke, die um 1950 aus den KdF-Ruinen zu bewohnbaren Häusern transformiert worden waren. Die Bundesrepublik Deutschland, die sich damit aus der Verantwortung stahl, konnte jedoch kaum Gewinne für den Steuerzahler einfahren – die machen seither andere. Mit Steuervorteilen bzw. Abschreibungsmodellen werden sogar jene gefördert, die ohnehin bereits Vermögenswerte besitzen. Denn die in Prora entstehenden Wohnungen sind im Verkauf alles andere als günstig. Bis es soweit war, dauerte es noch ein Weilchen. Zum Auftakt des neuen Jahrzehnts (2010) waren zunächst nur drei Höfe am nördlichen Ende von Block V saniert, der 2006 für einen symbolischen Euro an den Landkreis Rügen verkauft worden war. Die Herberge wurde nur halb so groß (400 Betten), jedoch doppelt so teuer als zunächst veranschlagt. Mehr als 15 Millionen Euro subventionierten den politisch forcierten Umbau, damit sich ein „neuer Geist in alten Mauern" regt. Eine Geldverschwendung, der die Medien ebenso wenig auf den Grund gingen, wie der Zerstörung eines bedeutenden Stücks authentisch nachvollziehbarer Kasernenstruktur – ausgerechnet am Platz der einstigen Waffenverweigerer, der sogenannten Bausoldaten. Deren oppositionellen Gedanken und antrainierten Formen der gewaltfreien Konfliktlösung trugen zur Friedlichen Revolution bei.

Welch Chance verspielt man bis heute, in den Räumen der Jugendherberge Jugendliche an die Geschichte zweier verschiedener Diktaturen heranzuführen und insbesondere mit der Geschichte der Gewaltlosigkeit vertraut zu machen. Das, was kürzlich im benachbarten Abschnitt an Ausmalungen früherer Epochen zum Vorschein kam, zeigt, wie sehr eine sachgemäßere Sanierung unter Beibehaltung von „Zeitfenstern in die Geschichte" zur Veranschaulichung des Werdeganges des Gebäudes und seiner einstigen Bewohner beigetragen hätte. Wie spannend und lehrreich für die Jugend hätte der Ort mit seiner „doppelten" Historie sein können, wäre diese ins Konzept der Jugendherberge integriert statt weggeputzt worden. Doch ging es den Machern in einer Allianz aus Verdrängung, Unwissenheit und fragwürdiger Vermarktung allein um die KdF-Vorgeschichte. Alles, was diesem Ansinnen gefährdend im Wege stand, wurde beiseitegeschoben, ausgeschaltet. Zunächst politisch, dann medial. „Jugendherberge im KdF-Stil geplant" hieß es bereits *vor* der Umsetzung dieses Monsterwerkes, und ZDF sprach zur Eröffnung am 4. Juli, dem 85. Gründungstag der Hitlerjugend, von der „Kraft-durch-Freude-Jugendherberge".[5]

„Wohl noch nie hat die Eröffnung einer deutschen Jugendherberge so viel Aufmerksamkeit in der Öffentlichkeit erregt"[6], brachte die Berliner Zeitung die riesige Medienkampagne auf den Punkt, in der auch der benachbarte Block IV zu Markte getragen wurde. Ein so eindrucksvolles wie erschreckendes Beispiel, wie Regierungspolitik und Medien, dort, wo es angebracht erscheint, quer durch alle Sparten in eine Richtung tönen, notfalls über den Willen des Volkes hinweg.

Anreize zur Sanierung der grauen Blöcke schienen notwendig: „Trotz der exklusiven Lage mit Meerblick und direktem Strandzugang hat die im Jahr 2004 eingeleitete Privatisierung des ‚Kolosses von Rügen' nicht zu dem erhofften Investitionsboom zwischen Binz und Saßnitz geführt", berichtete die „Welt" noch im Jahr 2011.[7] Anfang November jenes Jahres, zu einem Zeitpunkt, an dem noch heute tausende frühere DDR-Bürger an ihre Einberufung zur Nationalen Volksarmee zurückdenken, vermeldete „Die Welt" den Verkauf von Block IV mit einem 240.000 Quadratmeter großen Grundstück zu einem „erheblich" über dem Mindestgebot von 500.000 € liegenden Preis. Käufer war das Leipziger Unternehmen Bauart. „Der Verkaufsabschluss ist für Prora eine Zäsur", fuhr die Welt fort, die Geschichte des Ortes in aller Einseitigkeit vor Augen führend:

„Denn bis auf kleinere, unbebaute Grundstücke wurde damit die sanierungsbedürftige Nazi-Ferienanlage komplett an den Mann gebracht. Zwischen 1936 und 1939 hatten hier Tausende Arbeiter im Auftrag der nationalsozialistischen Einheitsorganisation ‚Deutsche Arbeitsfront' (DAF) an der uniformen Tourismusanlage gebaut. Sie ging aber wegen des Kriegsausbruchs nie in Betrieb. Ziel der DAF war es, das Volk im Erleben eines billigen Massenurlaubs an der Ostsee gleichzuschalten. Zuvor hatte sich die Organisation das Vermögen der freien Gewerkschaften einverleibt und diese zerschlagen."[8]

Eine Zäsur bildete der Verkauf des letzten der wandlungsfähigen Prora-Blöcke in der Tat: Und zwar in Hinblick auf die nun auch verschwindenden Spuren der Geschichte der Offiziersausbildung für die internationalen sozialistischen Befreiungsarmeen. Mit dem Verkauf war das Vergessen der jüngeren Zeitgeschichte vorprogrammiert – denn dass die Sanierung weitgehend im „KdF-Stil" erfolgen würde, dafür sorgten Denkmalschutz und die (auch medial) anhaltende Fokussierung auf den Ursprungsgedanken. Zudem hatte man mit der Jugendherberge einen Präzedenzfall geschaffen. Dieser garantierte das Verschwinden der sich an diesem Ort spiegelnden Geschichte des Ostblocks; eine einstmalige Militärbastion – Machtinstrument der dem Westen verhassten SED und deren Hintermänner in der Sowjetunion. Fast alle, die sich mit der DDR-Geschichte auseinandersetzten oder diese zu integrieren suchten, waren bereits aus der Anlage getrieben und die Bebauungspläne so geändert worden, dass auch dem noch bis 2018 in Prora-Ost ansässigen NVA-Museum gekündigt werden konnte. Damit die Seebadentwicklung klappt, schienen finanzielle Anreize unerlässlich.

Der Flächennutzungsplan der Gemeinde Binz sah mittlerweile 3000 Betten für Prora vor – allein in den Blöcken I und II waren inzwischen 400 Eigentumswohnungen und zwei Hotels mit insgesamt 760 Betten genehmigt worden. Im Jahr 2006 hatte Ulrich Busch, Sohn des Arbeiterlied-Sängers Ernst Busch (1900-1980), die Blöcke I und II mit jeweils zehn Höfen für nur 455.000 Euro vom Bund gekauft. Block I verkaufte er an einen österreichischen Partner weiter, der ihn Anfang 2012 an die Berliner Firma Irisgerd versteigerte. Allein dieser Block erzielte nun 2,75 Mio Euro, womit sich der Wert etwa verzehnfacht hatte. Busch, dessen Gesellschaft die Außensanierung seines Blocks II übernahm und das spätere Hotel Prora Solitaire kreierte, verkaufte drei der insgesamt zehn Aufgänge seines 450 Meter langen Blockes an Investoren aus Berlin und Binz. 2013 wurde am ersten Bauabschnitt Haus „Aurum" Richtfest gefeiert.[9]

Die Blöcke IV und V, ebenfalls beide fast 500 Meter lang, wurden 2011 und 2019 privatisiert; Block V mit der Jugendherberge etwa zur Hälfte. Hier, im Norden von Prora, bestand die Gemeinde Binz auf eine Mischnutzung ohne Hotels. 2013 begannen die Entkernungsarbeiten in Block IV, der sukzessive bewohnbar gemacht wurde. Zum 1. August 2017 eröffnete im Zentrum des Blocks die ambulante Pflege Undine GmbH ihre neue Einrichtung für Betreutes Wohnen: 67 Wohnungen im Haus „Meeresrauschen". Ein Jahr darauf kam die Tagespflege „Jade" hinzu. Und 2019/20 eröffnete das Mariandl mit 128 Appartements. Entwickelt wurde in den vergangenen zehn Jahren auch „Prora Neue Mitte", wozu ein großes Nahversorgungszentrum gehört. Der Edeka-Markt unter der Leitung von Susanne Krüger eröffnete am 18. September 2020. Seit der Fertigstellung des Gästehauses Mariandl, das sich von einem klassischen Hotel immerhin unterscheidet, aber eben doch Beherbergungsbetten bereithält, buhlen seit Frühjahr 2020 gleich mehrere Einrichtungen um die Gunst der Gäste: In Block I eröffnete im Januar 2018 das Hotel „DORMERO", in Block II bereits 2016 das Apartment-Hotel „Prora Solitaire". Block III vermietet Ferienwohnungen, und dann ist da noch die Jugendherberge Prora am nördlichen Ende von Block V mit ihren 424 Betten in 96 Zimmern.

Immer wieder erstaunt, wie verquer die Geschichte von Prora inzwischen Eingang ins kollektive Gedächtnis gefunden hat. Heißt es auf einer Immobilienwebsite: „Ab 1945 wurden einige Häuser vollendet und als Hotel, Armeeunterkunft, Jugendherberge, Museum und Künstlerateliers genutzt. Nach 1989 diskutierte man verschiedene Konzepte...", so wendete sich im Jahr 2015 eine Frau an die Bundeskanzlerin Angela Merkel, mit dem Vorschlag, die „unvollendete" Nazi-Bauruine (die DDR gab es offenbar gar nicht) als Flüchtlingsunterkunft auszubauen.[10]

Das vorliegende Buch geht aus einer „Spurensuche" rund um die Jugendherberge Prora hervor (2011), die bereits in der Neuauflage „Prora-Inmitten der Geschichte II" (2015) um wesentliche Facetten erweitert werden konnte. Zur Kompensation des Glattbügelns der Geschichte und Stummschaltens der Zeitzeugen lässt es gerade diese zu Wort kommen. Vor Augen steht, was Politik und Medien weithin ausblenden.

Herzstück des Buches bildet ein Exkurs, der den Kampf um das seit fast zwei Jahrzehnten angekündigte „Bildungszentrum Prora" thematisiert. Wie erwähnt, setzt sie damit die Online abrufbare Dokumentation „‚Asche aufs Haupt' Vom Kampf gegen das kollektive Verdrängen der DDR-Geschichte von Prora auf der Insel Rügen" (2012) fort – mit neuen Erkenntnissen zu diesem traurigen Stück auf exponierter Bühne. Damals endete der Autor:

„Der Herbergsbau ist maskiert, der Vorhang für ein absurdes Theater aufgezogen. Irgendwann einmal purzeln die Masken und hoffentlich dann folgt eine gerechte Kritik dieses Dramas."[11]

Nach sechs langen Jahren des persönlichen Kampfes um die Geschichte des Ortes, ausgegrenzt vom Prora-Zentrum e.V. und dessen Hinterfrauen und -männer, ging die einer Demokratie unwürdige Geschichte noch zwölf Jahre weiter.

„Prora, dieser Koloss, parallel zum Strand, traumatisierte mich unbeschreiblich. Nie zuvor hatte ich etwas Ähnliches gesehen. (...) Welche Macht muß ‚die Partei' doch haben, so fühlte ich", erinnert sich ein einstiger Rekrut, der nach der Schule nach Prora „eingezogen" wurde. DDR-Bürger assoziierten mit der Kaserne Abgeschiedenheit und Drill. Die Architektur, im Kalten Krieg vorläufig vollendet, übte Macht aus.

Nach der politischen Wende haben Politik und Medien das geplante „KdF-Bad" wiederentdeckt. Das Seebad lässt sich nicht nur besser vermarkten als die reale Geschichte. Es ist so falsch wie bequem, die unterschiedlich beurteilte DDR-Geschichte auszublenden. Etliche der mindestens eine halbe Million jungen Männer lernten hier auch Kameradschaft kennen oder lernten fürs Leben. Die Waffenverweigerer in Block V erprobten den gewaltlosen Widerstand, der die Friedliche Revolution prägte.

Abbildung oben: Fallschirmjäger-/Bausoldatenkaserne als Ruine kurz nach der politischen Wende. Unten Blöcke V (vorn) und IV. Es schließt sich der Kreis der Sanierung, wo **Prora begann, sich den weißen Mantel des Vergessens überzustreifen.**

Vom vermarkteten KdF-Seebad, das es als solches nie gegeben hat ...

Das von den Nationalsozialisten geplante Seebad wurde nie fertiggestellt und wird doch allenthalben heute so überdimensional als „ehemaliges KdF-Bad" in Szene gesetzt, als ließe man sich das von den nahezu baugleichen Häuserblocks so diktieren. Zur Eröffnung der Jugendherberge Prora (2011) führte eine Medienkampagne eindrucksvoll vor Augen, wie Politik und Medien unser Bewusstsein manipulieren.[12] Entgegenzuhalten ist: Auch die stalinistische Ära schätzte Monumentalbauten: In der *Realität* wurde Prora die längste Kaserne des Landes. Strandspaziergänge waren in der Regel verboten; das Gelände glich einem kleinen Kriegsgebiet.

Richtet man den Blick jedoch lediglich auf die *Planungen* eines der längsten Gebäuderiegel der Welt, dann wird freilich ein Symbol für die Verführung der Massen im Nationalsozialismus sichtbar – der „schöne Schein", mit dem das Regime die Massen zu begeistern suchte. Doch um eine spezifische NS-Architektur handelt es sich nicht, wie andere Bauprojekte der Moderne zeigen.

Aneinandergereiht auf einer Länge von etwa 4,5 Kilometern sollten die Blöcke einst zum *Seebad Prora* werden – ein jedes Zimmer mit Meerblick. 20.000 Menschen der „deutschen Volksgemeinschaft", die bekanntlich viele Bevölkerungsgruppen ausschloss, sollten später hier einen günstigen Urlaub verbringen können. Das Bad an der Prorer Wiek wäre das erste von fünf geplanten gigantischen Seebädern an der Ostsee geworden. Der Auftrag der NS-Organisation ‚Kraft durch Freude' ging an den Kölner Architekten Klemens Klotz (1886–1969), dessen Entwurf sich internationaler Beachtung erfreute: 1937 wurde er auf der Weltausstellung in Paris mit dem Grand Prix ausgezeichnet. Unter dem Eindruck des europaweit aufstrebenden Massentourismus und der Bauraffinessen der Moderne, wie sie die Zwanziger Jahre vorangetrieben haben, geriet die Propaganda des diktatorischen Systems also kaum ins Visier. Doch in Deutschland wurde der Zeitgeist gefährlich instrumentalisiert.

Die Kaserne von der Seeseite aus betrachtet –
Vom Rohbau bis zur Entkernung

1951 – Rohbau der KdF-Anlage

2004 – Verlassene Kaserne

2010 – Rohbau der Jugendherberge

Aber mehr noch als mit Prora versuchte der NS-Staat mit dem KdF-Wagen, hergestellt in Wolfsburg, und den Kreuzfahrten auf KdF-Schiffen die Massen zu begeistern.[13] Nach dem Krieg entwickelte der Westen in Wolfsburg den Volkswagen und die DDR rüstete in Prora auf. Wer käme auf die Idee, den Volkswagen heute als ‚ehemaligen KdF-Wagen' vermarkten zu wollen? Anders beim Ort Prora, der eine brisante Rolle in der Geschichte des Kalten Krieges spielte, die es offenbar zu verdrängen gilt.

Die 1936 begonnenen Arbeiten am „ehemaligen KdF-Bad Prora", wie heute Wegweiser das einstige Militärgelände ausweisen, waren bei Kriegsbeginn eingestellt worden. In die Kriegsmaschinerie eingebunden wurden lediglich die Gefolgschaftshäuser, heute Wohnhäuser: 1940/41 waren auf dem Gelände verschiedene Polizeibataillone stationiert, ab Juli 1942 wurden Nachrichtenhelferinnen für die Kriegsmarine (sog. „Blitzmädel") in Prora ausgebildet. Der Koloss blieb derweilen ein Rohbau. Waren anfangs namhafte Firmen am Werk, so hatten nun Kriegsgefangene und Zwangsarbeiter, wie im gesamten Reich eingesetzt, Segmente im südlichen Teil der Anlage auszubauen. Die Ersatzquartiere bewohnten ausgebombte Hamburger. Gegen Ende des Krieges fanden Flüchtlinge aus den Ostgebieten in Prora eine Bleibe.

Obgleich zunächst als Steinbruch genutzt und ab 1950 zur Kaserne auf- und ausgebaut, wurde nach der politischen Wende im Sinne des Tourismus das „NS-Seebad" unter Denkmalschutz gestellt. Somit gilt das Interesse der Allgemeinheit vor allem der KdF-Bad-*Planung*. Die *Realität*, das authentische Erleben Zehntausender innerhalb von vierzig Jahren, wurde ausgelöscht und verhallte. Somit hat sich die historische Perspektive auf den Ort verschoben. Wurde in der DDR das geplante KdF-Bad tabuisiert, so geschah Selbiges nun mit der DDR-Geschichte. So wird man diese später überwiegend abstrakt erläutern müssen. Die Initiative DenkMALProra, letzte Instanz, die die DDR-Geschichte vor Ort kritisch ins Bewusstsein zu rufen sucht, müht sich um eine lebendige Erinnerung an die *reale* Geschichte von Prora. Es sind die Geschichten, die die Ostdeutschen direkt oder indirekt prägten. Sie gilt es festzuhalten und wo immer möglich zu veranschaulichen.

… zur tatsächlichen Kasernen-Nutzung, die aus dem kollektiven Gedächtnis entschwindet

Ab Mai 1945 übernahm die Sowjetarmee die Kontrolle über Rügen. Sie ließ an den beiden nördlichsten Häuserblöcken Sprengungen vornehmen und den südlichsten Rohbau komplett abtragen. Die schwer beschädigten Bauten im Norden nutzten später die Fallschirmjäger als Übungsgelände.

Die für den Reichsarbeitsdienst geplanten Gefolgschaftshäuser dienten nach dem Krieg der Internierung von Grundbesitzern aus Thüringen sowie auch der Unterbringung von Heimatvertriebenen.

Um 1950 verkörperte der von der Öffentlichkeit abgeschirmte Ort die heimliche Aufrüstung der DDR. Hier wuchs ein gewaltiges Kontingent der Kasernierten Volkspolizei heran, aus der im Jahr 1956 die Nationale Volksarmee hervorging – mit weit mehr als 10.000 Mann (ausführlicher: „Prora-Kolossales am Südstrand", 2019). In jenen Jahren erhielt der demontierte und geplünderte Rohbau seine Kasernengestalt – Treppen, Zimmer, Türen, Fenster und Ausstattung. Block V erhielt sogar erst um 1980 den noch heute bekannten grauen Rauputz. Signifikant war Hof 11, der unverputzt blieb, weil die Arbeiter im Vorfeld des Hafenbaus dringlicher im Wohnungsbau benötigt wurden. Bis zum Umbau des Gebäudes zur Jugendherberge zeigten die Ziegelsteinwände, wie es um den angeblich in Beton gegossenen unzerstörbaren Koloss in Wahrheit bestellt ist.

Unter den vielen Militäreinheiten der Anlage gab es einige, die einzigartig in der DDR gewesen sind und die daher für die Militärgeschichte eine herausragende Bedeutung haben.

Im Norden der Anlage betrifft das Block V, dessen *nördlichen Bereich* mit Fallschirmjägerbataillon und späterer Baueinheit sowie dessen *südlichen Bereich* mit dem einzigen Seelandebataillon der DDR (MSR-29). Teile dieses Mot. Schützenregiments, das 1961 zur Sicherung der Staatsgrenze nach Berlin befohlen worden war, erstreckten sich auch über Block II in Prora-Ost sowie über Block IV. Die 1981 in diesem benachbarten Block IV eingerichtete Offiziershochschule für ausländische Kader war ebenfalls ein Alleinstellungsmerkmal. Zeitgleich entwickelte sich der südliche Teil von Block V zum größten Reservistenregiment in der DDR. Das Gelände behielt somit seine exponierte systemstabilisierende Funktion für den SED-Staat (vgl. S. 94 ff.).

Im Süden der Anlage entwickelte sich die in der DDR einzigartige Militärmusikschule, die im September 1975 an der Militärtechnischen Schule ‚Erich Habersaath‘ (Block II) eingerichtet worden war. Der heute südlichste Block I blieb seit 1952 Angehörigen von NVA und Grenztruppen als Erholungsheim vorbehalten – benannt nach dem Staatsratsvorsitzenden der DDR, Walter Ulbricht (1893–1973). Auch ein Kinderferienlager gab es dort.

Waren in Prora zunächst Kampfverbände stationiert, so entwickelte sich der Ort seit Ende der 1960er Jahre zu einem Gelände, das vorwiegend militärischen Ausbildungszwecken diente.

Nicht nur die Bausoldaten, auch viele andere Grundwehrdienstleistende, mitunter auch darüber hinaus, verbinden mit dem Ort häufig traumatische Erfahrungen:

„In den 18 Monaten bekam ich nur 1x Ausgang“, berichtet ein ehemaliger Soldat im Internet aus der verbrachten Zeit im angrenzenden Abschnitt der heutigen Jugendherberge:

„Schlimmer konnte Zuchthaus nicht sein. Urlaub hatte ich 6x. Wenn ich die An- und Abreise abziehe, war ich genau neun Tage zu Hause. Es fällt mir heute schwer, mich an diese unmenschliche Zeit zu erinnern. Ich sah manch anderen Soldaten in diesen 18 Monaten aus Verzweiflung weinen.“[14]

Im Unterschied zu den Bausoldaten belastete in den Waffeneinheiten die zum Teil perfide Entlassungsbewegung (‚E‘-Bewegung), ein inoffizielles, aber weithin geduldetes hierarchisches System in den Einheiten, das mit der Schikane jüngerer Jahrgänge verbunden war.

Positivere Erinnerungen mit Prora verbinden viele Fallschirmjäger, ehemalige Offiziere, etliche Zivilangestellte und auch Soldaten, die in Prora eine Ausbildung erhielten, etwa in der Militärtechnischen Schule in Prora-Ost. Nicht zuletzt auch wegen dieser unterschiedlichen Sicht auf Prora beziehungsweise der Perspektive, aus der der SED-Staat wahrgenommen wurde und wird, blieb die Aufarbeitung bequemerweise einfach liegen – und fokussierte sich auf die touristisch ohnehin besser zu vermarktende Seebadplanung. Bei all dem verbindet alle eines: Die schweigende Hinnahme der einseitigen Interpretation und öffentlichen Darstellung des Ortes als „KdF-Bad".[15]

Der Abwicklung des Militärs und der einseitigen Interpretation des Ortes folgte die Tilgung der Spuren. Vandalismus war das eine, politischer Wille und Nachlässigkeit der Behörden das andere. Erste umfangreiche Entkernungsarbeiten im Bereich der Jugendherberge (Block V) wurden im Vorfeld des Jugendevents ‚Prora03' vorgenommen, der Block dem Verfall preisgegeben. Das Einsehen kam spät. 2010 musste die Landesregierung einräumen, dass sich weder im Rahmen der Vorbereitungen auf das Jugendevent noch im Rahmen der Gestaltung der Jugendherberge eine Expertengruppe mit der Geschichte der DDR von Block V beschäftigt hatte.[16]

Zur Entwicklung der Blöcke seit 1945: Im nördlichen Bereich des Kolosses verblieben bis heute die teilweise gesprengten KdF-Rohbaublöcke *VII* und *VI* – ein Beispiel dafür, wie unvollendet das sogenannte „ehemalige KdF-Bad" geblieben war. 2004 wurden diese Ruinen an einen unbekannten Investor verkauft.

Block *V* (Bereich der heutigen Jugendherberge) war bis zum Krieg baulich etwas weiter fortgeschritten. Nach dem Anbau eines großen Schornsteins und eines Kohleheizkessels (Mitte der 1990er Jahre abgetragen) ließ sich eine bereits vorbereitete Zentralheizungsanlage in Betrieb nehmen, weshalb sich hier kurz nach Kriegsende eine Brigade der Sowjetarmee niederließ. Die beiden einsam am Wald gelegenen heutigen Wohnhäuser links des Abzweigs der Straße, welche zum heutigen Jugendzeltplatz (Rezeption) führt, waren einst ein berüchtigter „Russenknast" sowie eine russische Bäckerei. Die Sowjetarmee beherrschte also ein weites, von der Öffentlichkeit abgeschirmtes Terrain bis zur Mitte des Blocks.

Den Torso des südlichen Abschnitts von Block V bauten neben zivilen Kräften überwiegend kasernierte Volkspolizisten aus, welche sich mit Gründung der NVA zum Pionierbataillon 8 formierten. Gleichzeitig fand ein Teil des erwähnten MSR-29 in den Räumen Platz, ehe später das Reservistenregiment Militärtransportwesen Einzug hielt. In Block *IV* formierte sich währenddessen das Panzerregiment 8 aus dem „C" Kommando der Kasernierten Volkspolizei (Abb. S. 220). Pionierbataillon 8 und Panzerregiment 8 wurden 1964 nach Goldberg verlegt. In Block IV etablierten sich weitere Teile des MSR-29 (1964–1980) und anschließend die Offiziershochschule (vgl. S. 225 f.).

Die Sowjetarmee verließ Prora um 1957. In ihre Räume, zum Teil um- und ausgebaut, zogen die Fallschirmjäger und zwanzig Jahre später die Bausoldaten ein.

Es schloss sich ein Kreis, als nach der politischen Wende in jenen Räumen nicht nur Asylbewerber aus dem Balkan unterkamen, sondern auch abziehende sowjetische Streitkräfte. DenkMALProra liegt daran, die gesamte Geschichte des Blocks zu dokumentieren

Der relativ gut erhaltene Klubraum im Jahr 2007 (vgl. mit S. 88), als dessen Wiederentdeckung zur Idee führte, hier Aufklärung über die DDR-Geschichte von Prora leisten zu wollen. Seither ist mehr oder weniger absrakt von einem „künftigen Bildungszentrum" die Rede, das neben der Jugendherberge (2011 eröffnet) entstehen soll.
Links: Gang der heutigen Jugendherberge, 8. Hof, 3. Etage, der am Ende zum Klubraum führte.

und in Bezug auf die Bausoldaten auch Atmosphäre zu vermitteln: Es gilt, im künftigen Bildungszentrum die Winkel zu erhalten, in denen sie sich vor den Vorgesetzten „abduckten" oder heimliche Gesprächsrunden hielten. Außerdem einen Klubraum mit dem typischen dunkelbraunen Deckenanstrich, einer an die Wand gemalten Rügenkarte und dem roten Steinholzfußboden. Fußböden spielten im Militäralltag eine signifikante Rolle – stets hatten sie zu glänzen und sie strömten den typischen Bohnerwachsgeruch aus. Nach Jahren noch erinnern sie daran, wie Menschen über die Gänge gejagt wurden.

J. Kuhnt berichtet über die heutige Herberge aus den 1970er Jahren:
„[…] Wenn man am hellen Tage unsere Kasernenanlage betrat, ließ man alle Hoffnungen fahren. Ein riesiger fünfstöckiger Bau mit ins Land springenden Seitenflügeln, die einmalig hässlich, da unverputzt, waren. Die Kompanieflure gingen landwärts und die Unterkünfte und Dienstzimmer zeigten seewärts. Das war im Sommer sehr schön und im Winter ‚schweinekalt'. Nicht selten kam es vor, dass beim morgendlichen Erwachen, Schnee im Zimmer lag, weil die Fenster undicht waren. Da aber sowieso bei offenem Fenster geschlafen wurde, die Heizung nichts taugte und es sowieso nur kaltes Wasser gab, war das auch egal. Gefroren haben wir im Winter fast immer. Aber durch das morgendliche Bad in der Ostsee, die permanente Kälte, waren unsere Körper so abgehärtet, dass es Erkältungskrankheiten einfach nicht gab. Gleich rechts, nach dem Passieren des KdL, lag der hölzerne Klub des Truppenteils mit integriertem Wachlokal. Geradeaus weiter kam man zum Stab und den Stabsdienstzimmern. In der Mitte des etwa 400 m langen Baus lag im Erdgeschoss das Verpflegungslager und die MHO (Militärhandelsorganisation), also die Verkaufseinrichtung, die wir während der Grundausbildung nicht betreten durften. […] Als Fazit möchte ich sagen, dass die meisten Soldaten und Offiziere den Wegzug von der Insel nach LEHNIN sehr bedauerten und einige Berufssoldaten die Verlegung nicht mitgemacht haben. Ihre Wurzeln auf der Insel waren zu stark, als das Sie für Ihre weitere Karriere die Insel aufgeben wollten. In der Regel wurde diesem Wunsch nachgekommen und die Männer in andere, auf der Insel stationierten Truppenteile versetzt. […] Wer kann sich noch an den Katastrophenwinter 78/79 erinnern, wo gerade die Fallschirmjäger für die Insel lebensrettende Maßnahmen durchführten. Ob sie nun schwangere Frauen aus der letzten Ecke der Insel auf einem Schlitten nach Bergen in das Krankenhaus gezogen haben oder Hefe für Brot von Bergen nach Saßnitz auf Skiern transportierten, um keine Hungersnot zuzulassen. Schneesprengungen um die Wege und Gleise wieder befahrbar zu machen oder in Bussen eingeschneite Kinder zu retten, waren nur einige der Handlungen, zu denen nur diese gut ausgebildeten und hoch motivierten Männer, die auf der Insel zur Verfügung standen, in der Lage waren. Die Insel ist schön und sehenswert ob nun im Winter oder im Sommer."[17]

Block V

Jugend im Filzmantel

Ankunft und Entlassung aus Prora in den 1980er Jahren

Die steingrauen Uniformen der Nationalen Volksarmee (NVA) entsprachen in Schnitt und Farbe denen der Wehrmacht. Im Hintergrund (weißes Koppel) die gefürchtete Militärstreife.

Langersehntes Ende eines 18-monatigen Dienstes in den Reihen der NVA. Von den einstigen Grundwehrdienstleistenden fühlen sich heute nur wenige in der Lage, sich mit dem „Erlebnis" Prora noch zu befassen.

Block V – nördlicher Abschnitt

Welch eine Geschichte! Um ein Haar wäre die Revolution im Jahr 1989 alles andere als friedlich verlaufen. Dann nämlich, wenn die in Alarmbereitschaft versetzten Fallschirmjäger tatsächlich ausgerückt wären, um die Leipziger Montagsdemonstration zu zerschlagen. Regime*eliten* und Regime*gegner* hätten sich Auge in Auge gegenübergestanden. Die Fallschirmjäger blieben in der Kaserne, die Demo verlief friedlich.

Schon einmal trafen in der Geschichte Vertreter beider Seiten aufeinander – im Gebäude der heutigen *Jugendherberge Prora*. Sie begegneten sich auch hier nicht. Sie behausten vielmehr nacheinander jene Räume, die dem Gebäude eine über die KdF-Planungen hinausgehende Geschichte geben: Die Fallschirmjäger, deren Bataillon ab 1960 heimlich in Prora aufgestellt und ausgebildet wurde, um den Gegner im Ernstfall in dessen Hinterland zu schlagen. Und die Bausoldaten, die als Waffenverweigerer und damit als recht mutige Nein-Sager im DDR-Regime zu den Wegbereitern der Friedlichen Revolution gehörten. Das Fallschirmjägerbataillon zog 1982 nach Lehnin, näher dran am Klassenfeind in Westberlin, und machte damit Platz für die größte Baueinheit in der Geschichte der DDR.

Viele und billige Arbeitskräfte benötigte der Bau des Hafens im benachbarten Mukran; ein sozialistisches Großprojekt zum Zwecke der direkten Seeverbindung mit der damaligen Sowjetunion, nachdem das Bruderland Polen aufgrund der dort erstarkenden Reformbewegung unsicher geworden war.

In den Räumen der heutigen Jugendherberge waren auch Baupioniere untergebracht. Zudem kennen Reservisten und etliche Zivilangestellte das Gelände, ebenso die Herren aus der „Gitteretage" im 2. Geschoss. Dort lagen die Räume der Stasieinheit („Verwaltung 2000").

All diese Menschen hinterließen Spuren im Gelände um Block V und wurden wiederum durch Prora ganz individuell geprägt. Mit dem Ort verbindet sich eine politische Geschichte, bestehend aus diesen unzähligen individuellen Erlebnissen.

Prora ist eines der schwierigen Kapitel deutscher Geschichte. Und eines, das zeigt, wie schwer man sich mit dem Erinnern tut – vor allem hinsichtlich der DDR-Geschichte. Der Ort zeigt, wie Geschichte als Ballast entsorgt wurde und wird und wie vermarktungsstrategisch Halbwahrheiten gestreut werden: Allenthalben ist heute fast ausschließlich vom „früheren NS-Bad", vom „ehemaligen KdF-Bad", von den „KdF-Ruinen" zu lesen und zu hören – eine fragwürdige Überhöhung. Das hat auch eine moralische Komponente: Solange Zeitzeugen leben, ist Prora auch ein Ort für die persönliche Aufarbeitung der DDR-Vergangenheit.

Prora mit all seinen Facetten, auch Absurditäten, war ein Stück Alltag in einem untergegangenen Land. Er muss an diesem Ort erzählt werden – mit den unterschiedlichen Perspektiven darauf. Da sind bauliche Überbleibsel wichtige Anhaltspunkte. Sie geben nicht nur jenen eine Orientierung, die in Prora unfreiwillig oder freiwillig einen Lebensabschnitt verbracht haben; sie animieren auch zum Erzählen auf der einen sowie zum Zuhören und Einordnen der komplexen Geschichte auf der anderen Seite.

In der Jugendherberge Prora gibt es nur noch wenig Authentisches aus der DDR-Nutzungszeit zu sehen. DenkMALProra, eine Initiative von Zeitzeugen und Sympathisanten, blieb nahezu allein im Kampf gegen das komplette Tilgen der noch sichtbaren DDR-Relikte. Ziel war es, den Ort als ein historisch gewachsenes Gemäuer kenntlich zu halten. Alltagsspuren wie Farbreste, Tapeten, Wandmalereien sollten in winzigen Ausschnitten erhalten bleiben, um von der tatsächlichen Geschichte künden zu können. Doch der Bauherr, der Landkreis Rügen, tat sich schwer. Offenbar sollte der Neuanfang in der Jugendherberge nicht von der jüngsten Vergangenheit überschattet werden, was übrigens dem politischen Willen weit über den Landkreis hinaus entsprach. Aber nicht nur das: Das Gebäude sollte in seiner „ästhetischen" Grundstruktur wiederhergestellt werden, wie es hieß. Es wurde bis auf die Rohbausubstanz entkernt.

Die baulichen Tilgungen der Nutzungsphase des Blocks, die auch zur Verteuerung der Sanierung beitrugen, sind umso beklagenswerter, als bildliche Aufnahmen und Dokumentationen der einstigen Kaserne nur in geringer Zahl oder gar nicht existieren. Solches galt auf dem Armee-Gelände als potentielle Spionage. Doch eben auch nach der politischen Wende wurde die DDR-Geschichte Proras nirgendwo systematisch aufbereitet und niemand schien sich daran zu stören. Die Geschichte war auf dem Weg in die Vergessenheit.

Inzwischen, infolge des geschickten Vorgehens der Initiative DenkMALProra, gaben sich die Behörden gewillt, die Geschichte der Bausoldaten wieder aufleben zu lassen, wozu 2010 – zwanzig Jahre nach der Wiederherstellung der Deutschen Einheit – die Genehmigung einer kleinen, seitens der Initiative finanzierten und gestalteten Erinnerungstafel am Mehrzweckgebäude des Jugendzeltplatzes gehörte. Und auch in einem geplanten Bildungszentrum neben der Jugendherberge sollen die Waffenverweigerer dauerhaft zur Sprache gelangen. Allerdings ist fraglich, wann dieses Versprechen eingelöst wird; lediglich eine Ausstellung zum Thema Bausoldaten ist erstellt.

Bausoldaten gab es in der DDR seit 1964. Schon damals auch in Prora. Gegen ihren Willen hatten die Pazifisten zunächst beim Ausbau der Kasernen mitzuhelfen und sogar Schießplätze zu bauen. Rund 15.000 junge Männer wählten bis zum Ende der DDR jenen Sonderweg, der vielen von ihnen berufliche Nachteile bescherte. Mindestens ein Viertel von ihnen dürfte im Laufe der Jahrzehnte in Prora stationiert gewesen sein, zur Zeit des Hafenbaus (1982–1989) zeitweilig vier Kompanien mit insgesamt bis zu 500 Waffenverweigerern gleichzeitig. Wie andere Soldaten auch, hatten sie sich mit primitiven Unterkünften abzufinden:

„Pro ca. 20 Quadratmeter großem Zimmer für 6 Bausoldaten mit 3 eisernen Doppelstockbetten, einem Tisch und sechs Hockern als Inventar waren als Kür bis zu drei Topfpflanzen und ein gerahmtes Bild an der unverputzten geweißten Betonwand erlaubt."[18]

Die Räume der heutigen Jugendherberge Prora wurden zu »Brutstätten oppositioneller Gedanken« und »zur Teststrecke für den aufrechten Gang«, wie es der Historiker und frühere DDR-Oppositionelle Bernd Eisenfeld formuliert hat.[19]

Die kuschelige Atmosphäre der wärmeisolierten Jugendherberge lässt es kaum mehr zu, den durch die Gänge heulenden Wind, die polternden dumpfen Geräusche des hellhörigen Baus und die Nächte hinter den einfachen Fenstern nachzuempfinden: „Durch eingepresste Aluminiumrahmenfenster pfiff der Ostseewind; die See rauschte."[20]

Vor fast zwei Jahrzehnten begannen Zeitzeugen damit, ihre Geschichte zusammenzutragen. Die mühsame Arbeit gleicht einem Puzzle, in dem manche Teile noch immer lose nebeneinander liegen und andere aufgrund weiterer Erkenntnisse neu zusammengesetzt werden müssen.

Eine zentrale Rolle in der Geschichte der Aufarbeitung spielte in den vergangenen Jahren eine gemalte Rügenkarte in einem ehemaligen Klubraum der Bausoldaten. Die Karte zeigt exemplarisch, wie ein bauliches Relikt Einhalt gebieten, zum Nachfragen anregen und Antworten provozieren kann. Dieser Gemeinschaftsraum, der ursprünglich einmal in die Jugendherberge einbezogen werden sollte, jedoch bis heute nicht zugänglich ist, könnte Horizonte eröffnen. Er könnte das System von Staatsdienern und Verweigerern be*greif*lich machen, wie es sich am Ende der 1980er Jahre in Block V entfaltet hat. Zudem weist er auf ein Stück Nischenkultur hin, die sich überall in der DDR finden ließ.

Viele Spuren vor Ort sind verwischt. Das Wenige, was aus der DDR-Nutzungsgeschichte der Blöcke V und IV erkennbar ist, stammt zum überwiegenden Teil aus den letzten beiden Jahrzehnten der DDR. Die vorliegende Spurensuche beschränkt sich im Wesentlichen auf diese Zeit, mit Schwerpunkt auf der besonderen Geschichte der Bausoldaten. Er versteht sich als Impulsgeber für die selbstständige Erkundung des Ortes.

Zitiert wird im Folgenden vielfach aus anrührenden Erlebnisberichten aus den späten Jahren der DDR, zumeist verfasst aus jugendlicher Sicht. Manch einer, der hier unfreiwillig ausharrte, war damals gerade zwanzig Jahre alt. Ein Alter, dessen intensives Erleben häufig das gesamte weitere Leben prägt. Die verschiedenen Berichte verifizieren einander das jeweilige persönliche Empfinden.

Bei der Suche nach der Geschichte Proras, die über alle Einheiten und alle Dienstgrade hinweg abzubilden ist, sind wir auf weitere Zeitzeugenerinnerungen angewiesen. Insofern soll dieses Buch nicht nur *informieren*, es möchte auch zu weiteren Erlebnisberichten *animieren*. Fallschirmjäger wie auch Bausoldaten haben ihre Geschichte in den vergangenen Jahren mit viel Eigeninitiative aufgearbeitet, wobei auf beiden Seiten etliche Publikationen entstanden sind.

Ein bequemes Stöbern nach der Geschichte erlauben auch die Internetseiten www.denk-mal-prora.de und www.proraer-bausoldaten.de. Zu den wenigen Vorgesetzten, die sich dort zu Wort gemeldet haben, gehört der ehemalige Kulturoffizier Lothar Kühne, der wünscht: „Das virtuelle Museum und (hoffentlich) die Erinnerungsstätte im Block V des ‚Kolosses‘ in Prora sollten meiner Meinung nach dazu beitragen, dass:

1. Die jüngste deutsche Geschichte nicht in Vergessenheit gerät;
2. die Betrachtung und Wertung nie wieder einseitig vorgenommen wird und
3. die Jugendherberge (Block V), der Camping-, (=Appell-)platz, die Freizeit- (=Mobilmachungs-)hallen, die Sporthalle und das Rezeptions- (=Wach- und Arrest-)gebäude vielen jungen Menschen als Begegnungs- und Gedankenaustauschstätte zur Verfügung stehen und von ihnen auch in diesem Sinne genutzt werden."

Bauliche Relikte, wie dieses der „Kaimauer" des geplanten Seebades, „ziehen" mehr als Gedenktafeln und Geschichten. Die „Kaimauer" ist auch auf den Ortswegweisern vermerkt, während aus der Zeit des Kalten Krieges nur Weniges noch zu entdecken ist. Rechts ein NVA-Soldat vor der Mauer, 1972.

Die heimliche Aufrüstung in Prora Nord
Russische Besatzer (1945–1957) und Fallschirmjäger (1960–1982)

Der heutige Block V verkörpert wie kein anderer die heimliche Aufrüstung der DDR. Von hier aus gaben die russischen Befehlshaber Hilfestellung beim Aufbau der neuen Armee „ohne Geschrei", wie Stalin es forderte. Um 1950 tummelte sich in Prora die größte Konzentration von kasernierten Volkspolizisten im Lande.

Details sind aus dem abgelegenen und abgeschirmten Gelände der sowjetischen Besatzer nicht bekannt. Nach Verlassen des Blocks entfaltete sich im Jahr 1960 das erste und einzige Fallschirmjägerbataillon in jenen Räumlichkeiten, die zunächst weiter ausgebaut und gereinigt werden mussten. Die Motivation der jungen Männer war groß. Inspirateur der Fallschirmjäger war vielfach der 1957 erschienene Roman von Harry Thürk: „Stunde der toten Augen". Die Suche nach Abenteuer und die Verteidigung einer „besseren Gesell-

Die Ruinen des unvollendeten KdF-Blocks nutzten die Fallschirmjäger zwei Jahrzehnte lang zu Abseil-, Nahkampf- und Sprungübungen.
Bild oben: Appell auf der Regimentsstraße (heutige Fünfte Straße, Zufahrt zur Jugendherberge).
Bild S. 33 unten: Der kleine Lande- heute Basketballplatz vor der Ruine Block VI.

schaftsordnung" gingen bei den meisten Soldaten Hand in Hand, als sie sich für die Elitetruppe der NVA bereiterklärten. Manch einer wurde auch hierher geschickt, ohne dass er wusste, was ihn erwartete. Der abgelegene Ort und das unverputzte riesige Gebäude war für nicht wenige zunächst ein Schock. „Hier gab es nichts, nur Kiefern, Wasser und Soldaten", schreibt Gerhard Leutert, der das Fallschirmjägerbataillon mit aufbaute. Bei seiner Ankunft führte ihn der Kommandeur ans Fenster in der ersten Etage (heute Haupteingang der Jugendherberge), „öffnete es, drehte sich zu uns und sagte: Haben Sie Angst?"

„Mir platzte heraus; ‚Nein!' Daraufhin drehte er sich halb zum Fenster und schrie ‚Sprung!' Wir standen beide da wie belämmert. ‚Also habt ihr doch Angst'. Ich fasste mir ein Herz und antwortete: ‚Wenn wir springen, dann aber nicht ohne Fallschirm!' Da leuchteten seine schmalen Augen und er sagte: ‚Na, warum nicht gleich so, jetzt wissen Sie, wo sie sind!, und grinste dabei ganz schelmisch." [21]

In Prora wurde eine schlagkräftige (mehrfach umbenannte) Truppe geschaffen, die bereits in den 1960er Jahren auf 500 Mann angewachsen war. Gesprungen wurde mit sowjetischen Fallschirmen.

Blick aus dem 5. OG im mittleren Treppenhaus der heutigen Jugendherberge Prora in den Hof ihres Eingangsbereiches:

1985 – Appellplatz

1995 – Wiese. „Ich konnte das Lagertor erkennen und ein daneben liegendes flaches Gebäude. Das Lagerkino. Davor ein großer schwarzer Platz und eine unendlich lange Lagerstraße vor dem kolossalen Bauwerk. Ich sah den Stacheldraht, der in einem Doppelzaun das Lager umschloss.“[22]

2008 – Zeltplatz

2011 – Herbergsbau. Zehn Jahre später wurde der Platz als Ausgleichsmaßnahme für den Raubbau an Waldfläche in Prora bepflanzt, mit der Folge der weiteren Entfremdung des Geländes, das eigentlich Gedenk-/Erinnerungsstättencharakter verdient hätte.

Opposition in Prora: Aus der Geschichte der Bausoldaten

Das im Ostblock einmalige militärische Kuriosum ‚Bausoldat' hielt die DDR-Führung streng geheim. Da der Kriegsdienst als Friedensdienst galt, durfte es Verweigerer im „Friedensstaat DDR" offiziell nicht geben. Die Soldaten mit dem kleinen Spaten auf den Schulterstücken galten dem DDR-Regime als ‚feindlich-negative' Kräfte. Berufliche Aufstiegschancen blieben den meisten von ihnen versagt.

Das Spektrum der Ziele, Bausoldat zu werden, so fasst es der ehemalige Bausoldat Thomas Zimmermann zusammen,

„reichte vom christlich oder humanistisch-ethisch motivierten Pazifismus bis hin zu dem Ziel, mit dem waffenlosen Dienst ein Zeichen für Frieden und Abrüstung zu setzen, umfasste aber auch jene das System ablehnende Radikaloppositionellen, die zwar jeglichen Waffengebrauch in der DDR-Volksarmee verweigerten, für einen Dienst in der Bundeswehr aber durchaus offen waren. […] Der Versuch der Integration in den Militärapparat musste sich geradezu kontraproduktiv erweisen, da wir die Wehrfähigkeit nie zu stärken vermochten. Wir waren und blieben vielmehr das ‚klappernde Schutzblech am Prunkwagen des Sozialismus und seiner Armee'."[23]

Weil zum 18-monatigen Grundwehrdienst bis zum 27. Lebensjahr einberufen werden konnte, ließen sich die Machthaber bei den Bausoldaten Zeit mit der Einberufung. Etliche von ihnen waren bereits Familienväter. Diese Situation wurde für viele junge Männer besonders schwer, zumal es üblich war, die jungen Leute aus dem Süden (Sachsen, Thüringen) in den Norden zu verfrachten und umgekehrt. Die meisten Spatensoldaten waren zwischen 23 und 26 Jahre alt; manch einer älter als der kommandierende Vorgesetzte.

Bausoldaten waren auf Rügen auch an anderen Orten, in größerer Zahl zum Beispiel in Sassnitz, stationiert. In Block V aber entstand 1982 die größte Baueinheit in der Geschichte der DDR.

Die meisten jungen Leute schworen sich bereits bei ihrer Einberufung, Widerwillen zu zeigen und nur auf äußersten Druck hin den Befehlen zu gehorchen. Das war nicht ungefährlich: „Insgesamt ergab sich für mich der Eindruck von unseren stolzen deutschen

Volksoffizieren wie folgt", schreibt der ehemalige Bausoldat Hendrik Liersch:

„oft alkoholabhängig und meist begrenzt der deutschen Sprache in Schrift- und Sprachform mächtig. […] Das bestärkte meine ständige Angst und ein Gefühl des Ausgeliefertseins, gerade Macht gepaart mit Dummheit ist gefährlich beim Katz und Maus spielen, wenn man selber die Maus ist."[24]

Eine Erfahrung, die manch anderer aus dem eigenen Erlebnishorizont bestätigen mag. Dass es auch gebildete Vorgesetzte gab, zeigt diese Broschüre.

Zur bedeutenden Zäsur in der Geschichte der Spatensoldaten von Prora wurde das Jahr 1984. Im Anschluss an die Kommunalwahl, bei der die Bausoldaten ihre Nein-Stimmen für die SED in einem Wahllokal im „Objekt" Prora abgaben, konnten sie das veröffentlichte Ergebnis widerlegen. Die Staatsführung vertuschte diesen einmaligen Vorgang, der als Vorreiter der Aufdeckung des Wahlbetrugs 1989 und der Demokratiebestrebungen in jenem Jahr gilt.

Ins Jahr 1984 fiel auch der Besuch des Armeegenerals Heinz Hoffmann, der erstmals die Arbeitsleistungen der Bausoldaten vor Ort würdigte. Das sorgte dafür, dass die Bausoldaten öffentlich nicht mehr restlos verschwiegen bzw. wie bisher als Drückeberger und Kriminelle verunglimpft wurden. Diese Sichtweise hatte man jenen Soldaten, die an den Waffen dienten, eingeredet, weshalb folgende Anordnung auf dem Gelände des heutigen Zeltplatzes galt:

„Die Bausoldaten sind bei allen kulturellen und sportlichen Maßnahmen vom übrigen Personalbestand zu trennen. Bei Kinoveranstaltungen sind getrennte Sitzreihen für die Angehörigen des Pionierbaubataillons und der Baueinheit 2 festzulegen. Ein Vorgesetzter der Baueinheit hat diese Festlegung bei jeder Filmvorführung durchzusetzen. Es sind getrennte Nutzungszeiten für die Truppenbibliothek fest- und durchzusetzen. […]"[25]

An die Technik ließ man die politisch unzuverlässigen Spatensoldaten meist nicht heran. Sie hatten mit dem Spaten Hilfsarbeitertätigkeit zu leisten, wobei die Arbeit in Unterwasserglocken besonders strapaziös und gefährlich war. Prora wurde für manch einen zum Trauma, wie es der ehemalige Bausoldat Thomas Brösing formuliert:

„Man muss Menschen nicht foltern oder körperlich misshandeln. 542 Tage Dauerdruck und ständige Drangsalierung sind da viel effektiver, mit einer unglaublichen Langzeitwirkung. Die Abschottung auf dem Armeegelände, die Monotonie unseres Alltages. Die sich immer wiederholenden Auseinandersetzungen und unendliche Zeit zum Nachdenken konnten einen Menschen zerstören. Einige von uns würden dieses Trauma niemals bewältigen."[26]

Zudem: Weil ihr Einsatz der NVA Geld einbrachte und der Alltag militärischen Prinzipien untergeordnet war, musste die Entscheidung zum waffenlosen Militärdienst als fauler Kompromiss erscheinen. Die ersten in Prora stationierten Jahrgänge (seit 1964) wurden sogar mit dem Ausbau des KdF-Torsos zur Kaserne beschäftigt. Manch einer hatte zweifellos auch einen angenehmeren Dienst, etwa im Erholungsheim für Offiziere, *Block I*.

Ihr Sonderstatus und die sensiblere Wahrnehmung und Reflexion der Vorgänge erhöhte den psychischen Druck der Bausoldaten. Die Räume der heutigen Jugendherberge wurden ab 1982 zum unfreiwilligen Aufenthaltsort von Regimekritikern und Christen unterschiedlicher Couleur. Sie beherbergten Andersdenkende, die vielfach über Politik und Religion diskutierten und dabei Freundschaften schlossen, die über diese Zeit hinweg in Freundeskreisen andauerten. Insofern kann heute manch einer dem Dasein hinter Stacheldraht auch positive Seiten abgewinnen.

War bei etlichen Bausoldaten zunächst nur die religiös-pazifistische Motivation wegweisend, so wuchs in Prora der Widerstandsgeist gegen die Staatsmacht. Es wuchs die Erkenntnis, „dass die Kasernenmentalität letztlich Ziel und Mittel des Herrschaftsapparates war".[27]

Die eigentliche Erfolgsgeschichte der Bausoldaten spielte sich außerhalb der Kasernentore ab. Mit einer gewissen Genugtuung wurde der Spaten auf den Schulterstücken als Zeichen von Zivilcourage oder auch von Neinsagern in einem System wahrgenommen, das auf

Anpassung und auf Unterwerfung zielte. Das machte vielen Menschen Mut, im Herbst 1989 ebenfalls die Stimme zu erheben.

Trotz des Kommunikationsverbotes auf diesem Gelände kam es auch zwischen Bausoldaten und Waffendienenden zu Kontakten. Letztere holten sich nicht selten Trost für ihre ebenfalls oft ausweglos erscheinende Situation im abgesperrten Gelände: Ein Unteroffizier, der sich in seiner Jugend zu diesem Dienst überreden ließ und sich in Prora als 19-jähriger degradieren lassen wollte, schreibt im Jahr 2007 in Reaktion auf das Buch *Prinz von Prora*:

„Ehrlich gesagt hat mich die Lektüre des Erfahrungsberichtes sowie die darin verarbeiteten Erlebnisse ‚in Brand‘ gesetzt, denn all die Jahre danach war es nur ein Glutnest, das geblieben ist, resultierend aus dieser Zeit. Hinzu kommt das unstillbar gebliebene Verlangen, stellvertretend einem jener Menschen meinen ganz besonderen Dank auszudrücken dafür, dass mir die Menschlichkeit als Maxime für mein Handeln niemals abhanden gekommen ist, nicht einmal in der ‚Hölle

Die Betondecke in den Zimmern mit drei Doppelstockbetten blieb dieselbe. Manch verzweifelter Blick war zur ihr gerichtet.

von Prora‘! Ausgerechnet die allseits verunglimpften und auf vielfältige Weise allein aufgrund ihres christlich geprägten Welt- und Menschenbildes Geschmähten waren es, die mir die Kraft gaben, das zu ertragen, womit ich persönlich während meiner 2½-jährigen ‚Dienstzeit‘ konfrontiert werden sollte. Ich lernte nicht nur sehen, sondern eben auch genauer hinzuschauen, wozu die einzigartige rote Polemik dienen sollte, und das nicht nur beim Militär!

Ich habe mich schon kurz nach meiner Ankunft in Prora im April 1987 nicht nur gegen die vorgefundenen Verhältnisse aufgelehnt, sondern begab mich mit meinen wiederholten und mit Nachdruck vorgebrachten Gesuchen um Degradierung, inklusive vorzeitiger Entlassung nach einem regulären zumindest gemäß der Verfassung vorgesehenen Grundwehrdienst, auf eine Gratwanderung ohnegleichen. Selbst meine renitent wiederholten Weigerungen von der Schusswaffe jemals auf höheren Befehl hin Gebrauch zu machen, halfen mir nicht, dasselbe Martyrium wie du, sogar in ähnlichen Facetten, nur eben noch 1 Jahr länger durchleiden zu müssen! […] Bei Euch fand ich durch die vielen kleinen Gesten der Mitmenschlichkeit einen zum Teil auch von Barmherzigkeit getragenen, zumindest um die Bemühung darum gepflegten Umgang, dem ich bei den normalen Wehrdienstleistenden lediglich einen Flurgang unter euch fast nicht oder wenn, dann nur sehr selten begegnete. Und ich wurde Zeuge, wie die jeweiligen Vorgesetzten mit euch ‚umgingen‘, besser wohl umsprangen, wie sie euch schikanierten mit dem Anlegen von ABC-Schutzausrüstung auf dem Ascheplatz, neben der Turnhalle gelegen, in der Gluthitze eines an sich herrlichen Sommertages! Auch wurde ich Zeuge, während meiner Dienstzeit, wie sich ein Verzweifelter von Euch mit einem Sturz aus dem Fenster das Leben nahm, und wie von Seiten der Vorgesetzten alles versucht wurde, jegliche Trauerbekundungen zu unterbinden. […] Ich möchte, dass Du weißt: Es gab sehr wohl Menschen, die das miterleben mussten und denen man eines eben nicht nehmen konnte: die Menschenwürde (oder wenn du so willst), die ‚Lust am Leben‘!“[28]

Tristesse auf dem Gelände um 1990. Hier der zweite Hof von Norden, in dem die drei oberen Etagen mit Bausoldaten und die 1. und 3. Etage z. T. mit Baupionieren belegt waren, dazwischen die Stasi. Unten derselbe Hof geschichtsbereinigt im Jahr 2010.

Binz 1986. Unter den Bausoldaten befanden sich viele kreative Persönlichkeiten, die einander und auch anderen Mut machten. Links mit hochgestelltem Kragen: Der „Prinz von Prora".

Jugendherberge Prora –
die Höfe im Wandel der Geschichte

Der letzte Hof (11) von Block V

1994

2010

Der letzte Abschnitt der Kaserne blieb unverputzt. Die Bauarbeiter, die um 1980 mit den Putzarbeiten beschäftigt waren, wurden wegen des gigantischen Fährhafenbaus in Mukran an anderer Stelle benötigt, um Arbeiterwohnungen im Plattenhausstil zu errichten.

Zur Nutzungszeit der Fallschirmjäger befanden sich im EG das Materiallager, im 1. OG eine große Packhalle und ein Lager und in den drei oberen Stockwerken die Fallschirmjägerkompanien. In den 1980er Jahren waren im Gebäude untergebracht:

EG: Kleider- und Materialkammern,

1. OG: Baupioniere, zum Teil auch Matrosen,

2. OG: die Schneiderei, die Bibliothek, das Traditionszimmer für das Pionierbaubataillon sowie Räume, die u.a. für Verhöre von der benachbarten „Verwaltung 2000", eine Sondereinheit des MfS innerhalb der NVA, genutzt wurden,

3. OG: Baupioniere,

4.-5. OG: Bausoldaten.

Blick ins verschollene Traditionskabinett des Pionierbaubataillons Mukran, kurz nach der politischen Wende. Das Gebäude wurde im Vorfeld des Jugendevents „Prora 03" von Türen und Fenstern entkernt. 2009 begannen die Entkernungsarbeiten bis zur KdF-Rohbausubstanz. Die Nutzungsgeschichte spielte keine Rolle.

2010 nahm die Jugendherberge Gestalt an. Der einstige „Trockenturm" zur Lagerung der Fallschirme ist abgerissen – ein Winkelbau, der in den sechziger Jahren angebaut worden war (vgl. links, S. 42).

Geringe Merkmale im Bereich der Bibliothek/des angrenzenden Traditionszimmers erinnern auf Antrag der Initiative DenkMALProra an die einstige Nutzung des Blocks als NVA-Kaserne. (vgl. S. 68).

Der vorletzte Hof (10) – in der 2. Etage die Stasi

1994

2010

Im 2. OG (Gitter vor den Fenstern) befand sich die „Verwaltung 2000", eine auf die Feindaufklärung innerhalb der NVA gerichtete Truppe des MfS. Als „staatsfeindlich-negative Kräfte" standen die Bausoldaten in den drei Etagen darüber in ihrem besonderen Visier. Im 3. OG links sowie im 1. OG war die Technische Baupionierkompanie untergebracht. Im Erdgeschoss setzten sich die Bekleidungskammern fort.

Als im Jahr 2003 der Block entkernt wurde, blieben die Raumstrukturen, Tapeten- und Fußbodenreste der Stasi-Abteilung erhalten. Dies alles verschwand erst im Jahr 2009 und machte die Etage zu einer unter anderen.

2008

2010

Zugang vom zehnten Treppenhaus in den Gang mit Bibliothek und Traditionszimmer (links, mit dunkler Holztapete, vgl. S. 43) und in die ehemalige „Verwaltung 2000"(rechts, mit heller Holztapete).
Im Jahr 2010 ist vom Zugang in den strikt getrennten Stasi-Bereich nichts mehr zu erkennen.

Hof 9 – im Erdgeschoss der Med. Punkt

2010

2011

Heutiger Eingang zur Jugendherberge. Im Winter 2009/10 wurde dieser Abschnitt bis auf die Rohbausubstanz entkernt. Ende 2010 nahm der künftige Haupteingang der Jugendherberge Prora Gestalt an. Das gesamte Erdgeschoss dieses neunten Hofes war dem Med.Punkt überlassen, den man vom achten Hof aus betrat. Zur Seeseite hin waren die Behandlungs- und Krankenzimmer untergebracht, zur Hofseite lagen die Wirtschaftsräume und Wannenbäder. Die übrigen Etagen waren wie folgt belegt:

1. OG Baupioniere und Reservisten,
2. OG Räume des Militärischen Stabs,
3.-5. OG Bausoldaten.

Hof 8 – das geplante Bildungszentrum

um 1980

um 1994

Geplantes Bildungszentrum: Bis etwa 1980 war die Fallschirmjägerkaserne noch unverputzt. Die Fenster stammten zum Teil aus den fünfziger Jahren – Nachkriegsproduktion. Nach einer Modernisierung (Putz, neue Fenster) zog das Pionierbaubataillon Mukran mit der angegliederten Baueinheit II ein (1982).

Belegung:
EG: ein geringer Teil des Med.Punktes (Tür oben links) sowie die Poststelle (Tür Mitte) und die Militärische Handelsorganisation (MHO).
1. OG Räume der Baupioniere (in den 1960er Jahren bis in die frühen 1980er Jahre Speisesaal).
2. OG Militärischer Stab mit dem Zimmer des Offiziers vom Dienst (OvD) (2.v.l.), bis 1982 Unteroffiziersausbildungszug der Fallschirmjäger.
3.-5. OG die Bausoldatenräume, in den Jahrzehnten der Fallschirmjägernutzung befanden sich im 3. OG der Sprengtaucherzug, im 4. OG die Technische Versorgungskompanie, im 5. OG die Judohalle der Fallschirmjäger.

2006

2011

Seit Jahren schon soll hier ein Bildungszentrum entstehen, das die *doppelte Vergangenheit* berücksichtigt. Wo im „Stabshof" einst die Diensthabenden für den 24-Stunden-Dienst vergattert wurden, erinnerte noch Anfang der 1990er Jahre ein Betonaufsteller (siehe umseitig) an die DDR-Nutzung des „KdF-Bades". Den Partyrausch 2003 hatte er überlebt, das Jugendevent 2006 räumte auch ihn achtlos beiseite. Noch betrachtete die Politik die Anlage einseitig als „KdF-Bad". Ehemalige „Westler" bestaunen die angebliche NS-Architektur, viele ins DDR-System Eingebundene schweigen.

Block V – Spurensuche am Standort Jugendherberge

Nachdem die gesamte Anlage ausgeräumt und geplündert wurde, künden nur noch wenige Spuren von der Nutzungszeit des Ortes Prora. Sie verschwanden und verschwinden mannigfach – zumeist ohne Dokumentation.

Augenfällige Spuren der DDR-Vergangenheit weisen im Bereich der Jugendherberge vor allem das Gebäude des ehemaligen *Kontrolldurchlasses (KDL)* und der *Mehrzweckhalle* sowie das geplante *Bildungszentrum* auf. Spurlos verschwunden, zum Teil hier bildlich im Rückbau dokumentiert, ist der Med.Punkt. Eine Spur weist außerdem auf den *Stabs-/Stasitrakt* (Verwaltung 2000) im 2. Obergeschoss der Herberge hin. Noch wissen wir recht wenig über ihn.

Betrachten wir die Jugendherberge von vorn, das heißt von rechts nach links: Einschließlich des Hofes des geplanten Bildungszentrums zog sich der Stabstrakt im 2. OG über drei Höfe nach Norden hin. Im Bereich des mittleren Treppenhauses der heutigen Jugendherberge führte eine Gittertür in den geheimen Stasitrakt. Der mündete ins letzte Treppenhaus, von wo eine schmale Tür wiederum in den letzten, einst multifunktional genutzten Gang führte (Schneiderei, Bibliothek, Traditionszimmer über den Hafenbau). Militärgeschichtlich war dieses Stabs-/Stasi-Geschoss sicherlich am interessantesten. Beim Stasitrakt handelte sich um eine spezielle Abteilung des MfS für die Überwachung der Militärangehörigen, hier insbesondere der Bausoldaten.

Die übrige Belegung der heutigen Herberge stellte sich in den 1980er Jahren vereinfacht so dar: Im fünften und vierten sowie dem vorderen dritten Obergeschoss der Jugendherberge Prora waren die Bausoldatenkompanien untergebracht (Spur = Klubraum). Das 3. Obergeschoss des vorletzten und letzten Hofes beherbergte die Pionierbaukompanie. Darunter, im 2. Obergeschoss, zog sich die erwähnte Stabsetage hin. Das 1. Obergeschoss beherbergte Soldaten und Reservisten. Das Erdgeschoss enthielt Funktionsräume: den Med.Punkt und daran anschließend die sog. „BA-Kammern", d.h. ein umfangreiches Ausrüstungslager, vollgestopft bis unter die Decke.

Im Bereich des geplanten Bildungszentrums befanden sich im Erdgeschoss der Warteraum des Med.Punktes, daran rechts angrenzend die Poststation und die MHO (Militärische Handelsorganisation). Rechts des Hofes führte eine Tür in die Tischlerei, an diese schloss sich im Hof 7 der Duschtrakt an, der seit den sechziger Jahren genutzt wurde und für viele Soldaten die einzige Möglichkeit blieb, sich einmal in der Woche einer Ganzkörperreinigung zu unterziehen.

Die kammartig vorgezogenen Treppenhäuser verfügten auf jeder Etage über einen Waschraum (mit Steintrögen) und Gemeinschafts-WC's. Die Ausstattung der Sanitärräume dürfte im Wesentlichen aus den 1950er und 1960er Jahre gestammt haben. Im Bereich der Jugendherberge wurden sie restlos entkernt.

Die drei Höfe, in denen die Jugendherberge entstand, mit geplantem Bildungszentrum (4. von links) im Jahr 2009.

Farbreste aus dem Med. Punkt aus unterschiedlichen Epochen. Das blaue Blütenmotiv stammte vermutlich aus der Zeit der Nutzung des Gebäudes durch die Sowjetarmee bis Mitte der 1950er Jahre.

Rezeption des Jugendzeltplatzes
Spur der Unfreiheit: der Kontrolldurchlass (KDL)

Jede Kaserne hat ihre Wache. Prora hatte derer viele. Ein letzter sog. Kontrolldurchlass (Entstehungszeit um 1970) steht gleich nebenan vor Block *IV*. Gegenüber, umrahmt von einstigen Fahnenmasten, grüßt das Denkmal des Namensgebers der Offiziershochschule für „ausländische Kader" Otto Winzer (1902-1975) – benannt nach jenem Außenminister der DDR, der seinem Ministerium im Volksmund die scherzhafte Bezeichnung „Winzer-Stuben" einbrachte.

Gegen den Widerstand des Bundesvermögensamtes konnte dieses bauliche Ensemble aufgrund eines Antrags von DenkMALProra im Jahr 2012 unter Denkmalschutz gestellt werden. Es ist ein Symbol für die reale Nutzung der geplanten „KdF-Anlage".

Mein Otto sieht ja aus wie ein Apfel", soll sich die Ehefrau von Otto Winzer bei der Enthüllung des Denkmals im Jahr 1981 lautstark geäußert haben. Das KDL-Wachgebäude wurde als Denkmal inzwischen wieder hergerichtet. (Näheres S. 162 f. und Abb. S. 227.)

Von der ursprünglichen *KDL-Wache* vor Block V, wie auch die Fallschirmjäger sie kennengelernt haben, ist nichts übrig geblieben. Und dennoch steht am Eingang ins Gelände von Block V ein ehemaliges Wachhäuschen vor uns: Hinter der Holzverkleidung aus dem Jahr 2007 verbergen sich authentische Wände, Terrazzofliesen und Arrestzellen. Das Gebäude stammt aus den Jahren 1988/89. Es wurde damals vor die alte KDL-Wache gesetzt, das Gelände dadurch vergrößert. Das ältere Wachgebäude verschwand im Rahmen des Jugendevents „Prora03".

Die Wache (KDL) im Wandel der Zeiten

1994

Das Wachhäuschen aus den sechziger Jahren (Mitte) sorgte noch Mitte der achtziger Jahre für manchen Adrenalinstoß.

1995

Die neue Wache (erbaut 1988/89) mit dem Tor des Pionierbaubataillons und MTW 15. Vielen Soldaten prägte sich das Tor als Nahtstelle zwischen Freiheit und Unfreiheit ein.

2008

Rezeption des Jugendzeltplatzes, 2015–2024 „Prora-Zentrum". Die Wache hat eine hübsche Verkleidung erhalten. Die Arrestzellen, die einst Bausoldaten für Bausoldaten errichten mussten, als solche aber nicht mehr benutzt wurden, sind im hinteren Teil erhalten geblieben.

Der Abrissbirne zum Opfer fiel auch der *Regimentsklub,* der rechts der heutigen Fünften Straße stand, gegenüber der noch heute am linken Straßenrand emporstrebenden Birke. Seiner Holzkonstruktion wegen wurde er umgangssprachlich „Holzoper" genannt. Von innen sah er einem einfachen Kino ähnlich. Vorn gab es ein Podium, auf dem Reden geschwungen und kulturelle Veranstaltungen, auch Filme vorgeführt wurden. Bausoldaten hatten hier andere Sitzreihen einzunehmen als die „normalen" Soldaten oder Offiziere. Vor allem diente der Klub politischen Schulungen, von denen auch die Bausoldaten nicht verschont blieben.

Vor dem Kontrolldurchlass (vom Gelände aus betrachtet) bestiegen hunderte Bausoldaten tagtäglich die LKW „W 50", die sie zur Hafenbaustelle hinausbrachten. An den riesigen KFZ-Park rechts des Wachhäuschens erinnert nur noch der Betonplattenplatz, der aufgrund seiner Entstehungsgeschichte – Zwangsarbeit von Bausoldaten – ebenfalls in die Denkmalliste eingetragen wurde.

Wie ging das Prozedere vor sich? Nach dem Wecken gegen 4 Uhr (im Winter 5 Uhr) und einem spartanischen Frühstück hatten die Bausoldaten in ihrer zerlumpten Arbeitskluft aus Leinen (im Winter wattiert) zum KDL zu marschieren, wo die Zuordnung zu den Einsatzfahrzeugen vorgenommen wurde: „Pb7, KB 1, KB 2 …", hallten die stets gleichen Aufrufe zu den Arbeitskommandos in den frühen Morgen. Auf den im Winter mit Eis überzogenen Pritschen ging es zum Tor hinaus und auf der kieferngesäumten Straße nach Mukran. Ehe die zivilen Arbeiter auf der Baustelle eintrafen, gaben sich die Ankömmlinge dem verbotenen Schlaf hin: „Ein eigentümlicher Anblick", schildert der ehemalige Bausoldat Thomas Brösing,

„alle versanken schnell in einen Dämmerzustand, man würde in Zukunft jede Gelegenheit nutzen, um zu schlafen. Wie sie da lagen, konnte man wirklich den Eindruck bekommen, es würde sich um Kriegsgefangene handeln, es kamen die Bilder aus meinen Geschichtsbüchern hervor, Zwangsarbeiter!"[29]

Nach einem 10-12 Stundentag klopften die Bausoldaten mit ihrem Helm an die Betonsäule („Tage abschlagen"), die zum Beispiel im Erdgeschoss des vorletzten Treppenhauses erhalten geblieben ist. Vor dem Kontrolldurchlass, seitlich des Tores eingezäunt, standen Holzbänke für Besuch aus der Heimat bereit. Da Ausgang selten war und es ein Besucherzimmer nicht gab, mussten Angehörige hier begrüßt werden, unter den Augen der scharf gesicherten Wache.

Trotz offizieller Ausgangsregelung im Jahr 1984 kam manch einer wochenlang nicht aus der Anlage hinaus, mitunter nicht mal dann, wenn die von weit her angereiste Familie vor dem Tor stand. Thomas Brösing schildert eine Situation, die andere Bausoldaten ähnlich erlebt haben:

„„Schließlich sind Sie hier nicht in einem Erholungsheim, wo mal jeder so eben vor die Tür treten könnte', gab ein Wachtposten einer weinenden Frau zur Antwort. Hier wurde klar, dass selbst Angehörige von Bausoldaten in diesem Land nicht zu den erwünschten Personen gehörten."[30]

Generell waren die Armeeangehörigen niederen Dienstranges froh, wenn sie die Wache ohne Beanstandungen passiert hatten:

„In vielen Instruktionsstunden wurde uns vorgehalten, was alles bestraft werden kann usw. So war ich ganz schön unsicher, als ich das 1. Mal mit Ausgangskarte durch das Tor schritt."[31]

Der ehemalige Regimentsklub, die sog. „Holzoper" (vermutlich aus der Zeit der Nutzung des Geländes durch die Sowjetarmee), wurde Ende der 1990er Jahre entsorgt. Aufnahme 1994.

Pfeiler, an dem die Bausoldaten nach getaner Arbeit mit ihrem Helm die „Tage abschlugen". Parterre mittleres Treppenhaus der Jugendherberge, Aufnahme 2011.

Zeitzeugen berichten über ihre Ankunft in Prora:

Ehem. Bausoldat Uwe Rühle, 1982:

„Jeder spürt irgendwie den Symbolcharakter dieses scharf bewachten Tores. Es ist eine Grenze zwischen Freiheit und Unterordnung. All die liebgewordenen Menschen und Dinge bleiben da draußen, und drinnen warten Befehle, Dienstvorschriften, Demütigung, aber auch Bewährung und Selbstzucht. So mancher mag sich gefragt haben: ‚Werde ich es schaffen? Werde ich untergehen?‘

Das Tor schließt sich mit lautem Knall. Ein paar verstohlene Blicke zurück, und schon bald ist die noch immer sehr bunte Gesellschaft an der Turnhalle des Objektes angekommen.“[32]

Ehem. Bausoldat Stefan Wolter, 1986:

„Die Leipziger, dort drüben, diese bunten Vögel, die wohl schon damals manches besser wussten als die meisten von uns, ließen meinen Gang leichter werden. Stiller wurde, als das Kasernentor in Sichtweite rückte. Als es hinter uns krachend ins Schloss fiel, durchzuckte es mich: Jetzt haben sie uns. Und jetzt hatten sie uns. Jetzt wurden wir die Regimentsstraße hinabgeführt und ich erblickte ein nicht enden wollendes hellgrau verputztes Gebäude: die Kaserne. Vor ihr bogen wir nach links ab, und weiter ging es geradeaus, links der schwarz geschotterte Exerzierplatz mit Tribüne, rechts die Lichthöfe der Kaserne. Jeden Hof schmückte ein Propagandaschild. ‚Die DDR bis zum letzten Blutstropfen verteidigen‘, stach mir eines von ihnen wie ein Messer in die Augen.“[33]

Ehem. Reservist Jürgen Haase, 1987:

„Nach zweimaligem Umsteigen blieben im Zug nur noch Männer übrig. Gefährten, die ähnliche Aufgaben und die gleiche Kleidung erwartete, mit Trübsinn im Kopf und einem Schuß versteckter Erwartungsangst. Die aussteigende Menschenherde wurde von einem Leutnant abgeholt.

Eisige Januarkälte und einsetzende Dunkelheit ohne Sterne erinnerten an eine Zeit vor elf Jahren: Im Gleichschritt ging es durchs Kasernentor. In Reihen hatten wir damals an einem Arzt und zwei Schwestern vorbeizumarschieren und wurden dabei angeleuchtet.‚Hose runter, Vorhaut zurückziehen!‘

Die beiden Schwestern kicherten, besonders, wenn der Militärarzt sagte: ‚Sie sind ein Schwein!‘ Es war ein menschenunwürdiger Militärakt, den ich nicht vergessen konnte.

Urplötzlich erhob sich aus dem Dunkel vor uns ein gewaltiger Monumentalbau, eine endlose Betonsilowand. Soldaten liefen wie Ameisen hin und her. (…)

‚Was sind das hier für komische Kasernen?‘

‚Überreste von Adolf, Kraft durch Freude. Der Beton kann nicht mehr abgerissen werden, ist durch Wind uns Wetter nur noch härter geworden.‘ Ein widerlicher Gedanke, hier hausen zu müssen.“[34]

Ehem. Bausoldat Thomas Brösing, 1988:

„Nachdem (in Bergen) alle verladen waren, wurde die Plane verschlossen und der LKW begann eine mörderische Hetzjagd in Richtung Prora. Durch einen Riss in der Plane konnte ich sehen, wie sich das Gelände um die Straße herum mit Stacheldraht einzäunte, die Armee vereinnahmte nicht nur mich, sondern auch einen großen Teil der Landschaft. Nach einer Fahrt von ca. zwanzig Minuten fuhr der LKW durch das Lagertor.

Dieses Tor wird der Scheidepunkt sein zwischen der mir bekannten Welt und der NVA. Die militärische Bezeichnung lautete Kontrolldurchlass, kurz KDL. (…) Unvermittelt stoppte der LKW und die Plane wurde hochgerissen. Sofort stand ein brüllender Offizier gegenüber. ‚Alle runter vom Fahrzeug, alle runter vom Fahrzeug, in einer Reihe aufstellen. Na los!‘ (…) In einer Etage des grauen Gebäudes wurden die Fenster geöffnet und ein großes Gejohle setzte ein. Die ganze Fensterfront füllte sich mit Armeeangehörigen, deren vordringlichste Aufgabe darin bestand, uns Neue auf dem Hof zu begrüßen. (…) Waren das die berüchtigten ‚EK's‘, von denen der Mann im Zug erzählt hatte? Brüllend hielten sie Putzutensilien aus den Fenstern und machten uns Ankömmlingen auf dem Hof klar, dass sie uns in Zukunft mit derlei Dingen betrauen würden. Einer der Offiziere unterbrach das Gejohle und klärte die Soldaten an den Fenstern darüber auf, dass wir Bausoldaten waren, sofort verloren sie ihr Interesse. ‚Schüppenschweine!‘ Sie wandten sich ab und verschlossen die Fenster. Ein kleiner dicklicher Mann, der schwitzend neben mir stand, zog an meinem Arm. ‚Das sind keine Bausoldaten, die hatten keinen Spaten auf dem Schulterstück.‘"[35]

Symbole der Unfreiheit – das Tor im Jahr 2005 achtlos abgestellt (der Flügel rechts wurde 2009 wiederentdeckt, jedoch entgegen den Ambitionen der Zeitzeugen von der ehemaligen Landrätin „sichergestellt"). Rechts der Arrestzellentrakt 2010.

Besonderheit aus der Bausoldatengeschichte – die Arrestzellen

Ich blieb im KDL-Baukommando und beschäftigte mich weiterhin mit dem Ausbau unserer eigenen Arrestzellen", schreibt Thomas Brösing über seine Tätigkeit in Prora im Herbst 1988.[36] Im hinteren Bereich der von Bausoldaten errichteten Wache haben sie bis heute überdauert – die etwa 4 x 2 m großen Zellen, mit einer abklappbaren Pritsche, die am Tag stets hochgeklappt zu sein hatte. Der Einzelarrest spielte eine tragende Rolle im repressiven System des Militäralltags. Rasch konnte der Kompaniechef bis zu drei Tagen Arrest aussprechen. Üblicher aber waren Ausgangs- und Urlaubssperren, mitunter bei geringsten Vergehen – etwa der Nichtteilnahme an einer Mahlzeit, das Lesen eines Buches auf der Baustelle, ein heimlicher Spaziergang dort etc. Das Strafmaß wurde willkürlich festgelegt, je nach Laune des Vorgesetzten.

Arreststrafe folgte auf größere Vergehen, etwa den Besitz eines Walkmans, einer Kamera, verbotener Literatur und Alkohol; auch bei Ausgangsgebietsübertretungen (gestattet war nur in Binz und Bergen).

Weil das Gelände zunächst über keine eigenen Zellen verfügte, hatten die Bausoldaten in einer Zelle Richtung Prora-Ost „einzusitzen" oder sie wurden nach Sellin und Dranske gebracht. All diese Verließe sind entsorgt, weshalb den erst im Sommer 1989 baulich vollendeten Arrestzellen eine symbolische Bedeutung zukommt. Diese „neue Wache" mit den Arrestzellen demonstriert, dass Prora Bausoldatenstandort geblieben wäre – über das Jahr 1990 hinaus. Wenngleich das Bausoldatenkontingent nach der Fertigstellung des Hafens Mukran verkleinert werden sollte, beabsichtigte man auf die billigen Arbeitskräfte auf Rügen nicht zu verzichten.

Eine der Zellen wurde 2014 auf Antrag der Initiative DenkMAL-Prora in einem Gemeinschaftswerk des Förderkreises Proraer Bausoldaten und Prora-Zentrum e.V. sichtbar gemacht. Die Tafel weist ein Zitat des ehemaligen Bausoldaten Tobias Bemmann auf, Initiator des „Virtuellen Museums Proraer Bausoldaten".[37]

Mehrzweckhalle
Spur des Widersetzens: die Turnhalle

Wir schlendern die einstige Regimentsstraße hinab, die wenigen
verbliebenen, noch immer grau verputzten Höfe der Kasernenruine
vor Augen. Seit den 1950er Jahren hallten hier die Stimmen in den
blauen Rügenhimmel. Es dröhnten die Schritte über den Beton und
schrillten die Trillerpfeifen über das Gelände. Der Rasenplatz links
war der Schwarzplatz, so genannt nach der ausgestreuten Kohlen-
schlacke, fein umgrenzt von kleinen Kiefern. Etwa dort, wo später das
DJH eine Tischtennisplatte aufstellte, befand sich eine kleine Tribüne.
Zum Bataillonsappell am 1. März, dem alljährlich gefeierten Tag der
NVA, standen hier die Herren Offiziere im preußischen Ornat, mit
Abzeichen behangen (Abb. Kolossales am Südstrand, 2019, S. 47.)
   Der Hof dahinter führte in den Militärischen Stab mit dem Baustab
für den Hafenbau (künftig ein Teil des Bildungszentrums) hinein.
Geradezu führte eine Tür in den einzigen Laden in diesem Gelän-
de – die Militärische Handelsorganisation (MHO). Der ehemalige
Bausoldat Hendrik Liersch teilt das Erleben seiner Zeitgenossen mit:

„Dort konnte man nachmittags, falls nicht auf der Baustelle, einkaufen –
denn vormittags wenn es zweimal im Jahr Bananen, Melonen etc. gab,
durften nur Offiziere einkaufen. Und so sah man wenigstens aus nächster
Nähe Vitamine in Einkaufsnetzen, welche nach dem Mittag natürlich
ausverkauft waren."[38]

Nur einen Hof weiter finden wir heute den
Haupteingang zur Jugendherberge. Früher
führten sämtliche Zugänge in den Block über
die kammartig vorgebauten Treppenhäuser – so,
wie es die einstigen KdF-Pläne vorsahen.

In den Treppenhäusern befanden sich mit Ausnahme von
Block I gleichförmig angeordnete Waschräume mit den sog.
Schweinetrögen aus den 1950er Jahren.

Schräg gegenüber dem neuen Eingang steht eine schmucke Halle mit moderner Holzverkleidung und weißgeputzen Wänden. Dröhnten in dieser Halle tatsächlich Maschinen, wie die Architekten vermuteten, als sie im Jahr 2007 davon ausgingen, eine „Maschinenhalle" zur Mehrzweckhalle für den Jugendzeltplatz Prora umzubauen? [39]

Allenfalls nach 1990 wurde sie als eine solche genutzt. Doch die DDR-Wirklichkeit sah anders aus: Mitte der siebziger Jahre wurde die Halle als *Turnhalle* errichtet, links ein kleiner Fitnessraum integriert: „Die Halle verfügte darüber hinaus über eine eigene Toilette und eine Dusche mit warmem Wasser! Betreut wurde die Halle von einem Reservisten, der hier seine Dienstzeit auf einem Hocker absaß."[40]

Diese Halle, die sich die damaligen Machthaber einiges kosten ließen, war wohl ein Ausdruck der Wertschätzung der Fallschirmjägereinheit. Auch später noch war sie für manch andere trainierende Soldaten eine wahre Errungenschaft.

Eine weitreichendere Bedeutung hatte dieses Gebäude für die Grundwehrdienstleistenden, darunter vor allem die Bausoldaten. Sie war die erste Station nach der Ankunft. Im „Nordkurier" schrieb im September 2007 ein Journalist, der diese Geschichte kannte:

„Zivilen Zwecken angepasst ist ebenfalls die berüchtigte ‚Turnhalle' an der Regimentsstraße. Vor fast 20 Jahren war sie die erste Station der Proraer Spatensoldaten. Die jungen Männer mussten sich ausziehen und in hässlich braune Trainingsanzüge mit rot-gelben Streifen steigen. Manche der Rekruten weinten. Dem ersten Anpfiff zum Appell folgte das zweifelhafte Gelöbnis auf einen Staat, der die Waffenverweigerer als Querulanten abstempelte. Man war nur noch eine Nummer in steingrauer Uniform."[41]

Anbringung der Gedenktafel für die Bausoldaten am Mehrzweckgebäude (ehemals Turnhalle), 2010.

Ehemalige Kaserne und Turnhalle, in der die Bausoldaten verborgen vor der Öffentlichkeit das Gelöbnis zu sprechen hatten.

1994

2014

Zeitzeugen berichten über das Einkleiden:

Ehem. Bausoldat Uwe Rühle, 1982:

„Dort (in der Turnhalle) wird angetreten und gewartet. Jeder geht nun den Weg an einer Reihe Tische vorbei, hinter welchen verschiedene Offiziere gebeugt über riesige Listen sitzen.

Einer fragt nach dem Namen, der nächste nach dem Beruf, ein weiterer nach Weltanschauung oder religiöser Zugehörigkeit, und auch die Mitgliedschaft in Massenorganisationen wird schriftlich festgehalten. ‚Freie Deutsche Jugend‘, ‚Gesellschaft für deutsch-sowjetische Freundschaft‘, ‚Freier Deutscher Gewerkschaftsbund‘ und die SED sind die Organisationen, deren Mitgliedschaft einen guten Soldaten zieren sollten. Die Ausbeute auf diesem Gebiet ist allerdings erschreckend dünn, wenn man bedenkt, daß andere Einheiten in der Regel auf eine 100%-ge Mitgliedschaft in der FDJ und DSF verweisen können.

Dann wird einem jeden eine wichtige Frage gestellt: ‚Sind Sie bereit, ihren Dienst ohne Waffe gewissenhaft zu versehen?‘ Jeder ist bereit. Eine negative Beantwortung dieser Frage würde einer Wehrdienstverweigerung gleichkommen und die Entscheidung zwischen diesen beiden Varianten war ja bei jedem bereits gefallen. Gegenüber befindet sich ein kleineres Gebäude, in welchem nun schon die ersten ihr sog. Ehrenkleid und verschiedene andere Utensilien erhalten, deren Verwendungszweck in ursprünglich geplanter oder auch zweckentfremdeter, indessen nicht minder nützlicher Form sich einem jeden Soldaten erst nach längerem Hiersein erschließen sollte. Dieser Vorgang ist aufgrund der Anproben mühsam und zeitraubend und gibt den meisten Gelegenheit, sich etwas gründlicher umzusehen.

Entlang einer Betonstraße liegen eine große Wiese und ein mit Asche und Schlacke bestreuter Sportplatz. Zur Linken erhebt sich ein sechs Etagen umfassendes Gebäude von einer nicht abzusehenden Länge. Gleichhohe Anbauten an der Hofseite dieses riesigen Bauwerkes teilen den Abstand zur Straße in nahezu quadratische Lichthöfe, deren spärliche Bepflanzung eher dazu angetan ist, den tristen Eindruck der unverputzten und mit uralten Doppelfenstern versehenen Hoffront zu verstärken. (…)

Ein stacheldrahtbewehrtes Tor - und dann verliert sich die Betonstraße weiter hinten im Wald. Ein paar halbgesprengte und verfallene Ruinen, welche in ihrer Struktur dem beschriebenen Gebäude sehr ähneln, künden von ursprünglich anderen Bebauungsplänen. Nicht sehr ermutigend dieser Anblick, wenn man bedenkt wie viel Zeit man hier verbringen soll.“[42]

Ehem. Bausoldat Stefan Wolter, 1986:

„Die erste Station war die Turnhalle. Hier ging die äußere Wandlung vor sich. In Zivil betraten wir sie, und in braune Trainingsanzüge mit rot-gelben Streifen gehüllt traten wir wieder unter Gottes freien Himmel. Ein ‚ASV‘ (Armeesportverein)-Aufnäher machte unmissverständlich deutlich, wohin wir nun gehörten. Mein Anzug saß, ich schien anpassungsfähig. Die Initiation geschah an einem Tischchen an der Stirnseite der Halle. Einer nach dem anderen wurde aufgerufen und registriert. (…) Danach begann das Warten in der Kälte. Wir durften uns nicht von der Stelle bewegen. So gab es Gelegenheit, erste Eindrücke zu verarbeiten. So weit das Auge reichte, Stein und Beton, links und rechts der Regimentstraße aber auch kleine, akkurat gepflanzte Kiefern. Die Lichthöfe machten einen militärisch ordentlichen Eindruck, bis auf eine Ausnahme: Der Lichthof, vor dem wir Aufstellung genommen hatten. An dieser Stelle war auch die Kaserne unverputzt geblieben. (…) Plötzlich ertönte ein Bläserquartett hinter einem der unzähligen Fenster: ‚Ein feste Burg ist unser Gott‘. (…) Die etablierten Bausoldaten der 3. Kompanie bekundeten ihre Anteilnahme an unserem Schicksal.“[43]

Ehem. Bausoldat Thomas Brösing, 1988:

„Ich begann mich diesen absurden Abläufen anzupassen. Man hatte mich gezwungen, mich im Freien umzuziehen und es ist noch kalt Anfang Mai an der Ostseeküste. Da sich auch die anderen begannen auf dem Hof zu entkleiden, blieb mir selbst nichts anderes übrig, als dasselbe zu tun. Es ist erniedrigend und verfehlte seine Wirkung nicht. Die Zivilsachen wurden zuerst in den Sack geworfen und die Reisetasche hinterher. Dann trieb man uns mit Gebrüll zu den Stationen der Ausrüstungsverteilung.“[44]

Das graue Gebäude am Nordende der Anlage ist inzwischen entsorgt. Aufnahme um 1994. Vgl. mit S. 60!

Besonderheit aus der Bausoldatengeschichte:

In den 1980er Jahren hatten die meisten Bausoldaten in der Turnhalle das Gelöbnis abzuleisten. Während der Fahneneid der Nationalen Volksarmee ein üblicherweise hochgespieltes Ereignis war, zog man es vor, die unliebsamen Waffenverweigerer während der Ableistung ihres Gelöbnisses den Augen der Öffentlichkeit zu entziehen. Meist kamen sie nicht eher aus der Halle heraus, ehe zusätzlich eine Unterschrift geleistet war. Denn die allerwenigsten Bausoldaten sprachen den befohlenen Text deutlich nach, gelegentlich versuchten sich Jahrgänge sogar geschlossen zu widersetzen. Erst nach ein bis zwei Anläufen wurde dann das Zwangsgelöbnis gestammelt. An diesen Vorgang, der den Geist der Bausoldaten demonstrierte, erinnert seit November 2010 eine kleine Erinnerungstafel. In der Presseerklärung des Landes Mecklenburg-Vorpommern heißt es anerkennend:

„Die Bausoldaten gehören als Verweigerer des Waffendienstes zur Oppositionsgeschichte der DDR. (…) Die Markierung des historischen Ortes ist ein wichtiger Schritt, um diesen Teil der DDR-Oppositions- und Widerstandsgeschichte stärker in das öffentliche Bewusstsein zu rücken. (…) Die Anbringung der Erinnerungstafel ist ein wichtiges Ergebnis der Bemühungen des Denk-Mal Prora e. V.".[45]

Aus Anlass des 50. Jahrestages der Bausoldatenanordnung kam im Jahr 2014 eine zweite erklärende Tafel hinzu.

Die Turnhalle um 1990 und im Sommer 2009. DenkMALProra eröffnete hier die erste Ausstellung zur Bausoldatengeschichte am authentischen Ort.

Zeitzeugen berichten über das Gelöbnis:

Ehem. Bausoldat Uwe Rühle, 1982:

„Der Tag der Ablegung des Fahneneides ist ein Festtag in der Dienstzeit der Soldaten. An diesem Tag dürfen Verwandte zugegen sein, Pioniere aus den Schulen werden zum Überreichen von Blumen herangeschafft, und ein umfangreicher feierlicher Appell krönt diesen Tag.

Anders hier.

Die Offiziere erschienen natürlich in vollem Ornat, d.h. Paradeuniform, allen Orden und Ehrenzeichen sowie ein Paradedolch zur Linken. Sie waren ob dieses Pompes wohl selbst etwas verunsichert, überspielten dies aber durch besondere Exaktheit und scharfe Befehle.

Entgegen den üblichen Gepflogenheiten mußte die Kompanie in die Turnhalle einrücken. Es lag wohl niemandem etwas daran, dieses minderwertige Gelöbnis auch noch in der Öffentlichkeit ablegen zu lassen. Nach einer kurzen Ansprache, die den erfolgreichen Abschluß der Grundausbildung honorierte und hinwies auf den zukünftigen Einsatz beim Bau des Fährhafens Mukran, wurde dann das Gelöbnis in schon geübter Weise abgelegt.“[46]

Ehem. Bausoldat Bernhard Wagner, 1985:

„In der Turnhalle mussten wir unser Gelöbnis sprechen. Als beim dritten Versuch immer noch keiner was nachsprach, schrie der dicke Gampe, er könne uns bestrafen mit 10 oder auch 5 Tagen Arrest in der Arrestanstalt.“[47]

Ehem. Bausoldat Stefan Wolter, 1986:

„Alle 240 Mann waren in der Turnhalle versammelt und der Oberst kam. Er sprach die Worte vor, wir sollten nachsprechen. Das 1. Mal sprach er die Worte und kein Mensch wiederholte (sagte etwas) – alle 240 schwiegen. Da verließ er den Saal und die anderen Vorgesetzten mussten noch mit uns ,üben'. Beim 2. Mal wurde es durchgezogen, aber ich glaube, nicht die Hälfte sprach wirklich mit. Nun ist es überstanden!“[48]

Ehem. Bausoldat Thomas Brösing, 1988:

„Damit keiner der normalen Soldaten Zeuge dieses abstrusen Aktes wurde, fand das Gelöbnis in der Turnhalle statt. Aus unerklärlichen Gründen benahmen sich die Vorgesetzten wie Kleinkinder zu Weihnachten. Sie hatten sich gewaltig in Schale geworfen und richtig herausgeputzt. Stargast war der Kommandeur von Prora, der diesem Zeremoniell argwöhnisch beiwohnte. Keiner der Bausoldaten wollte dieses Gelöbnis freiwillig ablegen, es wurde nachts stundenlang herumdiskutiert...“[49]

„Ihr Lieben!

Die Grundausbildung ist zu Ende und die Arbeit steht vor der Tür. Ab Morgen geht es los. Wir arbeiten im Zyklus Mittwoch–Mittwoch, immer abwechslungsweise Arbeit und Innendienst. Ich bin gespannt.

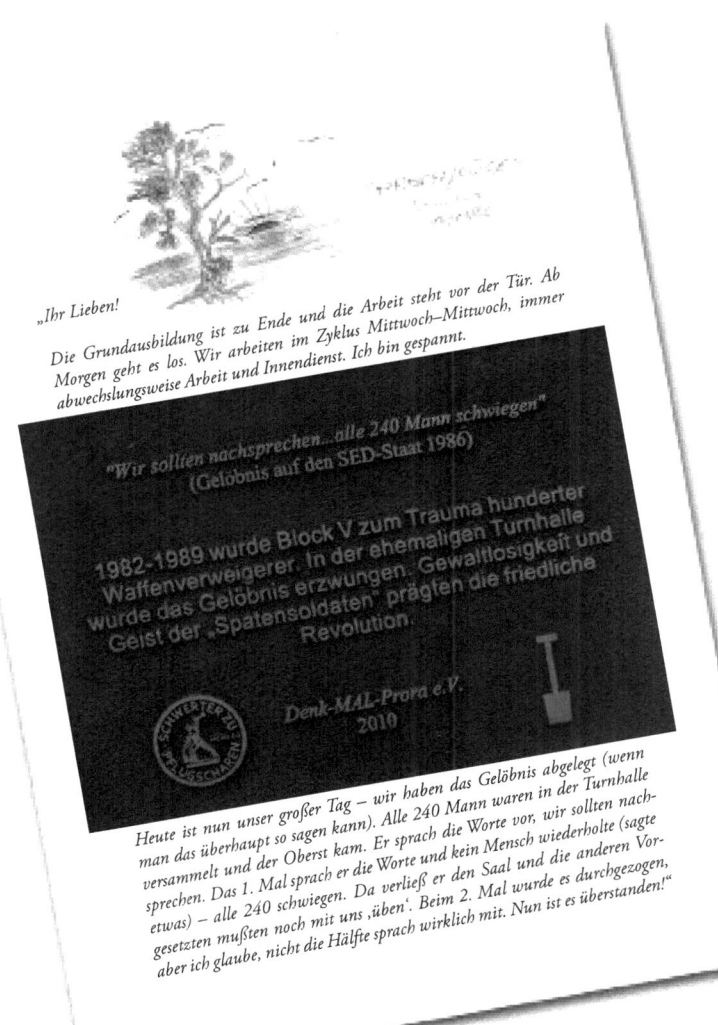

"Wir sollten nachsprechen... alle 240 Mann schwiegen"
(Gelöbnis auf den SED-Staat 1986)

1982-1989 wurde Block V zum Trauma hunderter Walfenverweigerer. In der ehemaligen Turnhalle wurde das Gelöbnis erzwungen. Gewaltlosigkeit und Geist der „Spatensoldaten" prägten die friedliche Revolution.

Denk-MAL-Prora e.V.
2010

Heute ist nun unser großer Tag – wir haben das Gelöbnis abgelegt (wenn man das überhaupt so sagen kann). Alle 240 Mann waren in der Turnhalle versammelt und der Oberst kam. Er sprach die Worte und kein Mensch wiederholte (sagte etwas) – alle 240 schwiegen. Da verließ er den Saal und die anderen Vorgesetzten mußten noch mit uns ‚üben'. Beim 2. Mal wurde es durchgezogen, aber ich glaube, nicht die Hälfte sprach wirklich mit. Nun ist es überstanden!"

Jugendherberge, 2. OG
Spur der Obrigkeit: der Stabs-/Stasitrakt

„Ruhe auf der Stube, Geräusche, die auf schlafen schlußfolgern lassen."[50] Selbst solche Lappalien sind in Abhörprotokollen festgehalten, die in der 2. Etage des zweiten Hofes der heutigen Jugendherberge (von hinten gezählt) angefertigt wurden. Als „feindlich-negative Kräfte" standen die Bausoldaten in den Etagen darüber im direkten Visier der Staatssicherheit. Wie ging es hinter diesen Mauern zu, wo befanden sich die „Wanzen" im Gebäude? Die Stasiüberwachung in Prora wurde bislang kein Gegenstand einer systematischen Untersuchung. Die meisten Unterlagen sind vernichtet, Dokumentationen im Gebäude wurden von offizieller Seite nicht vorgenommen. An die sogenannte „Verwaltung 2000" erinnert heute nichts mehr. Jedoch hat DenkMALProra in den letzten Räumen des 2. OG (= 2. Etage) eine Spur sichern können, die das Interesse wach halten soll – und die demonstriert, dass sich die Verwaltungsräume des Militärs, der Stabstrakt, auf dieser Etage über die gesamte Länge der ehemaligen Baueinheit gezogen haben. Im Gutachten des Landesamtes für Kultur und Denkmalpflege heißt es:

„Die in Resten vorhandene Ausstattung besteht aus Holzimitationstapeten im Flur und aufwändigeren Tapeten, z.B. Ziegelimitation in den Räumen. In einem Raum befinden sich die Umrisse einer DDR-Karte. Die drei nördlichsten Räume sind durch Türen mit gemauerten Rundbögen verbunden, die einen biederen fehlplatzierten Eindruck vermitteln. Am Ende des Ganges führt eine von innen mit einer Holzimitationstapete verkleidete Tür in einen großen Raum. Die in den Wänden befindlichen Bohrlöcher lassen auf eine technische Ausstattung schließen (…) Es ist im Rahmen des Nutzungskonzeptes zu überprüfen, ob im nördlichsten Bereich die Türdurchgänge und Tapetenreste erhalten werden können."[51]

Entgegen einer früheren Annahme waren dies nicht die Stasiräume, aber Räume dieses Ganges wurden auch zu Verhören von Bausoldaten genutzt. Die drei nördlichsten Zimmer mit den ummauerten Türbögen nahmen einst die Bibliothek auf, daran seitlich angrenzend das sogenannte Traditionskabinett. Die Vitrinen zur Ausstellung des großen Hafenmodells stellte ein Bausoldat im väterlichen Betrieb her. Angeblich gab der letzte Verteidigungsminister der DDR, Rainer Eppelmann, den Befehl, den Bestand des Zimmers zu sichern und zu archivieren. [52] Das Kabinett wäre ein interessantes Anschauungsstück des bis heute kaum thematisierten Hafenbaus.

Gang im 2. OG (elfter Hof, nördliches Ende von Block V), vor dem vollständigen Entkernen für die Jugendherberge. Bis 2009 waren die dunkle Holztapete und die roten Steinfließen noch erkennbar. Ganz am Ende lag das Traditionskabinett, rechts davor die Bibliothek.

Bauliche Reste im Verwaltungstrakt der Kaserne. Die Türbögen in der ehemaligen Bataillonsbibliothek aus den 1980er Jahren wurden auf Antrag des Vereins Denk-MAL-Prora e.V. geschützt. Leider wurden die Räume in Gästezimmer umgewandelt und nicht für Projektarbeiten hergerichtet. Solch kleine Erkennungszeichen (Narben) im historischen Gemäuer hätte sich die Initiative an vielen Stellen gewünscht. Aufnahmen 2009, 2010, 2011.

Zeitzeugen berichten über den Stasitrakt:

Ehem. Bausoldat Tobias Bemmann, 1985/87:

„Genosse Bausoldat, kommen sie mit, jetzt wird es ernst. Er begleitete mich im Treppenhaus drei Etagen nach unten. Dort befand sich eine unauffällige Tür, an der ich schon so oft vorbei gelaufen war. Nie hatte ich mir bis dahin Gedanken gemacht, was wohl dahinter sein könnte. Vor dieser Tür warteten wir nun. Beim Spieß bemerkte ich eine gewisse Angespanntheit und Nervosität. Nach einiger Zeit wurde die Tür von innen aufgeschlossen. Der Spieß machte bei dem dort erscheinenden Offizier irgendeine Meldung und verschwand wieder. Ich wurde in einen Raum geführt, in dem einige unbekannte Offiziere saßen. Ich musste mich mit an ihren Tisch setzen. An einem weiteren Tisch saß jemand, der auf einer Schreibmaschine alles mitschrieb. Die Atmosphäre in dem Raum war zunächst ganz anders, als ich es erwartet hatte. Kein lautes Schreien, kein Schimpfen … Ein fast verständnisvoll wirkender Mann stellte mir nun Fragen. Schnell wurde mir klar, mit wem ich es hier zu tun hatte und was die besonders interessierte. Das Übertreten des Ausgangsbereiches schien für diese Stasileute eher eine Nebensache zu sein. Sie interessierten sich nur für den Gottesdienstbesuch in Stralsund. Sie warfen mir vor, dass ich mich dort mit Personen aus der BRD getroffen hätte …"[53]

Ehem. Hptm. Nehrdich, Mail 2010:

„In einer Etage des unverputzten 1. Hofes befanden sich die Schneiderei, die Bibliothek und Lagerräume der Politabteilung. Es kann der 3. Stock gewesen sein. Klar ist allerdings, dass die Mitarbeiter der V 2000 zu allen Räumen Zugang hatten und sie bei Anforderung auch nutzen konnten. Meines Wissens hat nie ein Soldat den eigentlichen Bereich der V 2000 betreten. Ich selbst war bis 1990 nur einmal in diesem Bereich und dieser Raum war eine Art Pausenraum oder Kaffeeküche. Als ich eingelassen wurde, war der weitere Bereich der Verwaltung durch einen Vorhang abgeschirmt. Als ich nach Prora kam, war Hptm. Blanckenburg Leiter der Gruppe der V2000 in Prora (später war er Major). Die Angehörigen der V2000 sind immer in Zivil herumgelaufen. Sie sind ihnen garantiert begegnet und haben Sie sicher auch freundlich gegrüßt. Ein Mitarbeiter dieser Gruppe war mein Hausnachbar (…) Über seine Tätigkeit in der V2000 hat er aber auch später nie gesprochen oder ist ausgewichen, wenn das Gespräch darauf kam."[54]

Ehem. Hptm. Lothar Kühne, 2007:

„Ich hatte bereits erwähnt, dass die in unserem Bereich tätige Diensteinheit der ‚Verwaltung 2000' relativ umfangreich war. Immerhin bestand sie aus bis zu fünf ständig im PiBB anwesenden Offizieren. Ihre Dienstzimmer befanden sich, abgegrenzt und zusätzlich mit Gittertüren gesichert, zwischen dem Stabsbereich und dem Gang, auf dem sich u.a. die Schneiderei, die Poststelle, die Bibliothek und auch der Traditionsraum befanden.

Ihre Informationen erlangten die Mitarbeiter des MfS auf die unterschiedlichste Weise und ebenso variantenreich war ihr Einwirken auf allgemeine militärische Belange. Nur einige Beispiele: Bereits bei der Aufstellung der Einheiten wurden die Listen der personellen Zusammenstellung der Züge und Kompanien bis hin zu den Zimmerbelegungen mit ihnen abgestimmt. Es kam auch vor, dass so kurzfristig Veränderungen veranlasst wurden. Die Vorgesetzten der Baukompanien (unabhängig von ihrer Dienststellung) wurden regelmäßig befragt. Einzelne Bausoldaten wurden zu Gesprächen in die Bibliothek ‚gebeten‘ oder bis zur Gittertür im vorletzten Treppenhaus geführt. Regelmäßig erhielten diese Mitarbeiter auch regionale kirchliche Presseerzeugnisse und Publikationen etc. Konkrete Kenntnisse über Abhöraktionen oder dabei eventuell eingesetzte Technik habe ich nicht. Darüber könnten nur die betreffenden ehemaligen Angehörigen des MfS Auskunft geben. Erinnern kann ich mich aber auf jeden Fall an ein Ereignis, das auf jeden Fall den Schluß auf die Nutzung derartiger Methoden zulässt. Die gesamte BE-2 [Baueinheit] wurde zu einer politischen Information durch den Politstellvertreter in die ‚Holzoper‘ befohlen. Nach dem Abrücken der Einheiten wurden alle Räume der BE durch Angehörige des Stabes auf eventuell zurückgebliebene Bausoldaten kontrolliert und die Zugänge zu den Treppenhäusern besetzt. Mitarbeiter der Verwaltung waren danach in den einzelnen Kompaniebereichen aktiv. In ihrer Begleitung befanden sich mehrere ‚Zivilisten‘. Nach der Rückkehr dieser Personen wurden die Kompanieeingänge wieder freigegeben und auch die Information in der Kulturbaracke (abgerissener Regimentsclub) war kurz darauf beendet.“[55]

Ehem. Hauptfeldwebel Schulze, 2007:
„Akustisch wurde die Vernichtung von Akten des militärischen Geheimdienstes ab Februar 1989 (!) in der Schneiderei des Truppenteils durch die dortigen Mitarbeiter vernommen. Eine Mitarbeiterin äußerte sich dazu. ‚Die Maschinen liefen Tag und Nacht, aber wir wussten nicht was da vorging.‘ Die Räume des militärischen Geheimdienstes lagen ungünstigerweise nebenan.“[56]

Nördliches Ende von Block V - Spuren inoffiziellen Gedenkens

Vor fünfunddreißig Jahren grenzte ein Tor mit Stacheldraht das Gelände um Block V zur benachbarten Ruine (Block VI) ab. Etliche kleine graue Gebäude, errichtet in der frühen Phase der DDR, standen dort in der Landschaft – ausgestattet zum Teil mit Waffenkammer. Zwischen der heutigen Jugendherberge und den Ruinen, in denen manch eine Werkstatt untergebracht war, lag ein Schießplatz. Den Weg zum damals verbotenen Strand säumten Zielscheiben in Richtung des heutigen Aussichtsplateaus mit der schönen Skulptur „Zwei Sportler". Diese Skulptur wurde erst nach der politischen Wende vom NVA-Erholungsheim hierher umgesetzt, was zu einer (gewollten) Fehlinterpretation des Geländes führte (vgl. Kolossales am Südstrand, 2019, S. 23).

Die seeseitigen Fenster der Jugendherberge erinnern an eine Spezialtätigkeit: das Revierreinigen mit Stahlhelm: Weil der Mülleimer in den Soldatenstuben stets leer zu sein hatte, wanderte der Müll kurzerhand aus den Fenstern. Sie wurden jedoch auch für manch einen Verzweifelten zum Ausweg in den Tod. Der Autor Hendrik Liersch begab sich 1996 auf Spurensuche:

> „Den Weg ums Haus herum zum Meer (...) der Zaun zum kleinen Schießplatz, mit dem Schild: Lebensgefahr, nicht betreten. Rechts herum der jeden Morgen vom Müll gereinigte, geharkte Sandweg entlang dem Haus ist Wiese geworden. Harken, Schippen und Schubkarren sind überflüssig. Eine kleine Birke, an der ich ein Windlicht für Sebastian anzünde, und einige andere Büsche haben sich einen Weg gebahnt und erschrecken mich in ihrer Friedlichkeit, die Tränen überwältigen mich. Hier an dieser Stelle fand Sebastians Sprung in den Tod seinen harten Aufprall in einer Welt, die ohne Hoffnung für ihn war, und jetzt ist nichts mehr sichtbar, was hier war. Schon gar nicht für Spaziergänger aus den luxusmodernisierten Standpromenadenvillen von Binz..."[57]

1988 kam der Bausoldat Sebastian Höfner infolge eines Sturzes aus einem der oberen Fenster der Jugendherberge ums Leben. Mindestens zwei weitere Bausoldaten begangen während der Stationierung in Prora Suizid. Eine bewegende Schilderung darüber findet sich im

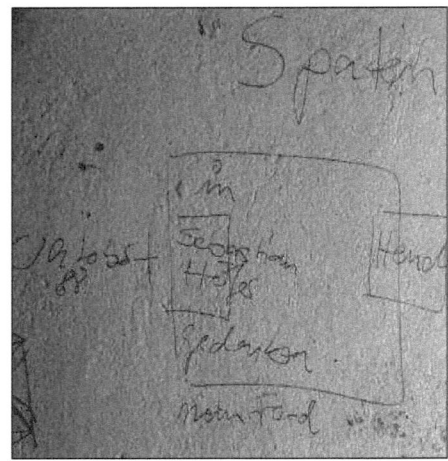

Ignoriert beim Bau der Jugendherberge: Gebäude und Gelände sind für viele Menschen Orte des Gedenkens. Links ein einsamer Blumenstrauß im Jahr 2013 für Sebastian Höfer, der im Oktober 1988 in Höhe des vorgezogenen Gebäudeteils (geplantes Bildungszentrum) bei einem Sturz aus dem Fenster ums Leben gekommen ist. Wiederholt kamen auf dem Gelände Menschen zu Schaden und zu Tode. Rechts eine Trauerbekundung von Hendrik Liersch (1996) an einer Wand in der oberen Etage der heutigen Jugendherberge Prora - auf Antrag von DenkMALProra erhalten geblieben: „In Gedenken mein Freund.“

Picknick auf den Fundamenten der einstigen Waffenkammer (vgl. das Podest mit Treppchen rechts mit der Abb. S. 62). Davor zog sich der Schießplatz bis zum Strand hin. Dort, wo heute die Skulptur „zwei Sportler“ steht (von Block I, ehemaliges NVA-Erholungsheim, hierher umgesetzt) wurde einst scharf geschossen. 2024 entstand hier ein Surfschulgebäude.

„Geheimen Tagebuch eines Bausoldaten" (2015). Schon unter den Fallschirmjägern registrierte ein Zeitzeuge mehr als ein Dutzend Todesfälle durch Unfall und Suizid in den Jahren 1960–1980, darunter ein einstiges Heimkind, auf das Druck ausgeübt wurde, sich zu einem mehrjährigen NVA-Dienst zu verpflichten. Dieser junge Mann erschoss sich an der Wache vor Block V.[58]

Zwei Etagen unter den Bausoldaten hausten die Baupioniere. Im heutigen *Eingangsbereich* der Jugendherberge vegetierte ein junger Mann, der in einem Schreiben vom 1. Januar 1988 Erwähnung fand:

> „Ich musste mich etwas um einen Soldaten von den Pionieren kümmern, der sich in letzter Zeit oft bei uns aufhält, weil er es bei seinen Kameraden nicht aushält. Vorgestern hat er von seinen Selbstmordversuchen erzählt. Er hat sich schon mal die Pulsschlagader aufgeschnitten. Wenn er Silvester bei seinen Leuten sein muß, so macht er eine Faustan-Fete, wie er meinte. (...) Jedenfalls kippte er gestern im Nachbarzimmer ab und brauchte unbedingt eine Rudotel (Tranquilizer). Zum Glück hatte ich so was noch da und so hörte er wenigstens auf zu zittern.[59]

Neben mancherlei positiven Erfahrungen, wie Kameradschaft, Freundschaften oder auch gewonnene Lebenserfahrung, erlebten in diesem südlichen Abschnitt in den 1960er/70er Jahren recht viele Jugendliche Suizidversuche und Selbsttötungen mit (vgl. S. 94 ff.). Wegen der offiziellen Vertuschung der Vorgänge, anhaltend bis in die Gegenwart, ist es unmöglich, all diese Zeitzeugenaussagen zu verifizieren. Dass das System NVA eine hohe Zahl von Opfern – physisch und psychisch – gefordert hat, insbesondere in Prora, steht indes außer Frage. Eine wissenschaftliche Untersuchung ist überfällig.

In Verzweiflung und Tod getrieben

„Die Opfer der DDR-Militarisierung müssen geehrt werden, bedacht mindestens", fordert seit Jahren ein ehemaliger Schüler der Unteroffiziersschule in Prora: „Dazu braucht es einen Ort, wo man beten kann und Blumen hinlegen. Dieser Ort muss geschaffen werden. z.B. in Prora neben der Strandskulptur (2 Sportler). Und die hauptamtlichen ‚Aufarbeiter' müssen das in die Hand nehmen."
Zit. nach http://detopia.de/de/W/NVA/, aufgerufen 1. Mai 2015.

Gegenüber dem Torso von Block VI befindet sich ein bislang ebenfalls nicht als solcher gekennzeichneter historischer Platz, heute banalisiert fürs Ballspiel. Der ehemalige Bausoldat Hendrik Liersch merkte 1996 nach einem Besuch ironisch an:

„... der asphaltierte Hubschrauberlandeplatz trotzt der Natur ohne Hinweistafel: ‚Hier landete der Armeeminister der DDR und stieg in seinen weißen Westsportwagen, der per Chauffeur ebenfalls aus Strausberg (= Hauptquartier) angereist war auf dem Weg zur Insel Vilm.' (...) An jedem Treppenaufgang (der Kaserne) unten und oben stand mindestens ein Offizier für die freie Urlaubsfahrt des Herrn Kessler, und die gesamte Kaserne war von außen ausgestorben wie heute."[60]

Auch im „Prinz von Prora" (2005) steht eine Begegnung mit der Berliner Obrigkeit in Zusammenhang mit jenem ehemaligen Hubschrauberlandeplatz, der bereits bei den Fallschirmjägern von Bedeutung gewesen ist (Abb. S. 33 unten). Die Schilderung offenbart die Wertigkeit der Bausoldaten, die anlässlich des hohen Besuches aus dem Verkehr gezogen wurden:

„In jenen Tagen kam auch der Staatsratsvorsitzende und Generalsekretär der SED, Erich Honecker, einmal nach Prora. Weit hinten im Gelände, dort, wo die Kasernenanlage nur noch ein zerstörte Ruine war, befand sich ein kleiner Flugplatz, von dem aus er auf die Insel Vilm flog. Honecker soll dort eine Residenz gehabt haben. Das erzählte man sich, genaues wusste ja keiner. Damals, als Honecker durch Prora-Nord fuhr, waren wir gerade aus Mukran zurückgekommen und den LKWs entsprungen. Hektisch wurden wir hinter die Autos getrieben und bewacht, während die Kolonne großer, schwarzer Limousinen in extrem hohem Tempo die Regimentsstraße gen Flugplatz herabsauste. Honecker, so wurde erzählt, sollte uns nicht in unseren zerschlissenen ‚Sträflingsklamotten' sehen. Doch mit Sicherheit spielten auch Ängste vor uns eine Rolle. Ich eilte nach diesem Erlebnis in einen der Waschräume der Kompanie und sah von dort den Hubschrauber starten, der dann hoch oben über unserem kleinen Gefängnis am Horizont entschwand."[61]

Jugendherberge Erdgeschoss (Speisesaal, Küche)
Spurlos entschwunden: der Med.Punkt

Wir schlendern die einstige Regimentsstraße in Richtung geplantes Bildungszentrum zurück. „Auf diesem Weg", erinnert sich der ehemalige Bausoldat Thomas Brösing,

„begegneten uns die unterschiedlichsten Herrenmenschen in Uniform und ein jeder von ihnen konnte uns anhalten und zurückschicken. Gründe gab es immer, kein Gleichschritt, zu schnell, zu langsam, der Diensthabende hatte nicht richtig gegrüßt …".[62]

Das entspricht etwa dem, wie es der Herausgeber selbst erlebt hat, etwa, als er im März 1988 statt zu einer wichtigen Familienfeier fahren zu dürfen, auf der Regimentsstraße aufgeweichtes Papier aus den Pfützen zu „fischen" hatte und dabei von vorübergehenden Offizieren angeschrien wurde.

„Da wird einem so etwas an den Kopf geknallt, wie: ‚Treten Sie weg und putzen die Stiefel, sonst spiele ich mit Ihnen wilde Sau.' Dann hat man sich im Laufschritt wegzubewegen."[63]

Jede Bewegung im Gelände wurde nach Möglichkeit registriert und kontrolliert. Individuelle Spaziergänge von einem Ort zum anderen waren nicht gestattet. Meist ging es in Marschkolonne vorwärts, beispielsweise zum Speisesaal, der im Parterre des südlichen Abschnitts von Block V (fünf Höfe von der heutigen Jugendherberge entfernt) lag. Zum „Tag der NVA", um den 1. März herum, konnte dies auch mal mitsamt eines verordneten Volksliedes auf den Lippen befohlen werden: „…Wenn ich mein Schatz nicht rufen darf, tu ich ihm winken…".[64]

Im Hof rechts neben dem künftigen Bildungszentrum führt eine unscheinbare Tür in den ehemaligen *Duschsaal* hinein – ein braun gefliester Saal aus den 1950/60er Jahren. Er war Anfang der 1980er Jahre „derart verdreckt, daß die Hygienekommission der Armee sie nach einiger Zeit selbst sperrte, was schon etwas heißen will", schreibt der ehemalige Bausoldat Uwe Rühle über seine Zeit in Prora 1982/83. „Kollektives Massenduschen in saalartigen 70-Mann-Duschen, ein

Mal pro Woche", erzählt Hendrik Liersch, „weckte böse Erinnerungen" an die Nazi-Zeit. [65] „Weißt Du, was ich als erstes probiert habe, als die hinter uns die Tür verriegelt haben? Ob die auch wieder aufgeht", formulierte ein weiterer Bausoldat Gedanken, wie sie viele der erklärten Staatsfeinde hegten. [66]

Der Saal erinnerte viele Zeitzeugen an das Grauen der NS-Zeit. Weil er aber wie sämtliche Ausstattungsstücke von Block V aus der Nachkriegszeit stammt, galt er bis 2014 nicht als denkmalwürdig. Das hat sich nun geändert, wie zu sehen sein wird.

Der Duschsaal im Jahr 2008, nachdem die Brauseköpfe entfernt wurden (vgl. mit S. 99); Grafitti aus dem Jahr 2003.

Das zur Regimentsstraße gerichtete Fenster gehörte zur bescheidenen Physiotherapie des Medizinischen Stützpunktes. [67] Der sog. *Med.Punkt*, heute Speisesaal der Jugendherberge, gelangte 1994 in die Schlagzeilen, als bei einem der Prora-Symposien zur Zukunft des sog. „KdF-Bades" plötzlich auch die Nutzungsphase des Kolosses zur Sprache kam:

„Für die Soldaten muß das endlose graue Haus ein Ort der totalen Auslieferung gewesen sein. Prora wie Eggesin galten zu DDR-Zeiten immer als Begriffe für gnadenlosen Drill und endlose Furcht. Einer, der den Waffendienst verweigert hatte (...) erzählt, daß es auf der Krankenstation, dem ‚Med.Punkt' keinen Mangel an ‚durchgedrehten' Leuten gegeben habe: ‚Die liefen rum, fuchtelten mit den Armen und gackerten wie Hühner.'"[68]

Sogenannte Med.Punkte gab es am Militärstandort Prora vier, dieser hier war einer der ältesten, noch aus russischer Besatzung stammend. Bilder gibt es nicht, es muss der Versuch einer Beschreibung genügen:

Den Med.Punkt betrat man vom achten Hof durch die Tür links. Linkerhand, unter den WC- und Waschräumen, mit denen die Treppenhäuser zur Straße hin ausgestattet waren, führte eine Tür in die bescheidene Physiotherapie. Darin standen ein zweitüriger Blechschrank linkerhand, eine Waschmaschine rechterhand, und vor dem Fenster an den Wänden je eine Behandlungsliege.

Die Waschmaschine WM 66 stammte vermutlich noch aus Fallschirmjägerzeiten und diente nicht etwa zum Wäschewaschen, sondern zum Erhitzen von Leinenbeuteln mit Heilschlamm (Pelose, Fango). Dazu wurde eine geringe Menge Wasser eingefüllt, der uralte knochentrockene Schlammbeutel eingelegt und auf Kochen geschaltet.

„Da der Heizvorgang altersbedingt sehr lange dauern konnte", berichtet ein Zeitzeuge, „geriet die Sache mitunter in Vergessenheit. Machte sich dann nach einer Stunde ein brandiger Geruch bemerkbar, war die Schlammpackung anwendungsbereit."[69]

Im Blechschrank verwahrte man als eines der wenigen Heilinstrumente eine Rotlichtlampe.

Die Treppe hinauf führte in den militärischen Stab. In den 1980er Jahren war dort auch der Baustab für den Hafen Mukran untergebracht. Unten im Flur stand stets das zuverlässigste Gefährt der Med.Punkt-Fahrzeugflotte – ein grüner „Bollerwagen" mit lenkbarer Vorderachse, ebenfalls vermutlich altes Fallschirmjägerinventar. Mit ihm wurde in Thermophoren das Essen für die Patienten von der großen Küche geholt. Ein ehemaliger Reservist erinnert sich: „Damit er möglichst heftig quietschte und insofern die monotonen Abläufe störte, ölten ihn die Reservisten des Med.Punktes absichtlich selten."

Die beiden Fahrzeuge des Med.Punktes B1000 Sankra und Robur LO 1800 waren Ende der achtziger Jahre nicht betriebsbereit. Ersatzteile waren Mangelware.

Geradeaus, rechts vor der Treppe (inzwischen ist hier eine Wand eingezogen, vor der die Treppe herumgeführt ist – siehe Bilder rechts!), befand sich das Aufnahme-Fensterchen des Med.Punktes.

Hinter dem Fenster stand der Schreibtisch des Sanitäters vom Dienst, im Rücken ein blecherner Karteischrank mit Hängeordnern für die braunen sogenannten Gesundheitsbücher der Grundwehrdienstleistenden. Von diesem Zimmerchen aus wurde der elektrische Türöffner betätigt, um in den desinfektionsmittelgeschwängerten Behandlungstrakt zu gelangen.

Reste des Med.Punktes im Jahr 2007. Blick in Richtung Infektionsdusche am nördlichen Ende (etwa in Höhe des mittleren Treppenhauses der JH). Unten der daraus gestaltete heutige Speisesaal der Jugendherberge.

Hinter dem Aufnahmefenster entfaltete sich der Med.Punkt. Bereits unter russischer Besatzung als solcher genutzt, gehörte er zu den ältesten von insgesamt vier in der Anlage genutzten Med.Punkten.

Eine Spur jahrzehntelanger Nutzung des Gebäudes verschwindet zugunsten der Struktur des „ehemaligen KdF-Bades" – ohne Dokumentation vonseiten der Behörden: Im Jahr 2007 (li. oben), im Frühjahr 2010 mit den nun freigelegten Betonpfeilern im Bereich des künftigen Speisesaales (li. unten), im Herbst 2010 ist die Wand zugemauert (re. oben) und im Frühjahr 2011 der vorn freistehende Pfeiler in eine neue Wand integriert, vor der die Treppe - abweichend von den Originalplänen - herumgeführt wurde (re. unten). Unten Mitte ein rekonstruiertes Med.Punkt-Zimmer im einstigen „NVA-Museum".

Dieser Trakt ist heute der *Speisesaal* der Jugendherberge: Im vorderen Teil lagen die beiden einfach ausgestatteten Behandlungsräume sowie ein recht brauchbares Zahnarztzimmer. Dazwischen war das Büro des einzigen fest angestellten Militärarztes, genannt Erpel, platziert – ausgestattet mit imitiertem Perserteppich, Schrankwand, Schreibtisch, drei kantigen braunen Ledersesseln um einen kleinen Couchtisch herum und einigen Wimpeln. Die sich rechts anschließenden Behandlungszimmer waren einfach eingerichtet: eine Liege, ein Medikamentenschrank, ein Schreibtisch mit zwei Stühlen und einem Blutdruckmessgerät darauf sowie je ein Sterilisationsgerät für Instrumente.

„Schwester Laura stand schon im Sprechzimmer, Sie hatte einen besonders flotten Arbeitsstil", erzählt der ehemalige Reservist Jürgen Haase aus eigener Erfahrung: „ruckzuck fegten Alkohol-Lappen über die Schränke, ruckzuck wurden Spritzen aufgezogen, ruckzuck Instrumente gereicht."[70]

Schwierigere Fälle verlegte man in den besser ausgestatteten Med. Punkt der Militärtechnischen Schule (Prora-Ost), ins Militärlazarett Stralsund oder auch ins Kreiskrankenhaus Bergen.

Hinter dem Zahnarztzimmer, in dem sogar Wurzelspitzenresektionen ausgeführt wurden, ging es in die Krankenstation hinein: „In der Bettenstation lagen Erkältungsnasen und psychisch Geschädigte", weiß der ehemalige Reservist Haase über das Klientel zu berichten.[71]

Die Patientenzimmer mit bis zu sechs Betten lagen seeseitig, darunter auch ein kleineres Offizierszimmer und dazwischen ein von zwei Betonsäulen geschmückter Aufenthaltsraum mit Tischen, Stühlen und Fernseher. Zum Flur hin war dieser Raum offen, die Fenster führten ebenfalls zur See hinaus. Davor türmte sich der Müll, der wie erwähnt, aus den oberen Etagen hinabgeworfen wurde und wegen der Gefahren aus der Luft vom Revierdienst nur mit Stahlhelm gereinigt werden durfte. Mit den vielen Möwen, als fliegende Ratten bezeichnet, trieb man seinen Schabernack: „Küchen-Spaßvögel lockten sie an und bemalten ihre Bäuche mit Tusche. Für zwei Tage flogen eine Rote-Kreuz-Möwe und eine mit Majorschulterstücken zum Ärger einiger Militärs umher."[72] Geradeaus führte eine Tür in die Infektionsdusche. Zum Hof hin, an die Aufnahme anschließend, waren die beiden Bade- sowie etliche Wirtschaftsräume platziert, unter anderem eine kleine Küche mit ockerfarbenen Fliesen und ein Zimmer für die weiblichen Pflegekräfte, über die Reservist Haase bei Dienstbeginn hörte: „Sieh dich vor den Schwestern vor, die melden alles weiter. Ihre Männer haben militärisch was zu sagen."[73]

Die Aufteilung der vielen kleinen, hinter der heutigen Freitreppe zur Jugendherberge gelegenen Zimmer richtete sich nach den Betonpfeilern, die vom KdF-Rohbau her vorhanden waren. Zwischen ihnen wurden nach dem Krieg die Mauern hochgezogen, sodass diese ursprüngliche (inzwischen wieder freigelegte) Architektur nicht mehr sichtbar war.

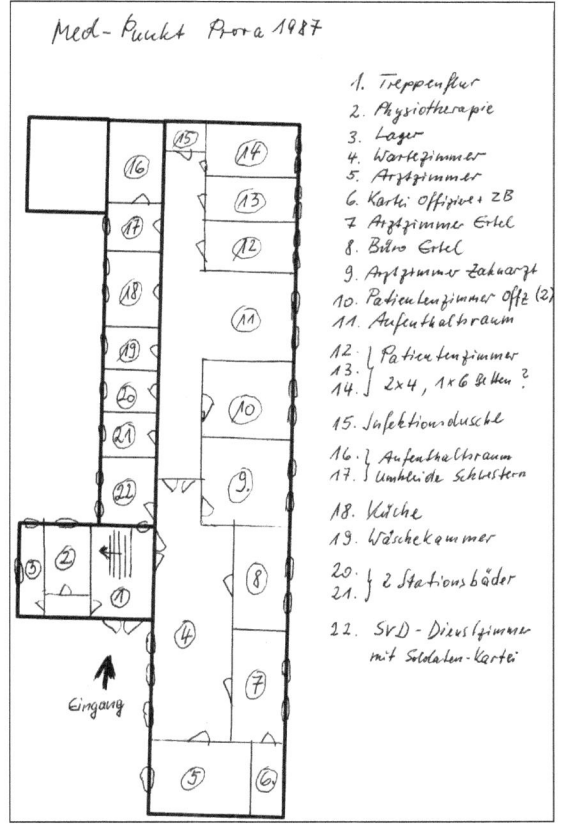

Med-Punkt Prora 1987

1. Treppenflur
2. Physiotherapie
3. Lager
4. Wartezimmer
5. Arztzimmer
6. Karte: Offizier + ZB
7. Arztzimmer Erkel
8. Büro Erkel
9. Arztzimmer Zahnarzt
10. Patientenzimmer Offz (2)
11. Aufenthaltsraum
12. } Patientenzimmer
13. }
14. } 2x4, 1x6 Betten ?
15. Infektionsdusche
16. } Aufenthaltsraum
17. } Umkleide Schwestern
18. Küche
19. Wäschekammer
20. } 2 Stationsbäder
21. }
22. SvD - Dienstzimmer mit Soldaten-Kartei

Eingang

Zeitzeugen berichten über den „Med.Punkt":

Ehem. Reservist Jürgen Haase, Ankunft 1987:

„Für mich öffnete sich die Pforte des Med.Punktes. Dieser Ort hatte normalerweise weniger mit Uniformen zu tun. Dort gab es Sanitätskraftwagen, Ärzte, Patienten und Schwestern und eine gute Küchenverbindung, schließlich waren Sanitäter Küchenkontrolleure. Ein fast Glatzköpfiger, noch Lodenmantelzivilist, ein Unteroffizier und ich wurden durch eine Schwester in das Zimmer des Regimentsarztes beordert. Militärisch geordnete Militär-Medizinbücher und mehrere Wimpel waren in diesem Raum am auffälligsten. Ansonsten reichten drei Worte zur Charakterisierung: einfach, militärisch, geschmacklos.

‚Wir werden zusammenarbeiten, ich mache das Militärische, in Behandlungen rede ich nicht rein. Wir haben es hier nicht so einfach. Der schwere Stand kommt von nebenan, Spatensoldaten mit Rechtsanwälten, die laufend Eingaben schreiben …'"[74]

Ehem. Bausoldat Uwe Rühle, 1982:

„Vor etlichen Monaten hatte er (ein Bausoldat) mit erheblichen Beschwerden im Knie, seine Vermutung - eine Kreuzbänderzerrung, den Med.-Punkt unseres Objektes aufgesucht. Die Reaktion war unzureichend, zumal ein Facharzt für solche Probleme hier nicht existierte. Das Personal der gesamten medizinischen Einrichtung bestand bis auf deren Leiter ausschließlich aus Reservisten, welche aus dem Zivil-Bereich hierher für ein Vierteljahr eingezogen wurden und zu denen sich sogar Gynäkologen zählten. Aufgrund der fragwürdigen und absolut erfolglosen Behandlung schrieb der betroffene Bausoldat eine Eingabe an die Führung der NVA, welche ihm sehr viel Ärger und etliche nachhaltige Attacken auf sein ohnehin schon angekratztes Nervenkostüm einbrachte."[75]

*

„Vor wenigen Tagen hatte er (ein Bausoldat) über heftige Schmerzen in der Nierengegend geklagt und lindernde Mittel genommen. Da sich sein Zustand nicht besserte, war er dann auf Anraten der Kameraden zum hiesigen Med.-Punkt gegangen, um dort sein Leid zu klagen. Er gab an, schon als Kind Schwierigkeiten mit den Nieren gehabt zu haben und äußerte seine Vermutung über eine Kolik. Es half nichts - man diagnostizierte ‚Blinddarm' und schickte ihn ins Krankenhaus Stralsund. Dort gelang es ihm erst wenige Meter vor dem OP die Ärzte zu überzeugen, er wurde geröntgt und seine Diagnose bestätigt. Der Med.-Punkt begann in den Augen der Bausoldaten sein wahres Format preiszugeben."[76]

Geplantes Bildungszentrum 3. OG
Spur des anderen Geistes: Klubraum mit Wandgemälde

Im *achten Hof* von Süden, im 3. Obergeschoss, hebt sich hinter dem Gemäuer ein bunter, etwa 1 x 1 Meter großer Fleck vom Einheitsgrau der Anlage ab. Eine Wandmalerei, die zum Nachfragen anregt. Was ist das für ein Gemälde, wie kam es zustande? Wer ist sein Initiator, wer der Gestalter? Wie wurde der Raum genutzt?

Der Klubraum steht inzwischen für die Bemühungen, Authentisches aus der Nutzungsphase des Ortes Prora zu erhalten und einen speziellen Ort der Erinnerung an die Bausoldaten sowie all jener zu schaffen, die unter den Zwangsmechanismen des Militarismus in der DDR gelitten haben bzw. in anderen Einheiten für Menschenrechte eingetreten sind.

Die Karte, die zunächst nicht viel mehr als ein bunter Wiedererkennungseffekt für ehemalige Bausoldaten gewesen ist, animierte in besonderer Weise zur Spurensuche. Dabei mussten immer neue Hinweise zusammengefügt, Fäden zusammengestrickt werden. Manche Masche musste wieder gelöst werden, weil es sich doch nicht so einfach stricken ließ, weil weitere Fäden berücksichtigt werden mussten. Kurz: Nicht nur die Karte selbst, auch ihr Rettungsversuch und die aufwändige Suche nach ihrer Geschichte dürften von Interesse sein. [77]

Der Raum mit seinen dunkelbraunen Betonbalkenunterzügen war am Ende der 1980er Jahre ein Klubraum der 2. Baukompanie. Es war *der* Gemeinschaftsraum für die Freizeitgestaltung, ausgestattet mit einer Schrankwand, darin ein paar ausgewählte Bücher und ein Schallplattenspieler – vermutlich ein Ergebnis der „Mehrleistungsprämien", die die zivilen Firmen an die NVA abführten.

Rechts neben der Tür, gegenüber dem Gemälde, zierte den Raum ein Aquarium mit bunten Fischen. Ein Bausoldat erinnert sich im Virtuellen Museum an den Kompaniechef, „der mit seinen nach außen

gekehrten Handflächen (…) mir immer wie ein wandelndes Fass vorkam und den ich noch fassungslos vor mir sehe, als eines Tages das große Aquarium im Klubraum unter lautem Krachen in tausend Teile zersprang und er - unterstützt von uns gläubigen, aber ungeliebten Bausoldaten seine geliebten Fische vom Boden zusammenklaubte."[78]

Auch gab es wohl einige Blattpflanzen in diesem Raum, den mehrere viereckige Tische und gepolsterte Stühle füllten. Er bot nicht mehr als 16 Leuten Platz. Die Aktivitäten in diesem Raum beschränkten sich in der Regel auf das Briefeschreiben, auf Brett- oder Kartenspiele (gern Doppelkopf) oder Musikhören.

Dieser Raum bot keine Privatsphäre. Möglicherweise wurde er sogar abgehört, wie offenbar auch etliche Bausoldatenunterkünfte. Mit dem Fernsehzimmer und der Turnhalle war er jedoch einer der wenigen öffentlichen Freizeit-Räume, die den 120 Soldaten der Kompanie zur Verfügung gestanden haben. Weitere Rückzugsmöglichkeiten existierten offiziell nicht, es blieben nur die fensterlosen Kammern des Flures, die Toilette oder der kurze Besuch einer anderen Kompanie, wobei man sich am Tisch des Diensthabenden mit Uhrzeit und Ortsangabe stets zuvor auszutragen hatte.

Hier und da stand in den Fluren auch eine Tischtennisplatte, zudem lud die im DDR-Staat geförderte offizielle „kulturelle Betreuung" zu seltenen geschlossenen Ausflügen in die Umgebung oder aber zu Filmvorführungen in die „Holzoper" ein.

Der Gemeinschaftsraum jener Etage, einst unter den Fallschirmjägern von den Sprengtauchern bewohnt, wurde nur etwa zwei Jahre (1986–1988) als solcher von den Bausoldaten genutzt. In dieser Zeit soll er auch als Wahllokal für die Volkskammerwahlen 1986 gedient haben. Ende 1988 waren auf dieser Etage die „Heizer" unter den Bausoldaten untergebracht. Neben dem Hafenbau war die Betreibung der vielen Kohleheizungsanlagen auf der Großbaustelle Mukran ihre vielleicht wichtigste Tätigkeit.

Andere Kompanien verfügten über ähnliche Klubräume. Doch im Einerlei der immer gleichen Flure und Treppenhäuser schien gerade dieser bemalte Raum dem Verfasser geeignet, Fragestellungen über die jüngere Geschichte anzuregen. Ältere Generationen erinnert die Karte an die gemalten Landschaftspostkarten mit eingezeichneten Sehenswürdigkeiten der Urlaubsregionen der DDR. In der Tat diente eine solche Karte als Vorbild für dieses Rügenbild. Sie wurde, wie sich später herausstellte, auf Folie abgepaust, mittels Polylux (im Westen = Overhead-Projektor) an die Wand geworfen und dann ausgestaltet. [79]

Fast zwei Jahrzehnte lang interessierte dieser Raum niemanden mehr, das Bild erhielt Kratzer und manche Narbe. Im Sommer 2007 gelang es schließlich, ihn verriegeln zu lassen. Seither begann im Internet die Suche nach den Gestaltern. Bis zum Jahr 2011 ergab sich jährlich ein neuer Erkenntnisstand, wodurch vorherige Informationen zum Teil revidiert werden mussten. Der Initiator (ein in angenehmer Erinnerung gebliebener Offizier) sowie der Ausgestalter Uwe Roscher banden sich erst im Laufe des Jahres 2010 in die Debatte ein – und auch sie mussten Erinnerungslücken einräumen. Historische Aufnahmen von diesem Raum existieren nicht; die älteste bekannte Aufnahme stammt aus dem Jahr 1995 – zu diesem Zeitpunkt war der Raum längst leergeräumt.

Zur Recherche: 2008 wurde bekannt, dass insgesamt drei Bausoldaten diesen Raum ausgestaltet hatten. Bis 2009 setzte sich aufgrund unterschiedlicher Zeitzeugenberichte die Erkenntnis durch, dass auf die Karte heute nicht mehr erkennbare regimekritische Botschaften geraten waren, etwa eine verulkende Darstellung des Ortes Prora und eine Anspielung auf den Soldatenknast in Dranske. Ein Zeitzeuge meinte sich darüber hinaus an ein Ichthys-Symbol (Kennzeichen der verfolgten Christen in der Antike) erinnern zu können.

All diese Botschaften hatten sofort nach dem Aufbringen zu verschwinden, das heißt, sie mussten übermalt werden. Bestehen blieb die ebenfalls in die Kritik geratene Darstellung der Rügener Bevölkerung (vgl. im Folgenden den Zeitzeugenbericht S. 89 f.).

Die Strafe für diese Botschaften folgte „nicht auf dem Fuß", wie manche dazu befragte Zeitzeugen meinten. Anfang 2011 stellte sich heraus, dass die Bestrafung des Bausoldaten nicht einmal nur des Gemäldes wegen erfolgte. Auch die Verweigerung der Entgegennahme einer Gedenkmünze zum 30. Jahrestag der NVA am 1. März 1986 spielte eine Rolle.

Zudem erhielt der Gestalter dieser Karte keinen Arrest, wie Erzählungen zunächst nahelegten. Stattdessen konnte diese zunächst erwogene hohe Strafe in „Streichung des Sonderurlaubs" umgewandelt werden, der für das Malen der Karte zunächst versprochen worden war.

Die Verdichtung der Ereignisse im wortwörtlichen Sinn demonstriert das Undeutlichwerden der Erinnerungskonturen nach mehr als zwanzig Jahren. Der Vorgang zeigt aber auch, wie vielschichtig und herausfordernd der Alltag der „Regimegegner" gewesen ist, in dem sich offene Schikanen und solche, die aus Verweigerersicht so interpretiert werden konnten, vielfach überlagerten: „Ich erinnere mich an hunderte Erniedrigungen", erzählt ein Bausoldat im Virtuellen Museum, „bin aber nicht imstande, diese zu beschreiben, entweder, weil ich sie verdrängt habe, oder aber weil sie so klein, in der Summe aber so groß waren."[80]

Mit der Rügenkarte weist der für die Bausoldaten der 2. Kompanie gestaltete Raum ein unverwechselbares Ausgestaltungsmerkmal auf – und damit ein letztes direktes Zeugnis aus der Hand eines Bausoldaten.

Der ehemalige Klubraum ist als Gesamtwerk zu betrachten und zu schützen. Er verkörpert zum einen das notgedrungene Miteinander von Regimebefürwortern und -gegnern, das Katz-Maus-Spiel im Kampf um die Verteidigung der jeweiligen Position. Zum anderen versinnbildlicht der leergeräumte Raum die vernachlässigte Aufarbeitung der Geschichte vor Ort, die die Betroffenen gegen mancherlei Widerstände selbst ankurbeln mussten. Drittens verdeutlicht dieser Raum, wie sich authentische Relikte zum Aufarbeiten und Lernen anbieten.

Und schließlich: Der Raum korreliert mit der Erinnerungstafel, die im November 2010 an der Fassade der Mehrzweckhalle ihren Platz gefunden hat. Indem sich Uwe Roscher nicht nur beim Malen der Karte, sondern auch vor seinem Werk obrigkeitlichen Anweisungen widersetzte (vgl. Zeitzeugenzitat), weist die Geschichte rund um die Rügenkarte ähnliche Facetten auf wie die Verweigerungsversuche bezüglich des Gelöbnisses. Die Idee Roschers, aus der Militär-Gedenkmünze „etwas besseres" schmieden zu wollen, erinnert sogar an den Slogan „Schwerter zu Pflugscharen", der in den 1980er Jahren die unabhängige Friedensbewegung in der DDR prägte. Das damals verfolgte Symbol findet sich heute auf der kleinen Erinnerungstafel an der Mehrzweckhalle wieder. Während die „historisch-politische Bildungsarbeit" in Mecklenburg-Vorpommern wegen der Fokussierung Proras auf das KdF-Bad über all das hinwegzugehen drohte, kämpfte DenkMALProra erfolgreich um die Akzeptanz der „doppelten Vergangenheit" dieses Ortes: Das Bildungszentrum soll rund um diesen Klubraum entstehen. Es bleibt zu hoffen, dass möglichst viel Authentisches sichtbar bleibt und die von DenkMALProra eingebrachten Bauvorschläge hinsichtlich des Erhaltes der Kleider (=Versteck)-kammern, Waschraum etc. Gehör finden. Später werden an diesem authentischen Ort Geschichten aus der Nutzungszeit der Anlage zu erzählen sein, die emotional umso leichter nachvollziehbar sind, je mehr Atmosphäre vermittelt werden kann.

„Wer sich Gedanken über die Grenzen und Möglichkeiten von Zivilcourage in einer Diktatur oder zur Verhinderung totalitärer Versuchungen macht, der wird auch noch heute an den Bausoldaten und ihrer Geschichte nicht vorbeikommen".[81]

Gedenkmünze der NVA aus dem Jahr 1986. In den Bausoldaten-Kompanien sorgte sie für ein unerwartetes Aufsehen.

Die vermutlich älteste Abbildung der Rügenkarte stammt aus dem Jahr 1995 (oben). Prora-Zentrum e.V. versprach, den Raum in die Bildungsarbeit zu integrieren. Bis heute ist daraus nichts geworden.

Der ehemalige Speisesaal der Bausoldaten (einst gelegen zwischen den Kämmen (TH) 3 und 4, im Jahr 2024 wegsaniert. Es wäre ein dankbares Projekt gewesen, wenigstens die Bildnisse des Kolosses als „Spuren der Geschichte" zu dokumentieren. Dieses hier (an der Wand hinten) war im Rahmen der Veranstaltung „Prora 03" bereits übermalt worden.

Sicht des Vorgesetzten, ehem. Hptm. Nehrdich, 2010:

„…als ich im Februar 1985 nach Prora als Politstellvertreter des KC ‚strafversetzt'
(Anm: wegen Westkontakten während der Zeit als Grenzoffizier) wurde, erhielt
ich vom damaligen Kompaniechef der 2. BK [Baukompanie], Hptm. Porath,
den Auftrag, den Klubraum der Kompanie (etwa in Höhe des dritten Hofes
von hinten) zu gestalten. Die Mittel waren beschränkt und da eine Abnahme
der Räumlichkeit durch KC [Kompaniechef], Kommandeur der Baueinheit 2
und dessen Politstellvertreter beachtet werden mussten, blieben nicht viele
Möglichkeiten übrig. In Zusammenarbeit mit dem damaligen Kulturoffizier
des PiBB Mukran, Hptm. Kühne, habe ich eine Postkarte der Insel Rügen
per Raster auf das Wandmaß vergrößert und in tagelanger Arbeit mit Plakat-
farben gestaltet. Es sollte eine Auflockerung des harten militärischen Alltags
sein (siehe u.a. die Halbnackte am FKK-Strand) (…) Die Kompaniebereich-
e, besonders die der 2. BK, wurden während meiner Dienstzeit mehrfach
umorganisiert und umgebaut. (…) Als dieser Raum Anfang 1986 geteilt
und zu Unterkunftsräumen hergerichtet wurde, musste ein neuer Klubraum
geschaffen werden. [82] Dieser wurde über dem damaligen OvD-Zimmer über
dem Stab eingerichtet. (…) Ich habe das Wandbild fotografiert und an Hand
der Fotos für den neuen Klubraum wieder per Raster an die Wand übertragen.
Das Ausmalen hat ein Bausoldat, es kann BS Roscher gewesen sein (an seinen
Namen erinnere ich mich, hat er nicht auch Oboe gespielt?) übernommen. In
die weitere Gestaltung habe ich mehrere Bausoldaten einbezogen, immerhin
sollten sie sich hier ‚wohlfühlen'. Die kleinen Malfehler sind weder mir noch
meinen Vorgesetzten aufgefallen. Gitterstäbe in Dranske hätte ich allenfalls
als Satire aufgefasst und nicht als Disziplinarvergehen. BS Roscher hat meiner Erinnerung nach nie Arrest erhalten. Das Bild wurde nie beanstandet.
Vielleicht verwechsele ich auch nach so vielen Jahren einiges. (…) Nach einer
weiteren Umgestaltung des Kompaniebereichs der 2. Baukompanie, es kann
1988 gewesen sein, wurde wiederum ein neuer Klubraum in der obersten
Etage seeseitig eingerichtet. In diesem dritten Klubraum gab es einen Raum-
teiler an der Fensterfront, der von einem Bausoldaten aus Naturholz gebaut
wurde. OSL Gampe hatte sich damals ziemlich über die unkonventionelle
Gestaltung des Raumteilers aufgeregt. Der ehemalige, also der 2. Klubraum,
wurde einige Zeit als Unterkunft und später als Lagerraum für die Kompanie
genutzt. Daher hat das Bild wohl auch überlebt." [83]

Sicht des ehem. Bausoldaten Uwe Roscher, 2011:

„Nach einer kleinen Operation am rechten Auge musste ich eine schöne
schwarze Augenklappe tragen und wurde für die Zeit der Genesung vorwiegend zu Innendiensten eingeteilt. Kompaniechef Porath beorderte mich für ca.
eine Woche in den Armeekindergarten zur Gestaltung von Fensterbildern für
die Kinder. Ich versah die ca. vierzig Fenster mit Kindermotiven, renovierte
und malte die Kinderbetten und gestaltete für jedes Bett noch ein kleines Bild
am Kopfteil. Der Kindergarten befand sich direkt gegenüber dem Exerzierplatz in der Nachbarkaserne Richtung Binz. Oftmals drang das Gebrüll harter

militärischer Kommandos bis in den letzten Winkel vor. Wenn frühkindliche Erfahrungen prägend nachwirken, so hoffe ich, dass meine Bilder noch einiges geglättet haben.

Im Anschluss begann ich dann, nach einer Idee von unserem Politoffizier Nehrdich, eine Karte von Rügen mit Sehenswürdigkeiten der Insel, Ostsee und Windrose für unseren Kompanieklub zu entwerfen. Nachdem der Entwurf genehmigt war, machte ich mich an die Arbeit und zeichnete die Karte an die Wand. Im Zeichnen kam mir dann noch so manche spitzfindige Idee, welche ich an nicht so offensichtlichen Stellen einfügte. Karte fertig, alles gut dachte ich. Nachdem 2 Tage später ein Major der Stabsetage die Karte wohl eingehender betrachtet hatte war nichts mehr gut! Der Soldat im Schilderhaus am Standort Prora ist ja völlig unmilitärisch dargestellt. Die Füße im Wasser, das Gewehr am Schilderhaus angelehnt, das Käppi auf halbacht und ein schelmisches Lächeln im Gesicht: DAS GEHT NICHT! Die einheimischen Rüganer sind primitiv und trottelhaft dargestellt: DAS GEHT NICHT! Der Militärknast in Dranske war durch ein Gitter im roten Punkt des Ortzeichens vermerkt, und was für eine traurige Fratze schaut da denn raus: DAS GEHT NICHT! Kilometerangabe nach Thüringen und Sachsen ist im Wegweiser verzeichnet: DAS GEHT NICHT! Mit ein wenig Humor konnten die Herren Offiziere nichts anfangen! Aber es sollte noch schlimmer kommen. Am 1. März 1986 jährte sich der Tag der NVA zum 30-igsten und für den späten Nachmittag selbigen Tages war für alle im Innendienst anwesenden ‚Einfinden im Kompanieklub' befohlen. Nach ausführlichem Prozedere über den ‚Heroischen Tag der NVA' traten wir alle vor, bekamen eine Medaille ‚Zum Gedenken dem 1. Regiment' verpasst und sollten uns nun für die große Ehre gebührend bedanken. Mit dem Satz ‚Danke' und ‚Ich diene der Deutschen Demokratischen Republik'!

Als einer der ersten drei stand ich vorn und war völlig blockiert, keinen Ton brachte ich raus. Weshalb sollten ein den Wehrdienst mit der Waffe Verweigernder sich für eine ungewollte und zugleich ungeliebte militärische Medaille derart krumm machen. Ich blieb stumm und bei der dritten Nachfrage murmelte ich nur: ‚Eigentlich will ich das Ding nicht'. Die Reaktion folgte sofort. Die mir für die Gestaltung der Rügenkarte zugedachten drei Tage Sonderurlaub wurden gestrichen! Es wurde darüber nachgedacht, mich für meinen Ungehorsam beim Medaille verleihen und den Aktivitäten zuvor mit einem Tag Besuch des schönen Standortes Dranske zu bedenken. Dann wäre ich selber die Fratze gewesen, die hinterm Gitter steckt. Knast bekam ich dann zum Glück keinen, ‚Sonderurlaub auch Passé', also alles OK! Die Medaille bekam dann am Abend ohne großes TAM-TAM jeder. Sehr viele Medaillen wurden noch am Abend zum Lüften aus dem Fenster in Richtung Außenrevier Ostsee befördert, wo ich Sie dann am anderen Morgen beim Reinigen vom Außenrevier eimerweise einsammelte. Einige habe ich dann doch behalten, um irgendwann was Besseres daraus zu gestalten."[84]

Mit der Recherche der Geschichte der Rügenkarte (2010/11) erhoffte sich der Autor eine größere Sensibilität der Investoren für die von ihnen umgebauten Blöcke. Diese konnte nicht festgestellt werden. Die Tradition der bildlichen Darstellung, oft auch mit politischen Botschaften verknüpft, soll auf sowjetisches Vorbild zurückzuführen sein.

Bildliche Darstellungen aus dem nördlichen und südlichen Abschnitt der einstigen Großkaserne Block V. Unten ein Relikt im Abschnitt des geplanten Bildungszentrums. Dargestellt sind v. l. n. r. Karl Marx, Friedrich Engels und Wladimir Iljitsch Lenin.

Bemühung um Bewahrung:

Ehem. Bausoldat Stefan Wolter, 1986:

„Momentan sitze ich im Klubraum, weil im Zimmer so viel Betrieb ist. An der Wand neben mir befindet sich eine große Karte von Rügen und man kann sich kaum vorstellen, dass man so weit von zu Hause weg ist …"[85]

Stefan Wolter, in „Der Prinz und das Proradies", 2009:

„1995 führte mich der Weg nach Prora zurück, wo ich in Block V noch immer die Rügenkarte an die Wand gemalt fand – so als sei nichts gewesen. Zehn Jahre später entdeckte ich sie abermals, da hatte sie inzwischen Kratzer bekommen. Doch sie blieb vor dem Zerstören bewahrt – einfach, weil man sie vergessen hatte."[86]

Leserbrief Tobias Bemmann, Ostsee-Zeitung, 2007:

„…Viele ehemalige Bausoldaten sind noch heute traumatisiert durch die schlimmen Erfahrungen und Erniedrigungen, die sie in Prora erlebt haben. Leider gab es auch Bausoldaten, die die physischen und psychischen Repressalien der damaligen Machthaber nicht überlebt haben. Ist das auf Rügen überhaupt bekannt?

Im Laufe der 80er Jahre waren viele hundert Bausoldaten dort. Bisher hatten nur wenige den Mut, über diesen Abschnitt ihres Lebens nachzudenken und ihn aufzuarbeiten. Stefan Wolter hat nun mit seinem Buch „Hinterm Horizont allein – der Prinz von Prora" das Schweigen gebrochen. Immer mehr Proraer Bausoldaten wollen nun auch nicht mehr abwarten, nehmen untereinander Kontakte auf, richten Internetseiten ein (z.B. www.proraerbausoldaten.de), versuchen nachzuholen, was versäumt wurde.

Wenn man jetzt nach den vielen Jahren mit der Aufarbeitung beginnen will, merkt man allerdings schnell, dass es kaum noch Spuren oder anderes Material über diese Zeit in Prora gibt. In keinem Militärarchiv in Deutschland fand man z.B. Unterlagen über meine Person. Selbst in den Stasiakten fehlt diese Zeit komplett, obwohl ich in Prora nachweislich mit der Stasi zu tun bekam. Gleiches berichteten mir auch andere ehemalige ‚Spatis'. Die NVA-Vorgesetzten und Stasileute haben scheinbar die lange Zeit der ‚Ruhe' genutzt, systematisch Unterlagen und Beweise zu vernichten.

Auch im Block V in Prora hat man sich viel Mühe gegeben, die Spuren der Bausoldaten zu verwischen. Aus diesem Grund ist die gemalte Landkarte in einem der Räume in Prora so wertvoll. Eines von wenigen originalen Details, die noch aus der Zeit der Bausoldaten übrig blieben.

Die Verantwortlichen auf Rügen und in Prora sind gut beraten, die von Stefan Wolter geforderte Gedenkstätte einzurichten! Das sind wir auch denen schuldig, die das System nicht überlebt haben!"[87]

Stefan Wolter in „Die ZEIT", 2010:

„Es gilt zu retten, was zu retten ist. Schon 2003 hat man Block V zu großen Teilen entkernt. Nicht einmal eine Dokumentation der Räume hat
der Landkreis gestattet. Immerhin: Die Isolierzellen haben überdauert. Sie
dienen heute als Abstellraum. Anträge auf Denkmalschutz aber blieben
ohne Resonanz, Anfragen ans Kultusministerium unbeantwortet. Derweilen
hat das Land die Idee aufgegriffen und eine Bildungsstätte ausgeschrieben,
als Ergänzung zur Herberge ‚in der nördlichen Liegehalle des Blocks V',
wie es im Ausschreibungstext der Landeszentrale für politische Bildung im
Rückgriff auf die KdF-Pläne heißt. Bleibt zu hoffen, dass dabei nicht mehr
zerstört als bewahrt wird. Existiert hat diese ‚Liegehalle' nämlich nie. Wird
sie nachträglich noch gebaut (entsprechende Pläne gibt es), müssten weitere
Kasernenräume weichen. Auch ein ehemaliger Klubraum wäre gefährdet.
Die dort von einem Soldaten an die Wand gemalte Rügenkarte, gespickt
mit regimekritischen Anspielungen, ist das letzte unmittelbare Zeugnis des
Bausoldatenalltags."

**Zusage Prora-Zentrum e. V., 2011– Bewahrung eines Kasernenflurs,
wie gefordert, in: Waffenverweigerer in Uniform, S. 98:**

„Im 3. OG wird diese Raumaufteilung der Kaserne Prora weitgehend erhalten bleiben. Hier befindet sich auch der ehemalige Klubraum, der für etwa
zwei Jahre von einer Bausoldatenkompanie genutzt wurde und noch heute
Erinnerungsspuren aus dieser Zeit aufweist: eine von einem Bausoldaten
gemalte Rügenkarte. Das PRORA-ZENTRUM will die Karte erhalten,
hinter Plexiglas bringen und in seine Bildungsarbeit integrieren. (...) Der
Verein bemüht sich, Farbschichten aus der DDR-Kasernenzeit wie auch den
Waschraum im angrenzenden Treppenhausflügel zu erhalten."

Hier stimmt was nicht! Am verwirrenden Baustellenschild bei der Jugendherberge
lässt sich die Verdrängung der Nutzungsgeschichte des geplanten Seebades ablesen.
Rechts: Wegweiser suggerieren ein Seebad, das es als solches nie gegeben hat. Diese
Schilder (installiert um 1995) schließen die Nutzungsgeschichte konsequent aus. Aufnahme 2010. Mehrfache Kritik nutzte nichts. Vgl. S. 170 f.

Block V – südlicher Abschnitt

Das Gelände südlich der Jugendherberge ist eng mit dem Bau der Berliner Mauer (13. August 1961) verknüpft. Das hier stationierte *Pionierbataillon 8*, das *Motorisierte Schützenregiment (MSR) 29* (beide Block V) und das *Panzerregiment 8* (Block IV) beteiligten sich maßgeblich an der Sicherung der innerdeutschen Grenze in Berlin. Die Truppenteile formierten sich aus den Bereitschaften der Kasernierten Volkspolizei (1956), die mithilfe der Bauunion Nord die vorgefundenen KdF-Ruinen zu Kasernen ausbauten. „Im Winter 1952/53 erfolgte die Unterbringung im nur als Rohbau existierenden Trakt des Blocks an der nördlichen Flanke des Komplexes Prora, wo man die leeren Fenster- und Türöffnungen notdürftig mit Decken zuhängte", berichtet ein Zeitzeuge aus dem Pionierbataillon 8: „Den täglichen Frühsport nutzen die ersten Soldaten nach dem Krieg längere Zeit dazu, Ziegelsteine von den Baustelleneinrichtungen der ‚Bauunion Nord' zu ‚organisieren', um nach und nach die Unterkünfte etwas dichter zu bekommen."[88]

So also entstand unter dem legendären Bereitschaftskommandeur Oberst Pilz, auch als „König von Rügen" bekannt, die *Kaserne* Prora. Der Alltag der jungen Soldaten war hart. Sie nächtigten im Sommer zunächst in Zelten, später dann in Schlafsälen für bis zu 180 Mann. Nebenher spürten sie den militärischen Drill.

Wachturm aus den 1980er Jahren an der Brücke in Mukran. Der Turm erinnert an die Sicherung der Staatsgrenze der DDR im Allgemeinen sowie die Bewachung des Hafens und seiner „Arbeitssklaven" im Besonderen. Als einer der letzten Relikte seiner Art wurde er aufgrund eines Antrages von DenkMALProra unter Denkmalschutz gestellt.

Schon 1964 wurden das Pionierbataillon 8 (Block V) und das Panzerregiment 8 (Block IV) auf das Festland verlegt. Für weitere 15 Jahre (bis 1980/81) blieben die Kasernenabschnitte dem berüchtigten *Motorisierten Schützenregiment (MSR-29)* vorbehalten. Dann wurde auch dieses verlegt – in die damals nagelneue heutige Bundeswehrkaserne Hagenow. Berüchtigt war das MSR-29 wegen des Drills und der Abgeschiedenheit auf Rügen, verstärkt durch die Isolation der Armeeangehörigen durch das Meer auf der einen und Stacheldrahtzäunen auf der anderen Seite. Zu jener Zeit gab es in Prora wohl die meisten Selbsttötungen verzweifelter Soldaten. Dieses Regiment – auch in Block II in Prora (Ost) stationiert (vgl. Prora, Kolossales am Südstrand) – trug den Tarnnamen „Stafettenlauf".

Zum 1. März 1976, am Tag der NVA, erhielt es den Namen *„Ernst Moritz Arndt"*. Seit dem Republikgeburtstag 1967 trugen die Kasernenblöcke IV und V (südlicher Teil) bereits diesen Namen des heute umstrittenen Schriftstellers und Abgeordneten der Frankfurter Nationalversammlung.

Demnach bildete der südliche Abschnitt von Block V mit dem benachbarten Block IV über mehr als zwei Jahrzehnte hinweg eine Einheit. Das änderte sich erst nach 1980: Während im südlichen Abschnitt von Block V das wohl größte Reservistenregiment für den Fall der Mobilmachung eingerichtet wurde, entstand in Block IV eine Einrichtung von internationalem Rang – die Offiziershochschule für ausländische Militärkader. Die vielzierten „weltberühmten Proraer KdF-Bauten" waren im Ausland bis 1990 also vor allem als Ausbildungskaserne der NVA bekannt.

Die beiden südlichsten Höfe von Block V gehörten ebenfalls zur Offiziershochschule (Rückwärtige Dienste). Der Zaun, der in den 1960er Jahren das Fallschirmjägerbataillon im Norden vom MSR-29 im Süden trennte (möglichweise stammte er noch aus der Zeit der russischen Besatzung), rückte somit um einige Höfe weiter nach Süden. Auch vom ihm und dem stets gut verschlossenen Tor kündet heute keine Spur mehr (vgl. Kasten S. 100).

Das *Reservistenregiment (Militärtransportwesen)* hatte ebenso wie das MSR-29 eine die DDR nach außen stabilisierende und nach innen disziplinierende Funktion: Jeder, der in den bewaffneten Einheiten der NVA gedient hat, musste mit der späteren Einberufung als Reservist rechnen. Die Dauer des Dienstes betrug maximal drei Monate am Stück. Unzählige Männer waren wiederholt von der „Reserve" betroffen – oft willkürlich und überraschend, was mitunter erhebliche Auswirkungen auf Beruf und Familie hatte. Ziel war die ständige Gefechtsbereitschaft der Landstreitkräfte von 85 % .

Seit 1982 konnten für ein Reservedienst, alle Einsätze zusammengerechnet, bis zu 24 Monate bei den Mannschaften und Unteroffizieren (vor Vollendung des 50. Lebensjahres) und bis zu 36 Monate bei den Offizieren (vor Vollendung des 60. Lebensjahres) fällig werden. Davon waren in der Reserve I (Mannschaften und Unteroffiziere bis zum 36. Lebensjahr) jährlich drei, in der Reserve II zwei Monate möglich.[89]

Von den wenigen, die sich heute in der Lage fühlen, diese Zeit für die Nachwelt festzuhalten, hat sich Wolfgang Repke in einem Büchlein (=Schriftenreihe Denk-MAL-Prora, Bd. 4) zu Wort gemeldet. Er gewährt einen intensiven Erlebnisausschnitt aus der Zeit des Reservistenregiments, in dem zeitgleich mehr als 400 Soldaten untergebracht waren – im Laufe der Jahre Tausende. Generalisieren lässt sich wohl das Erleben des häufig sinnlosen und zermürbenden „Herumhängens". Repke war im Abschnitt jenes Treppenhauses (TH) 4 des Blocks V (von Süden gezählt) untergebracht, für das es Augenzeugenberichte aus der Zeit des vorher dort stationierten MSR-29 gibt (vgl. S. 107 ff. und 121 f.). Im Jahr der politischen Wende kam es zu gewaltbereiten verbalen Auseinandersetzungen in Prora:

„... Als die Reservisten auf den Sonderzug nach Hause warteten und dieser nicht kam, brachen die ganzen aufgestauten Emotionen aus. Beim Vorbeifahren von Autos mit ranghöheren Offizieren wurden Beschimpfungen wie ‚Tagesschweine!', ‚Umkippen!' und ‚Rausziehen!' laut. Die extremsten Äußerungen fielen, als der Divisionskommandeur persönlich versuchte, die Männer zu beruhigen. Zwei einzelne Rufer forderten lautstark: ‚Hängen!'."[90]

Nach dem Mauerfall 1989 schloss sich ein Kreis, als Soldaten und Unteroffiziere der Grenztruppen nach Prora, und damit an jenen Ort befohlen wurden, von dem einst die Truppen zum Schutz des Mauerbaus abgerückt waren. Es mag als ein Symbol für die *Entmilitarisierung des Blocks V* verstanden werden können, dass sich nun diese Soldaten dem Befehl zum Bezug der Unterkünfte verweigerten und eine Nacht auf dem Appellplatz ausharrten (heute ein Teil des DJH-Zeltplatzes).

Heute versuchen die Allermeisten nach vorn zu schauen und zu vergessen. Das trug zum Umdeuten der Geschichte des erst nach knapp einem halben Jahrhundert wieder sogenannten „KdF-Geländes" bei. Viele können bis heute nicht unbefangen über ihre Zeit bei der NVA sprechen: „Als ich auf Eure Website kam, war ich zunächst Feuer und Flamme, Euch Informationen, Details und Anekdoten liefern zu können", schreibt ein einstiger Reservist:

„Aber alles war eben verschüttet gewesen, zugedeckelt, aus Selbstschutzgründen weit verdrängt. Habe locker aus dem Gedächtnis den Proarer Med.Punkt aufgezeichnet. Dann aber wurde mir übel. Ich musste kotzen. Danach habe ich mich - also anschließend - gründlich und total besoffen, weil ich die Erinnerung nicht ertragen konnte. Bin eigentlich ein robuster Mecklenburger und unkaputtbar. Aber die entwürdigende Zeit in Prora scheint sich tief eingegraben zu haben in meine Seele.[91]

„Prora war auch für mich ein einschneidendes Erlebnis meiner Jugend", berichtet ein anderer ehemaliger Soldat, der die (vielfach durch Schule und Elternhaus erpresste) Verpflichtung zu einem dreijährigen Wehrdienst zurückgezogen hatte und dem daher das MSR-29 blühte (vgl. S. 119 f.):

„Mich zieht es zu dem Ort hin und er stößt mich gleichzeitig auch ab. Es ist schwer zu beschreiben. Es tut mir auch irgendwie weh, dass man die Geschichte der NVA dort irgendwie mit Füßen tritt. Das ganze Leid der Bausoldaten und auch der sonstigen dort stationierten Soldaten wie mich wird meines Erachtens durch diese Bebauung, aber auch durch allgemeines Verschweigen der teilweise furchtbaren Zeit mit vielen Selbsttötungen und dergleichen ad absurdum geführt und das erhitzt ein wenig mein Gemüt."

Es wird Zeit, die Nutzungsgeschichte des Geländes zu kennzeichnen und jener zu gedenken, die körperlich oder seelisch zu Schaden gekommen sind. DenkMALProra stellte zwanzig Jahre nach der einseitigen Unterschutzstellung als KdF-Seebad (1994) einen Ergänzungsantrag zum Denkmalschutz mit der Begründung:

„... Im Gegensatz zu den (...) jetzt baulich vollendeten Gebäudeteilen in Prora-Ost demonstriert der südliche und mittlere Abschnitt des Blocks V bis heute die Kasernennutzung. Die zur Zeit noch zuordnungsfähigen Geschichten von Zeitzeugen gestatten es, die Fragen nach dem kolossalen Gebäudekomplex richtig und umfassend zu beantworten. Nicht die architektonische Leistung der 1930er Jahre steht hier im Fokus, sondern die Geschichte jener Menschen, welche fünf der ursprünglich acht Blöcke vorläufig vollendet haben bzw. die Architektur auszuhalten hatten und denen diese weithin als ein Symbol für die Rolle des Militärs in der DDR galt.
Darüber hinaus weist Prora gesamtdeutsche und internationale Bezüge auf. Wie zu sehen sein wird, lassen sich von hier aus Verbindungen zum Volksaufstand in der DDR (1953), zum Mauerbau (1961) sowie zur aufkeimenden Opposition bis hin zur Verweigerung 1989 herstellen. Damit lässt sich an diesem Platz der Aufstieg und Fall des SED-Regimes und darüber hinaus die gesamte Geschichte des Kalten Krieges erzählen. (...) Es besteht ein öffentliches Erhaltungsinteresse am Zustand des Blocks in der Phase zwischen 1950 und 1990."[92]

Zahlreiche Propagandaplakate und Parolen „schmückten" seit den 1950er Jahren das Gelände der Kasernenanlage Prora. Hier ein Transparent, das in den 1980er vor Block V stand.

Kamm (TH) 5 (vorn) bis 1. Zwischen TH 4 und TH 3 befand sich der Speisesaal der Bausoldaten, zu dem täglich zu marschieren war. Seit 2023 wird das Gebäude zu Wohnungen umgebaut und nichts erinnert an die gewaltige Geschichte des Kalten Krieges.

Südlicher Blockabschnitt: 2015 wurden einzelne Ausstattungsstücke in Block V unter Denkmalschutz gestellt, der sich auf die Geschichte der DDR-Bausoldaten bezog: „... der Gemeinschaftsraum mit dem Wandgemälde (Rügenkarte), der Duschsaal, der zwar keine Armaturen, jedoch noch die Wand- und Bodenfliesen besitzt, und der Speisesaal (bezogen) authentisch die Lebensbedingungen der Bausoldaten in der Kaserne. Sie treten als eine weitere wichtige Kulturschichtung zur Zeugnishaftigkeit des Bauwerks (…) hinzu." Der Speisessaal wurde dennoch entkernt.

Der Heizungsschornstein in der Mitte des Blocks wurde in den 1990er Jahren abgetragen. Neben der Heizung befand sich ein großer Duschsaal, der vor allem den Regimegegnern das Fürchten lehrte. Das Gelände war von Stacheldrahtzäunen umgeben. Aufnahme 1994.

Wiederholt rückten die Soldaten zu Übungen aus. Kleinere Gelände waren die Wunschberge links der Straße nach Bergen, die Halbinsel Buhlitz und etwas weiter vom Kleinen Jasmunder Bodden entfernt die Feuersteinfelder bei Mukran. Die Höfe Lubkow und Kiekut blieben Enklaven inmitten der Truppenübungsplätze. Auf dem Schießplatz vom MSR wurden jedoch nur Handfeuerwaffen benutzt, darunter die sog. Panzerbüchse. Auch Handgranaten wurden geworfen.

Am Strand von Prora fanden hin und wieder Anlandungsübungen statt. Größere Manöver gab es auf dem Darß sowie auf den Truppenübungsplätzen Lübtheen bei Ludwiglust und Klietz/Brandenburg.

Nackt durchs Kasernengelände

Bernd S. erinnert sich daran, wie das Tor zwischen dem Gelände der Fallschirmjäger und dem MSR 29 einmal geöffnet wurde. Und zwar, als er und ein Kumpel beim Baden am Strand nackt erwischt und vom wachhabenden Fallschirmjäger festgenommen und zum Stab in Block IV geführt wurde: „Jedenfalls gab der Fallschirmjäger einen Warnschuss ab. Als wir nicht reagierten, kam noch eine Salve Dauerfeuer in den Sand hinter uns und er winkte uns heran. Von dem Geballere aufgeschreckt, kamen dann noch mehrere Wachsoldaten angerannt und wir wurden festgenommen. (...) Es ging dann vorbei an unserer Unterkunft bis fast zum Ende von Block IV zum Regimentsstab und OvD. Dort weitere Befragungen, dann durfte der Spieß unserer Kompanie uns von da abholen.“

Blöcke V und IV: Zwischen TH 5 (ganz links) und TH 4 endete einst das Gelände der Fallschirmjäger, die über zwanzig Jahre hinweg in Prora stationiert waren. Der Zaun rückte zum TH 1 vor, wo ab 1981 das Gelände der Offiziershochschule begann.

Gliederung des südlichen Abschnitts

Wer um 1980 die Genehmigung erhielt, ins abgeschottete Gelände der Fallschirmjäger (Höfe 11 bis 5) zu gelangen, der lief oder marschierte von der heute sogenannten Fünften Straße hinab auf die Büste des Namensgebers des Fallschirmjägerbataillons „Willi Sänger" zu (links von Kamm 5). Das Gelände endete zwischen Kamm 5 und 4, wo sich ein hoher Zaun durch das Gelände schlängelte. Das Tor zwischen

den Truppenteilen „Fallschirmjäger" und „MSR-29" war geschlossen, denn zwischen den beiden Einheiten bestanden keine dienstlichen Verbindungen. Das MSR-29 hatte vor Block IV einen eigenen KDL (= Kontrolldurchlass, Abb. S. 227); die

Blöcke IV und V verband die Straße, die durch die Fundamente des einst geplanten KdF- Gemeinschaftshauses führte.

Schauen wir auf die drei oberen Etagen des Abschnitts zwischen Kamm (TH) 5 (vgl. Seite 100 ganz links) und Kamm (TH) 3: Sie belegte das MSR-29 mit dem 1. Motorisierten Schützenbataillon (1. MSB), während das 2. und das 3. MSB im Block IV untergebracht waren. Die Schützenkompanien (MSK) des 1. MSB hatten eine Stärke von rund 100 Mann. Sie erstreckten sich links und rechts von Kamm (TH) 4. Und zwar ganz oben im 5. OG die 1. MSK, darunter die 2. MSK und im 3. OG, die 3. MSK. Seeseitig lagerten bis zur Düne riesige Brikettberge, mit denen die Zentralheizung betrieben wurde (vom MSR-29). Die unteren drei Etagen belegten noch bis zu Kamm (TH) 4 die Fallschirmjäger.

Im *Bereich der geplanten südlichen Liegehalle* (Kamm bzw. TH 4 bis 3) befand sich im Parterre der Speiseraum mit Küche, die sich in Richtung TH 2 erstreckte. In der ersten Etage lag der Bataillonsstab, der Flur hinüber zu den Fallschirmjägern war zugemauert. Eine Etage höher (2. OG), direkt über dem Stab, waren die ihm angegliederten Einheiten mit etwa einer halben Kompaniestärke (ca. 40 Mann) untergebracht. In den Etagen darüber lagen die erwähnten Motschützenzimmer, in denen man sich ein bisweilen brutales EK-Prozedere unter den Soldaten vorstellen muss.

Zwischen Kamm (TH) 3 und dem südlichen Ende des Blocks befand sich das Panzerbataillon des MSR-29, das sogenannte Seelandebataillon.

Oben: Block V, südlicher Abschnitt (TH 5 bis TH 1) während des Umbaus zu Wohnungen, 2024.

Unten: Ehemalige Heizung zwischen TH 5 und TH 6, an der Rückfront der nach der politischen Wende abgetragene Schornstein.

Nach 1980 wurden die zwei südlichsten Höfe der Offiziershochschule zugeschlagen. Der Zaun „wanderte" daher drei Höfe nach Süden bis an Kamm (TH) 1 heran.

Die Belegung war nun folgende: TH 1 bis TH 2 = Unterkünfte für die Rückwärtigen Dienste; TH 2 bis TH 3 = Ledigenwohnheim für die Offiziere. Den Bereich TH 3 bis TH 5 (Flure des vormaligen 1. MSB) belegten seit 1983 eine Straßenbaukompanie (SBK), Straßenbrückenbaukompanie (SBBK) sowie die Eisenbahnbrückenbaukompanie (EBBK) des erwähnten Reservistenregiments.[93]

Blöcke IV und V um 1994 und 2024.

Unten: Sockel eines der geplanten KdF-Gemeinschaftshäuser zwischen den Blöcken, das als solches zu DDR-Zeiten nicht wahrgenommen wurde. Die Regimentsstraße führte im Gelände des MSR-29 mitten hindurch und verband die Blöcke V und IV.

Kamm (TH) 1 rechts, oben der Zaun hinter dem Reservistenregiment und Baupionierbataillon im Ausschnitt vergrößert.

Block V, südlichster Hof, in den Jahren um 1993 (oben) und 2024 (unten). Die Kiefer blieb dieselbe. Gliederung des Gebäudeabschnittes bis 1990 S. 105.

Die Bilder links oben zeigen das südlichste Treppenhaus (TH 1) von Block V mit dem Zaun zwischen Reservistenregiment/Pionierbaubataillon und dem Gelände der OHS. Vor dem Block befand sich ein Sportplatz, heute Parkhaus (vgl. S. 214). Zum Folgenden vgl. den Zeitzeugenbericht von Thomas Kubala, S. 238 f.

Links des südlichsten Treppenhauses (TH) war das Ledigenwohnheim für die Offiziere (Zugang Tür unten) eingerichtet.

Rechts dieses Treppenhauses (südlichster Hof, vor 1980 Panzerbataillon des MSR 29) waren zur Zeit der Offiziershochschule Soldatenunterkünfte für die Rückwärtigen Dienste eingerichtet.

2. Etage vergittert: UVD und Waffenkammer für Soldaten

3. Etage: Unterkünfte für Soldaten in der Grundausbildung.

4. Etage: Unterkünfte V-Zug (Versorgungszug)

5. Etage: Unterkünfte I-Zug (Instandsetzungszug)

6. Etage: Unterkünfte KSA (Kompanie zur Sicherstellung der Ausbildung)

Der sogenannte I-Zug bestand aus Kfz-Schlossern, Schlosser für Schützenpanzerwagen (SPW)/Panzer, Drehern, Schweißern, Tischlern und Sattlern. Diese Bereiche wurden von Grundwehrdienstleistern betrieben, wobei die Panzer- und SPW-Schlosser nur unter Anleitung arbeiteten. Darüber hinaus gab es einen Bereich für die Wartung, Pflege und Reparatur der Waffen, der nur von höherrangigen Offizieren bedient wurde.

UvD - Soldatenunterkunft (2. Etage), rechts, war eine verschlossenen Tür, die nur vom Wachhabenden geöffnet werden konnte, dort ging es ins Ledigenwohnheim hinein. Rechts ein „Radio", wie sie zu Beschallung und für Anweisungen über den Türen vieler Soldatenstuben zu finden waren.

Der zwischen den Blöcken liegende Zwischenbau (geplantes KdF-Gemeinschaftshaus, vgl. S. 113) wurde später zum Handwerkerhof ausgebaut. In den letzten Jahren des MSR-29 war dort das Wachlokal eingerichtet, welches sich vormals im sogenannten Alten KDL (an der Straße Abzweig Bergen) befunden hatte. Auch einen Bunker gab es seeseitig, in den die Soldaten bei Verfehlungen gesperrt wurden. „Zu meiner Zeit (1972/73) war auf dieser Straße auch sporadisch LKW Verkehr vorhanden", berichtet Bernd S.:

„Alles, was im 1. Mot. Schützenbataillon und im Panzerbataillon zu transportieren war, musste da rüber. Z. B. wenn Gefechtsalarm war, sind die Fahrzeuge (Ural) der einzelnen Kompanien vom Park aus bis vor die Treppenhäuser gefahren und wurden da beladen. Auch das tägliche Essen wurde von der im Block IV befindlichen zentralen Küche zu den Speiseräumen der beiden Bataillone des MSR in Block V gebracht. Das geschah unter der Aufsicht des Furiers mittels luftbereiften Riesenhandwagen, der von 4-6 Soldaten gezogen und geschoben wurde."[94]

In der Dauerausstellung des Prora-Zentrum e.V., ausgiebig gefördert, war denkbar wenig über den Militärstandort Prora zu erfahren. Eine Zusammenarbeit mit DenkMALProra war stets unerwünscht, selbst die virtuelle Plattform Proraer Bausoldaten, mit der die Aufarbeitung begann, nicht wertgeschätzt und verlinkt.
Es ist zu hoffen, dass die gesamte Geschichte irgendwann grundsätzlicher und tiefgründiger erforscht wird und das Bildungszentrum von dieser Forschung profitiert.

Zeitzeugen berichten aus dem MSR-29:

Bernd S. über seine Ankunft zum 18-monatigen Grundwehrdienst im MSR-29 Prora: [95]

„Ich leistete vom 03.05.1972 bis zum 28.10.1973 meinen 18-monatigen Grundwehrdienst im Seelanderegiment Prora (MSR-29) ab. Ich war Funker im Kompanietrupp in der 3. MSK des 1. MSB. (...)

Nun ja, am Tag der Einberufung war vormittags Treffpunkt im Bahnhof Dresden-Neustadt, da wo mein Wehrdienst auch nach 18 Monaten wieder enden sollte. Nach Erledigung der Formalitäten und ständigen Belehrungen ging es mit einem Sonderzug in Richtung Rügen.

Begleitet wurde dieser Sonderzug von den Herren mit den weißen Mützen und Koppelzeug. Später wusste ich, die waren vom KD (Militärstreife), bekam es mit denen noch öfters zu tun. Die sollten im Zug für Einschüchterung und Ordnung sorgen, was ihnen aber nicht gelang. Es war genügend Alkohol an Bord, jeder hatte was dabei. Unterwegs hielt der Sonderzug an vielen Stationen auf der Strecke.

Überall stiegen zur NVA eingezogene junge Männer zu bzw. verließen den Zug. Ich glaube, das war in Berlin, Prenzlau, Pasewalk, Stralsund.

Die Leute in meinem Waggon fuhren alle bis Prora und waren für das dortige Mot.-Schützenregiment vorgesehen.

Die lange Zugfahrt endete für uns am nächsten Tag, es war schon nachmittags, am Haltepunkt Prora, Endstation für den Zug und das Zivilleben.

Noch am Bahnsteig wurden wir von den anwesenden Offizieren auf die einzelnen Einheiten aufgeteilt.

> *Wir nannten uns* **Seelanderegiment.** *Wenn größere Übungen waren, dann war das auf dem Darß (...) die Anlandung der Fahrzeuge erfolgte im Bereich Prora-Mukran. Ich hatte einmal so eine Übung mitgemacht, mit richtig Bumm-Bumm und Tiefftiegern und so, aber auf das Landungsschiff war unser SPW nicht gelangt. Unser Fahrer, im zivilen Leben Traktorist, hat die Karre auf der Klappe vom Landungsschiff abgewürgt und der Schützenpanzerwagen (SPW) landete in der Ostsee. Alles andere auch. Der Verteidigungsminister Hoffmann beobachtete diese Übung von einer Tribüne aus mit einer großen Anzahl Militärs, die waren alles andere als erfreut meine ich. Wir sind da raus aus dem SPW und standen knietief auf dem Fahrzeug, wurden dann von einem Boot eingesammelt. Die SPW wurden von Bergepanzern an Land gezogen und später auf Waggons verladen, der Transport bis Prora dauerte über eine Woche. War ja kein angemeldeter Militärtransportzug. Auf jedem größeren Bahnhof standen wir auf dem Abstellgleis. „*

Das alles geschah unter sehr lautem Getöse dieser Herren, der Umgangston war rüde und herablassend. Nach Taschenkontrollen ging es dann in versuchter Marschordnung in Richtung der nahen Kaserne, ein trauriger Zug von ca. 200 jungen Leuten in Zivil, mit langen Haaren, Koffer und Taschen. Die Kaserne war eine von der Außenwelt abgeschirmte Männerdomäne. Nach dem Passieren des Kasernentores sah ich zum ersten mal den Koloss von Prora. So was hatte ich nicht erwartet. Vor uns zwei 6-geschossige Bauwerke mit den markanten angebauten Treppenhäusern. Die Gebäude waren so lang wie man blicken konnte. Rechts ein graues, verputztes (Block IV) und links davon ein unverputztes mit roten Ziegeln gemauertes Gebäude (Block V). Ganz anders jedenfalls, als wie die Kasernen in meiner Heimatstadt, die noch aus Kaiserzeiten stammten und die von der Roten Armee genutzt wurden. Auch die bei Schulausflügen besuchten NVA- Kasernen zum Tag der NVA sahen ganz anders aus.

Es ging dann bis zum Ende des rechten Gebäudes (Anm. Block IV), dem Med.-Punkt. Dort wurde in Reihe angestellt, der Oberkörper musste frei gemacht werden und man wurde geimpft. Einmal in den Arm und einmal in die Brust. Aufgemuckt hat da keiner mehr. Wir waren von der langen Zugfahrt, ohne Schlaf mit wenig Essen und viel Alkohol geschafft. Der Anblick der Kaserne, dem Rumgeschreie und dem nun Ausgesetztsein gegenüber den Vorgesetzten haben auch mich sehr nachdenklich gemacht.

Wir wurden dann in unsere Unterkunft geführt, die in der Mitte von Block V, dem unverputzten Block, lag. Unterwegs auf den Betonstraßen und den staubigen Plätzen vor den Gebäuden exerzierten die schon eingekleideten Wehrpflichtigen die ersten militärischen Schritte. Es sah sehr unbeholfen aus: Die Soldaten in ihren neuen Felddiensttanzügen mit schlecht sitzenden Stahlhelmen und Tragegestellen und die das Kommando gebenden Unteroffiziere mit ihren Schirmmützen.

*In der **Düne** befand sich eine Miete, darin wurde Porree (heute Lauch) für den Winter eingelagert. Als ich das zum ersten Mal sah, wollte ich das gar nicht glauben. Es gab dann im folgendem Winter auch regelmäßig dieses Gemüse, aber total mit dem Dünensand durchsetzt. Seitdem fehlt mir beim Essen von Porree immer das Sandgefühl im Mund.*

An diesem, meinem ersten Tag in Prora, passierte nicht mehr viel. Die Haare wurden noch geschnitten, von anderen schon länger dienenden Soldaten, die dafür als geeignet ausgesucht waren. Das geschah gleich auf dem Flur der Unterkunft. (Es gab auch einen zivilen Friseursalon in der Kaserne, den wir später benutzen durften.) Die Einkleidung für uns geschah erst am nächsten Tag. Nachdem wir auf die Stuben aufgeteilt wurden, stellte ich schnell fest: keine EK´s da.

Auch die anderen Soldaten waren neu, nur dass die schon einen Tag da waren wegen der kürzeren Anreise und somit schon eingekleidet waren. Es wurde noch zum Abendessen rausgetreten, eine bunte Truppe noch. Teils in Felddienstanzug, teils in Zivil und manche noch mit langen Haaren. So ging es runter zum Speisesaal, der sich gleich neben unserem Treppenaufgang befand. Ein kurzer Weg also. Tage und Wochen später ging es aber oft erst ein paarmal in Marschkolonne um den davor liegenden Appellplatz, mit Gesang natürlich, bevor eingerückt wurde.

An meinem 2. Tag in Prora wurden wir eingekleidet. Alle Klamotten und Ausrüstungsgegenstände in eine Zeltbahn und dann auf die Stube, Schrank einräumen nach Dienstvorschrift. Das geschah unter Anleitung unseres Kompanietruppführers, eines Unteroffiziers, der sein 3. Diensthalbjahr begann, also nach der Uffz.-Schule bereits ein halbes in der Kompanie diente (...) Am 3. oder 4. Tag kam unser Truppführer zu mir und sagt, dass ich der Kompaniefunker sei und er werde mich zur Nachrichtenkompanie bringen zur dortigen Ausbildung. Überhaupt hatte man uns nicht gesagt, was der Einzelne so machen sollte. Einer von uns entdeckte dann die so-genannte Stärketafel beim UvD-Tisch, da konnte man dann die Struktur der Kompanie und die Funktion aller sehen. (...) Jedenfalls blieben wir 8 in dieser Zusammensetzung die 1,5 Jahre im Kompanietrupp zusammen. Es war eine Mischung vom 7. Klasse-Abgänger ohne Berufsausbildung über Facharbeiter bis zum Abiturienten. Eben das Abbild von draußen. Wir kamen aber gut miteinander zurecht. Auch mit allen anderen Solda-ten der Kompanie, was daran lag, dass wir alle ein Diensthalbjahr waren. (...) Das mag in den durchmischten Stabs-, Nachrichten-, Truppenluftab-wehr-, Instandsetzungs-Pionier-, Chemie-, Panzerkompanien ganz anders ausgesehen haben.

*

Ein Soldat, der das hierarchische EK-System (EK = Entlassungskandi-dat) erlebt hat, schildert aus der 3. Granatwerferbatterie[96]:

„Am meisten habe ich über Menschen gelernt in meiner Stube im Zusam-menhang mit dem EK-System. (...)Widerwärtig, primitiv. Eine maßlose Enttäuschung für mich, der gerade mal 18-jährig das Abitur hatte und nun mit den Abgründen menschlicher Realität zu tun bekam. Zu fünft oder sechst in der Stube, die Neuen waren ‚die Glatten' und es gehörte sich, vom einzigen Neuen in der Stube das Geschirr 3x täglich waschen zu lassen, die Stube und den endlos langen Gang täglich mehrmals allein zu reinigen, den Müll zu entleeren, Kaffee zu kochen (illegal), Einkäufe im Regiment zu erledigen ... alles unter ausdrücklicher Duldung der Batterie-führung Feldwebel H., Hauptmann B., Oberleutnant M. (...)
Der Winter 78/79 war ein entsetzliches Ereignis. Schneealarm am Neujahrs-morgen und auch später noch. Mit primitivsten Mitteln (Schaufeln) den Tag im Schneesturm verbracht, mit allen Sachen gegen die Kälte, die es zu tragen gab. Bei allem wenigstens machten wir hier ein einziges Mal etwas Sinnvolles. In Erinnerung sind mir auch noch die schweren Märsche zu Übungen in Richtung Mukran oder in andere Hügel, die Granatwerfer ziehend, bergauf, mit allem Gepäck. (Ich musste es nicht, denn ich schleppte ein Funkgerät von 18kg Gewicht plus Marschgepäck) Was für ein Schwachsinn. Ja und die Frühsportrunden um den Block. Gott wer weiß, wie weit das war? ‚Raustre-ten in 5 Minuten', ungewaschen, danach 40 Leute an der Rinne stehend, um 30 Sekunden etwas kaltes Wasser für das Nötigste zu bekommen, das 3 mal tägliche Marschieren zu den Mahlzeiten bei Gesang (Spaniens Him-

mel). Das Alter der Granatwerfer und der Munition (1943!!!) spricht für sich, es war wirklich militärtaktisch von überhaupt keiner Bedeutung, was im Zeitalter der atomaren Hochrüstung in Prora betrieben wurde, es was eine reine Disziplinierungsanstalt und Spielwiese bekiffter Militärs aus der 3. Garnitur."

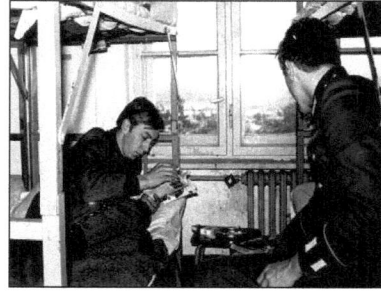

Inmitten der Geschichte: Oben Kompanieflur. Mitte von links nach rechts: (1) Die 3. Motorisierte Schützenkompanie stellte die Wache; hier ein Teil der Kompanie nach der Vergatterung. (2) Soldaten in der Stube 323 (Block V, TH 4 von Süden gezählt), (3) Schutzausbildung im Gelände Wunschberge, (4) Soldaten des 3. MSR mit Entlassungsmaßband.

Ein Zeitzeuge über Prora, der im MSR-29 in Block IV untergebracht war (3. MSB, südliches Ende Block IV, vgl. S. 221 ff.) und zu jenen Rückkehrern gehört, die sich an den Gebäuden „rächten". Das Verschwinden der Geschichte wirkte mitunter befreiend (Auszug).[97]

„...Und dann ist dort eben auch noch Prora, üble MSR-29 Erinnerungen (...) Behütet und abgeschirmt im EOS-Alltag, mit verblasenen Theorien vom ‚neuen Menschen' vollgestopft und lediglich in jugendlicher Provokationslaune auf den Punk-Train gesprungen, verabreicht dir die Fahne den wirklichen Punk, der sich daraufhin verfestigt. Jenes fischköpfige Assigesocks vom Diensthalbjahr über mir und die 10ender der Ränge Feldwebel bis Fähnrich, sind heute tot; oder doch auf dem strikten Weg in die finale Leber-Zirrhose. Aber damals gaben sie dir ‚einen mit', wie man so sagt: Intensivkurs in Sachen Menschenbild.

Alptraum-Eiländ hab ich knapp 20 Jahre gemieden. Seit' 98 war ich nun doch 4x in Prora. Am Verfall dort gesundete die Erinnerung mehr und mehr. Aber ein Baustein fehlte bis 2014. Zuvor hatte ich lediglich Außenaufnahmen vom Koloss machen können. Untenrum war alles vernagelt und vermauert. Aber dann:

2014. Julisonne. Frühzeitig gestartet, werktags, auf völlig freier Autobahn – da legte ich zum allerersten Mal die soeben erschienene und überall verrissene ‚Heaven and Earth' von Yes ein. Ein Soundbastard aus YES- und Supertrampfeeling. Glücksgriff. Genau das Richtige für eine Fahrt in die Vergangenheit um 1980. Und die Glückssträhne hielt: Diesmal war eine Hintertür zur ehemaligen Küche des 3. Bataillons offen!

ICH WAR DRIN! Lost Place. Aber ich kannte mich aus. Küche-Treppe-Stabsflur-Treppenhaus 3. Bataillon. Scherben und Kabelreste, demolierte Sicherungskästen, Geister der Vergangenheit, das Treppenschachtgebrüll des Stabs-UvDs:

‚UvD Achte! Schick ma GuvDy sofort zum Staber!' ‚Tür auuuuf!' ‚EKs, wo seid ihr!....' ‚Schnauze im Glied!' ‚Faulickdenn? Gleich fälltn Schuss!' ‚UvD Neunte! Hauptfeldwebel zum OvD!'

Knirsch und knax unter den Sandalensohlen. Tour de force. Meine Bude der ersten 6 Monate. Vorletztes Zimmer links im Schlauch. Schlauch und Piste – die Bohnerflure. Scheißhaus 3. Zug. Völlig zertrümmert. Hätt' ich glatt mitmachen wollen, so oft, wie ich hier putzen musste. Die Waschräume noch erkennbar. Dann ein Stockwerk höher: Die 2 Mann-Bude für Schreiber und Uralfahrer; und – – – ein Erinnerungsfehler: Wo die Spießbude war, hab ich verdrängt/verwechselt und versehentlich wohl eine von den Capo-Unterkünften fotografiert. Egal. Alles ratzekahl leer. Im Zustand des Verfalls. Graffitis allenthalben. Das sinnvollste in der ehemaligen Waffenkammer meiner Ursprungskompanie: Idiotencrew!

Ich nehme mir eine gute halbe Stunde Zeit, auch für das angrenzende ehemalige ‚Ledigenwohnheim' unverheirateter Sackies und den Med-Punkt. Und anschließend schwebe ich geradezu über all den Restedreck wieder durch die Küche nach draußen. Happy und erlöst. Mein Gedärm sieht das genauso – und so scheiße ich beim Abmarsch am Kdl (Kontrolldurchlass = Kasernentor) noch in die Büsche – eine buchstäbliche Altlasten-Entleerung. Frei.

*

(..) 2018 gibt's nichts mehr zu bewältigen. Als ich ‚meinen Block' wiederse-he, hat ihn die ‚Entkernung' ereilt. Ein Baustellenradio hämmert gerade ‚I can't get no satisfaction'. Nojaaaa. Ich schon. Das kommende Schicksal auch dieses Teils des Koloss' offenbart sich im Anblick der angrenzenden bereits verkauft und vermieteten Feriendomizile.

Ich steh davor und weiß nicht: Stahlbetonruine. 3 km lang. Abriss zu kost-spielig. Arme Insel. Du hattest keine Wahl. Den unfertigen KdF-Bau voll-enden oder wieder ‚Links zwo drei vier – ein Lied!' (...) Was wissen die, die hier nebenan zum Teil schon Balkonblumen gießen, von der Vorgeschichte? Wollen die überhaupt was wissen? In unseren geschichtsvergessenen Zeiten, in denen angeblich nichts mehr eine Rolle spielt, was früher war?

Die Wände sind zwar alle neu und die langen Flure verschwunden, aber Fußbodenbeton und Zimmerdecke könnten noch erzählen:

Ist das hier etwa DER Block, in dem die Russen 1945 nach der Bodenre-form die enteigneten Gutsbesitzerfamilien Sachsens und Thüringens inter-nierten vor dem Abtransport nach Workuta? Wieviel Selbstmordelend mag sich dann hier ereignet haben? Oder war es ‚nur' ein Block voller Pommern-, Ost- und Westpreußenflüchtlinge? Wie lange hausten die hier? Wer wur-de hier wo vergewaltigt? Wer wurde hier noch ‚abgeholt zur Klärung eines Sachverhalts' auf Nimmerwiedersehen? Aus welchem Fenster sprangen hier die meisten? Heulten hier die Hinterbliebenen auf zur Zimmerdecke und verfluchten Hitler, Gott und Stalin?

Und dann die laaaaange NVA-Phase:
Wieviel Schikane hat sich hier abgespielt? Wieviel Urin besoffener EKs und wieviel Blut aufgeschnittener Pulsadern von Leidensgenossen musste hier von ‚Glatten' aufgewischt werden? Ist von deinem Ferienwohnzimmer aus einer nach ‚Schwedt' ab-gegangen? Wieviele Flüche stecken hier in jedem Quadratzentimeter Zimmerdecke?

Möchte man in diesem Gebäude wirklich seine Mußestunden verbringen? Möchte man davon ein Stück kaufen?

> Call out those bleak shadows from your mind
> And never again
> Slip through the cracks

Ehemalige KZler zieht es in die Gedenkstätten zur Selbstvergewisserung diesen Scheiß überlebt zu haben; Wehrmachtsveteranen bereisen ihre alten Frontabschnitte, wo sie litten, wo sie schweigen lernten, wo sie nach den alten Holzkreuzen suchen, die sie nicht finden, unter denen die Kamera-den liegen, weil da jetzt unter Umständen Wohnblocks stehen, die es 43/44 nicht gab. Vertriebene bereisen Schlesien oder das Sudetenland auf der Su-che nach idyllischer Erinnerung, aber auch im Kampf mit den alten Ge-spenstern aus den Tagen und Wochen im Frühjahr '45. Stasihäftlinge führen durch die Knäste der Ehemaligen in Cottbus und Hohenschönhausen und erzählen ihr Schicksal immer und immer wieder. Anfangs detailliert und ergreifend; mit den Jahren routiniert und mit immer mehr Kontextfakten verlangweiligt.

Und ehemalige Wehrpflichtige (ost) besuchen heute eventuell das NVA-Museum in Prora und möchten auf die Schaukästen kotzen: Schöne heile Wehrpflichtwelt!

Weder das ,(KdF-)Dokumentationszentrum' noch das ,NVA-Museum' werden der Geschichte des Ortes gerecht.

Also letztlich: Wozu das Ganze. Ist doch vorbei. Da vorn ist ein Andenken-Shop. Lets buy?

Die Dummen werden geschlachtet! Die Welt wird klug! (Grauzone)
Nee, leider siehts momentan nicht danach aus."

Torso des geplanten KdF-Gemeinschaftshauses zwischen den Blöcken V und IV.
Die Blöcke bildeten seit den 1960er Jahren eine weithin organisatorische Einheit; heute gehören sie zum größten Teil der Firma Bauart.

Das Tabu: Zärtlichkeit und Sex
unter Proraer Soldaten

Wenige Spuren schriftlicher Art künden von der Suche nach seelischer und körperlicher Nähe hinter Stacheldraht. Eigentlich ein natürlicher Vorgang in einer Zwangsanstalt. Doch einen kleinen Aufschrei löste das Buch „Der Prinz von Prora" aus, das die harmlose Nähe zweier Spatensoldaten schildert.

„Die große Liebe in der NVA" titelte etwa die *Märkische Allgemeine* ihre Rezension. Die *Frankfurter Allgemeine* befand, „viele Briefe und Gedichte Wolters sowie dessen Einlassungen zu seinem Sexualleben wären besser unveröffentlicht geblieben". Am selben Tag urteilte der *Nordkurier:*

„Selbstgeschriebene Gedichte und Briefe zeugen von einer tiefen Verletzlichkeit und bewirken Verständnis für das damalige Empfinden. Sprachlich gelingt es dem Autor hervorragend, seine tiefsten Gefühlsregungen zu offenbaren."[98]

Möglicherweise wirkte die „Kuschelgeschichte" insofern verstörend, als die Spatensoldaten von der Obrigkeit vor den normal Dienenden generell als Kriminelle, Drückeberger oder „schwule Weicheier" verunglimpft wurden.

Wie dem auch sei: Das Buch löste anderen Soldaten die Zunge, ihre Erfahrungen bei der NVA ebenfalls schonungslos preiszugeben. Diesen Berichten zufolge kompensierten gar nicht so wenige Soldaten ihre Sehnsucht nach menschlicher Nähe mit der Hinwendung zu anderen Kameraden. In der weithin von der Außenwelt abgeschirmten Männerdomäne schmückte sich selbst manch Offizier mit einem jungen, charmanten Kraftfahrer.

Andererseits gab es einige Jugendliche, die sich ihren Kameraden und gar Vorgesetzten zum Liebesspiel angeboten haben. Dass dies eine nicht ganz geringe Zahl „heterosexueller" Männer in Anspruch nahm, wird heute ebenso verdrängt, wie die nicht seltene Hoffnung auf ein amouröses Abenteuer im Ausgang. In Binz, Bergen und Umgebung ließen sich etliche Rüganerinnen auf eine Liaison mit einem

Soldaten oder besser noch: Offizier ein. Begehrt waren die schwarz-afrikanischen Offiziersanwärter, stationiert in Block IV. Zu den wenigen Auslandssoldaten, die vorzeitig in die Heimat zurückge-schickt werden mussten, gehörte ein Afrikaner, der ein „abnormes Sexualverhalten" an den Tag gelegt hatte – mit Frauen![99]

„Rosi" berichtet im Jahr 2009 über seinen Grundwehrdienst im See-landebataillon (MSR-29) 1977/78 (mit der beiläufigen Schilderung eines Suizids aus einem der Fenster des südlichen Blocks V): [100]

„Ich öffne den Briefkasten.

„Nanu, Post für mich, Einberufungsbefehl." Überraschend kam er nicht, denn ich war ja schon beim Wehrkreiskommando vorstellig gewe-sen. Meine Dienstzeit war vom 03.05.1977 bis zum 25.10.1978 in Prora. Ohne mir groß einen Kopf zu machen, spazierte ich durchs Kasernentor und wurde schon, so wie viele andere Jungs, erwartet von gewissen Un-teroffizieren. Plötzlich stand ich vor einem riesigen Gebäudekomplex und ich fühlte mich sehr klein. Mir war so, als ob ich durch den Schlund ei-nes Riesenkraken ging. So verschwand ich irgendwo im Gebäude. Es war wirklich riesig. Ich hatte so etwas noch nie gesehen. Ich wurde eingeteilt zur ersten Motschützenkompanie. Ca. 100 Kameraden waren wir, alles Neuzugänge, also „Spritzer".

„Spritzer" bedeutet erstes Halbjahr, „Vitze" zweites Halbjahr, „EK" (Entlassungskandidat) drittes Halbjahr.

Die Grundausbildung des ersten Halbjahres war sehr hart. Dort lernten wir alles, was notwendig war, um als guter Soldat zu bestehen: Sportliche Ertüchtigung, Sturmbahn, Schutzausrüstung, Schießen, Fahrausbildung usw.

Der Höhepunkt war jedoch die SPW- Ausbildung für mich. SPW heißt wohl Schwimmpanzer- oder Schützenpanzerwagen. So nahm ich an verschiedenen Übungen teil, wie Seelandung, sowie Raketenschnell-boote im Angriff usw. Wir stürmten ein menschenleeres Dorf irgend-wo an der Küste. Das war natürlich ein Abenteuer für mich 20-jährigen.

Am Anfang der Dienstzeit war ich sehr traurig und ich hatte einen Weinkrampf gehabt. Ich fühlte mich mies, denn ich hatte meine Freiheit verloren, war eingezäunt und musste Befehle ausführen. Meine Meinung war nicht gefragt. Ein Kamerad hat auf mich eingeredet und mir Mut ge-macht. Ich nahm mir vor, alles ein bisschen cooler zu nehmen, also mich mit der Situation zu arrangieren.

Die Zeit verging und ich wurde „Vize". Dies bedeutet, dass unsere Kom-panie aufgelöst wurde. Wir wurden auseinandergerissen, verteilt in den vielen Eingängen des Riesenobjektes. Ich hatte großes Glück, denn ich wurde abkommandiert zum Nachrichtenzug/Stab des Seelandungsbataill-on (sic!). Ca. 10 Kameraden waren wir und hatten keine unmittelbaren Vorgesetzten. Unser Vorgesetzter war der Bataillonskommandeur sowie

Stabsoffiziere. Untergebracht waren wir in den letzten beiden Zimmern des langen Flures. Jetzt war meine Aufgabe, die Stabs- bzw. Führungsfahrzeuge zu pflegen und zu warten und auf dem Fahrzeugparkplatz UvD (= Unteroffizier vom Dienst) zu schieben. Durch diese neue Aufgabe hatte ich jetzt nur noch mit Führungsoffizieren zu tun. Ich hatte plötzlich viele Freiheiten, musste nicht ständig Befehle empfangen usw.

Auf dem Parkplatz lernte ich R., einen Unteroffizier kennen. Er wohnte auf demselben langen Flur wie ich, bloß auf der anderen Seite. Jetzt begegneten wir uns öfters.

Eines Abends lud er mich in seine Stube ein. Wir quatschten über dies und jenes und zu später Stunde ist es passiert. Wir landeten in seinem Bett und hatten Sex.

Der Sex war wie ein Tanz auf dem Vulkan, so heftig und stürmisch, als ob es das letzte Mal sein sollte. War es aber nicht. Ein Jahr lang bis zu meiner Entlassung waren wir jeden Sonnabend zusammen und hatten wilden Sex.

R. war verheiratet und Vater eines Kindes, aber daran dachten wir nicht. Wir wollten nur Sex. Es war Sex ohne Liebe, nur Befriedigung. Aber die körperliche Nähe und Wärme war fantastisch.

Vor der Armee hatte ich ab und zu mal mit Männern Sex gehabt. Aber ich hatte mir vorgenommen, während meiner Armeezeit nichts mit Männern anzufangen. Nun ist es eben passiert. Natürlich bekamen es einige Soldaten und Unteroffiziere mit, dass ich und R. ein Verhältnis hatten. Plötzlich sprachen mich Kameraden an, mit Ihnen auf die Toilette zu gehen, was ich natürlich machte.

Nun hatte ich auf der Toilette öfters männliche Bekanntschaften. Aber es machte mir Spaß und den Kameraden auch. Es sprach sich rum und ich konnte mich kaum noch retten. Zu 90% hatten alle eine Freundin oder Frau zu Hause. Das war neu für mich. Auf alle Fälle habe ich es nicht bereut.

Natürlich haben die Offiziere Wind davon bekommen und gaben mir auch schon einen richtigen Kosenamen: Rosi.

Da ich fast täglich auf dem Gefechtsparkplatz war, um meinen Schützenpanzerwagen zu warten (Anm.: gelegen vor Block IV; vgl. Abb. S. 218), kam es im Fahrzeug mit einigen Kameraden und sowieso auch mit R. zu körperlichen Annäherungen. Man setzte sich auf den Sitz der Bordkanone und vollzog das Liebesspiel. Ich weiß, dies war ein außergewöhnlicher Ort. Leider ging das nicht lange gut, denn 3-4 Monate später nach einer Gefechtsübung explodierte mein Fahrzeug mit Munition auf dem Parkplatz.

Zum Glück hatte meine Besatzung kurz vorher das Fahrzeug verlassen und es kam zu keinem Toten bzw. Schwerverletzten. Ich, als Fahrer, wurde nach dem großen Explosionsknall aus der Luke katapultiert. Das Fahrzeug brannte vollständig aus. Nun musste ich Bericht-Protokolle schreiben über den letzten Tag an meinem Fahrzeug (was habe ich gemacht, welche Personen waren anwesend usw.). Am gleichen Tag wurde ich von zwei Herren im Anzug verhört. Zum Glück gab es kein Nachspiel für mich. Danach wurde ich nach Stralsund ins Lazarett gebracht, da ich doch erheblich verletzt war. Zwei Wochen später lag ich noch eine Woche im Med-Punkt in Prora. Sogar als ich im Med-Punkt lag, hatte ich keine Ruhe vor den Unteroffizieren und Soldaten.

Nach meinem Med-Punkt-Aufenthalt bin ich schnurstracks zum Regimentskommandeur gegangen. Ich bat um Sonderurlaub wegen des Unfalls, den ich überraschend sofort bekam. Sein Sekretär schrieb 5 Tage Sonderurlaub für mich auf, was ich toll fand. Ich hatte einen guten Stand.

Von den Offizieren lud man mich ab und an zu Geburtstagsfeiern ein und so durfte ich auch schon mal für die Herren kellnern. Dabei floss viel Alkohol. Der Geburtstag meines Kompaniechefs war besonders amüsant. Er legte eine Schallplatte mit „Schmidtchen Schleicher mit den elastischen Beinen" auf und sagte: ‚So, nun zeig mal Rosi, was Du drauf hast.' Ich musste zu dem Schlager tanzen.

Einige untergebene Offiziere und Feldwebel habe ich in den Tanz mit einbezogen. Die waren nicht gerade begeistert, als ich mich, der Soldat, auf deren Schoß setzte und meine Hände durch ihr kurzes Kopfhaar kraulte. Aber wir wollten ja die Geburtstagsfeier unseres Kompaniechefs nicht trüben und sie ließen es geschehen. Auf alle Fälle waren meine künstlerischen Einlagen ein großer Erfolg und der Chef war zufrieden. So hatte ich mir bis zu meiner Entlassung so manche Freiheiten erwirkt.

Ich wurde nicht ein einziges Mal wegen meines Schwulseins diskriminiert, im Gegenteil, das Verhältnis zwischen mir und den Kameraden und Offizieren war super. So hatte ich im Gegensatz zu vielen anderen ein gutes Leben in der Kaserne – natürlich erst nach der Grundausbildung. Bedauerlicherweise kam ein Kamerad durch Selbstmord durch den Sprung aus dem 5. Stock ums Leben und ein weiterer wurde schwer verletzt. Ich sah ihn im Lazarett in Stralsund im Rollstuhl wieder.

Durch meinen Kontakt zu den Offizieren bei Manöverfahrten, beim Kellnern oder sonstigen Anlässen konnte ich auch einige Informationen mitbekommen. Da ging es oft auch über Unfälle mit Soldaten oder um Einweisungen in den Knast oder jemand ist nicht aus dem Urlaub oder Ausgang zurück gekommen. Im ersten Halbjahr war auch ein Kamerad aus unserem Zimmer nicht mehr vom Ausgang zurückgekommen. Am nächsten Tag mussten wir die ganze Umgebung Richtung Binz absuchen. Er war verschwunden, ich habe ihn nie wieder gesehen.

Natürlich könnte man noch viele Episoden erzählen, dann müsste ich ein Buch schreiben.

Ich wollte hiermit nur ausdrücken, dass Armeezeit in der DDR kein Zuckerschlecken war, wie ich es im ersten Halbjahr erfahren und durchlebt habe. Die Ausbildung war sehr hart. Die Situation in der Kaserne für viele, ja für alle, nicht leicht. Vor allem das Eingesperrtsein, wenig Urlaub (ich kam einmal 25 Wochen nicht nach Hause), kaum Ausgang, keine Meinungsfreiheit usw. Als „Vitze" und „EK" hatte ich großes Glück gehabt und es auch ausgenutzt. Aber vielen Kameraden ging es nicht so gut. Dass sich die vielen sexuellen Kontakte der Soldaten und Unteroffiziere zu mir ergeben haben, war für alle von Vorteil. Man konnte mal dem militärischen Stress entgehen und man hatte zumindest ein kurzes Glücksgefühl.

Schreiben des Zeitzeugen Wolfgang M. an den Herausgeber (2015):

Es ist früher Nachmittag und ich sitze gerade vor dem Schloss Granitz bei einer Tasse Kaffee und einem Stück Pflaumenkuchen. Nachdem ich den gestrigen Tag in Prora verbracht habe, bin ich noch ziemlich aufgewühlt und nachdenklich.

Nach einem Besuch des NVA-Museums bin ich den Strand hinab gewandert Richtung Jugendherberge. Fast überall wurde gebaut und zu meinem Entsetzen musste ich feststellen, dass sich in dem Block, in dem ich damals als Soldat die Gästeunterkunft betreute, Menschen eingenistet haben, die dort scheinbar ganzjährig oder zumindest für die Ferien ihr Domizil eingerichtet haben. Scheinbar verkommt das - für meine Begriffe eigentliche Mahnmal - zu einer Vergnügungsmeile mit Ferienwohnungen, Hotels und Campingplätzen. (...)

Ich gelangte dann in das Dokumentationszentrum neben der Jugendherberge (Prora-Zentrum), wo ich ein Exemplar Ihres Buches "Der Prinz von Prora" käuflich erwerben konnte. Irgendwie war das vorher nicht so leicht zu bekommen. Die Hälfte des Buches habe ich bereits durch und ich bin vom Schreibstil und Inhalt begeistert. Es weckt auch in mir (als nicht Bausoldat) viele Erinnerungen.

(...) Ich empfand bei dem Besuch des Doku-Zentrums (Prora-Zentrum) eine leichte Verwunderung über den, wie ich fand, etwas kleinen Ausstellungsraum, in dem man sich in der Hauptsache zum Thema KdF-Bad informieren konnte, in etwas kleineren Dimensionen auch über die Bausoldatenzeit. Über die restlichen Truppen wie das MSR-29 oder das FJAB-40 (Fallschirmjäger), die viele Jahre in den Blöcken vegetierten, war leider fast nichts dokumentiert.

Mein Leidensweg war zum Glück relativ kurz (ein knappes halbes Jahr) und dann verhalf mir das Schicksal oder der liebe Gott zu einem für NVA-Verhältnisse recht angenehmen restlichen Jahr. Ich wurde, bedingt auch durch Krankheit, von einem Zivilbeschäftigten aus der Kompanie geholt und zog mit Sack und Pack in ein Zimmer neben der Gästeunterkunft ein. Von nun an war ich eine Art "Betreuer" der Gästeunterkunft und ich machte meine Arbeit gut. Der Zivilbeschäftige hielt große Stücke auf mich und im Gegenzug brachte es fertig, dass ich an dem eigentlichen Kompanie- und Regimentsleben kaum noch teilnehmen musste.

Da die Gästeunterkunft auch oft nicht belegt war und ich Zimmerschlüssel hatte, konnte ich sogar einige amouröse Abenteuer erleben. Ich glaube keine meiner "Liebschaften" war richtig schwul, aber durch mein recht angenehmes Äußeres und meinen vorhandenen Charme war es eigenartiger Weise nicht so schwer, sie zu "erobern". Manchmal war es sicher auch dem Alkohol zu verdanken, dass man etwas ungehemmter wurde. Dabei blieb ich aber immer sehr vorsichtig und hatte dadurch nie schlechte Erfahrungen.

Es war eine ganz eigenartige Zeit. Gefangen im Militärsystem der DDR und trotzdem konnte ich mir, teils durch Glück, teils durch eigenes Geschick eine eigene, ganz kleine heimelige Welt einrichten. Ich hatte ein

Zimmer für mich allein und war zum großen Teil nur einem Zivil-Angestellten "unterstellt", der morgens vorbeikam und mit dem ich das "Tagesprogramm" besprach - ob Gäste kamen, welche Zimmer hergerichtet werden mussten, wann großer Wäschetausch war und dergleichen...

Ich hatte heute, einen Tag später, ein eigenartiges Bedürfnis Ihnen meine Gedanken mitzuteilen, weil einiges in unserer Vita irgendwie ähnlich war und vielleicht auch, weil ich nie jemanden hatte, mit dem ich mich darüber austauschen konnte. Mit meinen Eltern musste ich damals brechen, weil sie meine schwule Lebensweise nicht akzeptierten. Geschwister hatte ich nicht. Heutige Freunde und Kollegen interessieren sich nicht wirklich dafür ...

Ich hoffe, dass ich Sie mit meinen Gedanken nicht belästigt habe. Prora war für mich ein einschneidendes Erlebnis meiner Jugend. Mich zieht es zu dem Ort hin und er stößt mich gleichzeitig auch ab. Es ist schwer zu beschreiben. Es tut mir auch irgendwie weh, dass die NVA-Geschichte des Baus in diesem „kollektiven Schweigen" untergeht. Das ganze Leid der Bausoldaten und auch der sonstigen dort stationierten Soldaten wird durch diese Bebauung, aber auch durch dieses "Verheimlichen" der zum großen Teil furchtbaren Zeit mit vielen Selbsttötungen und dergleichen ad absurdum geführt und das erhitzt ein wenig mein Gemüt.

Nehmen Sie es mir nicht übel, wenn ich mal etwas aus dem Nähkästchen geplaudert habe. Aber wer, wenn nicht Sie können mich da wohl verstehen.(...)

In der Hoffnung, daß es Ihnen gut geht verbleibe ich in freundlicher Verbundenheit. Vielleicht darf ich noch fragen, wie weit Sie mit der Aufarbeitung des Ganzen sind? Haben Sie noch Kontakte zu damaligen Leidensgefährten? Zieht es Sie noch ab und zu nach Prora? (...) Mich macht das Ganze gerade irgendwie etwas schwermütig, obwohl ich sonst ein allgemein recht optimistischer Mensch bin... Die kleine Schrift auf meinem Tablett verschwimmt grad ein wenig, ich habe leicht feuchte Augen und werde deshalb lieber zum Ende kommen."

Kein Platz für Erinnerung und Gedenken?

„Hallo, oh wie schön, nun ist es eine Jugendherberge, wie toll, aber ohne mich. Hätte ruhig als Denkmal dienen können", äußerte sich im Rahmen der Eröffnung der Jugendherberge Prora ein Zeitzeuge in einem Online-Forum. „Zustände wie im Knast" hätten im unmittelbar benachbarten Gelände (MSR-29) geherrscht: „Aus meiner Kompanie (*1. MSK*) sind damals zwei Soldaten in die Klapsmühle, um es mal so zu formulieren, geschafft worden, welches alles unter den Mantel des Schweigens fiel."

Ein anderer berichtet über die Jahre 1972/73:

> „Das war schon ein trauriger Zug von jungen Kerlen mit Reisetaschen, der vom Bahnhof Prora in die Ernst-Moritz-Arndt-Kaserne zog. Keiner fühlte sich wohl, manche versuchten mit Witz und Spott die Situation aufzuheitern. Auf der Regimentsstraße innerhalb des Objektes verging uns allen der Spaß. Eine Kompanie stand aufgereiht (…) übersehen konnten wir nicht, dass einer auf dem Bauch, mit Marschgepäck auf dem Rücken, um die Kompanie quälend herum rutschte. Dieser erste Eindruck einer entwürdigenden, menschenverachtenden Situation war schockierend für uns. Plakate an der Regimentsstraße zeigten uns, wo wir waren. Dieses einzige Seelanderegiment der DDR war offenbar eine sogenannte ‚Eingreiftruppe', die laut Plakate am 13. August 1961 den Frieden gerettet hatte und den Mauerbau schützte. Zum Prager Frühling habe man mit laufenden Motoren auf den Einsatz gewartet. (...) Der robbende Soldat am Anfang blieb kein Geheimnis, es war die Strafe für Disziplinlosigkeit wie Sprechen im Glied."[101]

Wieder ein anderer berichtet über das Regiment, das wegen der Sprünge aus dem Fenster den zweifelhaften Ruf als „Flieger- bzw. Springerregiment"[102] davontrug:

> „Als Soldat eingezogen, kurz vor der Entlassung zum Gefreiten befördert, das war die Regel in diesem Regiment. Jedenfalls war dieses Regiment vom Militärbezirk 5 verrufen als ‚Springerregiment', wo es etliche Selbstmorde gab, die zur DDR-Zeit und sicherlich bis heute verschwiegen worden sind."[103]

Dass das MSR-29 sogar als ein *Straf*regiment angesehen wurde, dafür gibt es gleich drei jüngere Belege. Aus den Jahren 1977/79 berichtet ein ehemaliger Grundwehrdienstleistender, resümierend, dass ihn diese Zeit „geprägt" und „auch körperlich geschädigt" habe: [104]

„Da jemand Rotes (Anm: auf Seite der SED stehend) unsere Familie nicht mochte, kam ich in das MSR-29 Ernst-Moritz-Arndt nach Prora. (…) MSR-29 galt in der DDR als drittschlimmster Standort nach Marienberg und Eggesin. Das EK-System war brutal und menschenverachtend. Neben einigen wirklichen Persönlichkeiten waren die Offiziere und Uffze dumm und ungeeignet. Ausgang war uninteressant, weil Binz tot war, zumindest außerhalb der Saison – ich hatte nun mal zwei Winter und dazu noch den von 78/79. In meiner Zeit gab es mindestens 3 Selbstmordversuche (2 gelungen) und mehrere tödliche Unfälle. (…) Ich muss mich äußern, weil ich es für notwendig halte, auch die NVA-Geschichte dieses Standortes gleichermaßen zu würdigen."

Ein Angestellter der Landesregierung Mecklenburg-Vorpommern bestätigt den Strafcharakter des MSR-29 und gewährt zugleich Einblicke in die Motive der Umdeutung des Ortes nach der politischen Wende:

„Es muss so 1967/68 gewesen sein, da wurde der um mehrere Jahre ältere Bruder eines Mitglieds unserer ‚Straßengang' (wir waren zahm, haben nicht randaliert, waren nur eine verschworene Truppe von Jungs aus unserer Straße) für 1 1/2 Jahre zur NVA gezogen, und zwar nach Prora. Und der berichtete von ewigem Wacheschieben, Angst, Selbstmorden und tödlichen Unfällen, Schikanen durch die Fallschirmjäger... Prora war für uns ein Greuel, ohne als 12-/13-jährige genau den Ort zu kennen. Keiner von uns war bis dahin je auf Rügen. Vom sog. KdF-Bad habe ich erst Anfang der 90er Jahre gehört, als nämlich verschiedene ‚Initiativen' sich der Liegenschaft wegen der Urlaubsmöglichkeiten bemächtigen wollten. Da spielte der ehemalige stellv. Landrat von Rügen (Alt-68er) eine unrühmliche Rolle, der ja später dann ins Stolpe-Ministerium (Bundesverkehrsministerium) kam und dort die Millionen für die Jugendherberge locker machte."[105]

Wolfgang M. erzählt aus dem 1. Bataillon des MSR-29 (1979/80)[106]

„Ich wurde dorthin ‚strafversetzt', weil ich eine eigentlich 3-jährige Verpflichtung in den ersten Wochen widerrufen hatte. Zu der Zeit war die EK-Bewegung in Prora sehr ausgeprägt (um es mal freundlich auszudrücken). Es war eine teils furchtbare Zeit (die ersten Monate), teils aber auch eine sehr interessante Zeit (die letzten 12-13 Monate). Ich war dort in der „interessanten Zeit" einem Zivil-Beschäftigten mit Vornamen „Erwin" (Nachname weiß ich leider nicht mehr) sozusagen unterstellt. Dieser Herr war im ganzen Regiment bekannt und berüchtigt. Meine Aufgabe war es, die Gästeunterkunft und später das Ledigenwohnheim des Regiments zu betreuen. (...). Ich habe mich um die Gäste gekümmert, sie eingewiesen, war als Ansprechpartner vor Ort und säuberte diese Zimmer nach Abreise und bezog die Betten neu.

Eine Art kleines Hotel, mit mir als alleiniges Personal. Im letzten Halbjahr zog ich dann wie gesagt in das Ledigenwohnheim, da der dort eingesetzte Gefreite entlassen wurde. Bei viel Arbeit besorgte mir Erwin (mein ziviler ‚Vorgesetzter') auch mal Soldaten des Regiments, die z.B. Flure bohnerten, oft als ‚Strafarbeit' bei kleinen Verfehlungen. Bei größeren kam man ja in den Bunker. Auch hier brachte Erwin die ‚Delinquenten' hinein und holte sie auch wieder ab wenn die Strafe abgesessen war.

Ich kann mich erinnern, dass die Stimmung zwischen Soldaten und Offizieren allgemein sehr schlecht war und im Ernstfall wäre ich mir nicht sicher gewesen, ob man nicht in die eigenen Reihen erstmal geschossen hätte. Das MSR 29 war eines der berüchtigtsten Regimenter der DDR. Viele Soldaten kamen nicht ohne Grund dorthin. Auch Leute, die im Zivilleben etwas auf dem Kerbholz hatten traf man hier öfter an, wie auch politisch ‚unmotivierte' wie mich...“

Ebenfalls ins 1. MSB, 3. Motorisierte Schützenkompanie (MSK), einberufen wurde Bernd S., dem im Wehrkreiskommando Riesa angedroht worden war, erst im Alter von 25 Jahren eingezogen zu werden, nur weil er „nicht bereit war, sich für eine längere Dienst-zeit bei der NVA zu verpflichten“. Damit wäre er ähnlich schikaniert worden wie viele Waffenverweigerer, die bereits Frau und Kinder zu Hause hatten. Schließlich wurde er doch schon mit 19 Jahren gezogen. Die Strafe – das entfernte Prora (vgl. Bericht S. 107 f.)

Das Buch „Inmitten der Geschichte II“ (2015) äußerte bezüglich des Blocks V die Hoffnung, dass sich auch im Bereich des südlichen Blockabschnitts ein Platz des Gedenkens finden würde. Durch die Privatisierung der letzten Kasernenruine und dem dortigen Wohnungsbau (2024 zogen die ersten Bewohner ein), hat sich diese Hoffnung zerschlagen. Umso wichtiger bleibt es, am Platz der ehemaligen Bausoldaten Erinnerung zu wahren und Gedenken zu bündeln. Die einstigen Betreiber des Prora-Museums in Block III schrieben 2015:

„Hier scheint in der Tat ein interessantes und wichtiges Wirkungsfeld für die Friedenserziehung zu liegen: Verständnis für die weithin unterschätzte Stärke gewaltfreien zivilen Widerstandes gegen autoritäre politische Systeme zu wecken...“[107]

Anmerkungen zum Ersten Hauptteil

1 Zeitgeschichte regional, 14. Jg. 2010, Heft 2 Editorial.

2 http://www.proraer-bausoldaten.de/Wir_wollten_Gerechtigkeit_und_bekamen_den_Rechts-staat.pdf, 2010

3 Stefan WOLTER, Asche aufs Haupt!, Vom Kampf gegen das kollektive Verdrängen, 2018.

4 Ebd. zit. nach http://www.denk-mal-prora.de/AscheaufsHaupt2012.pdf, S. 238 f.

5 Ebd., S. 179. Zur Medienkampagne vgl. Anm. 3. S. 179 ff.

6 Berliner Zeitung, 18.07.2011.

7 Welt, 4.11.2011

8 Ebd.

9 Vom Nazibau zur „Meersinfonie", Frankfurter Rundschau, 17.1.2019.

10 Vgl. https://denkmalimmobilie24.de/ruegen/prora; https://www.direktzu.de/kanzlerin.de

12 Vgl. die Analyse der Medienberichterstattung in WOLTER, Asche aufs Haupt!, Vom Kampf gegen das kollektive Verdrängen, 2012, abrufbar unter www.denk-mal-prora.de. Die sich 2010 zuspitzenden Verdrängungsvorgänge muteten an wie ein Kartell des Verschweigens.

13 Vgl. zum KdF-Bad: Jürgen ROSTOCK/Franz ZADNICEK, Paradiesruinen. Das KdF-Seebad der Zwanzigtausend auf Rügen, Berlin 1992 (8. Auflage 2008)

14 „Hermann", Eintrag im Internet: Prora-ascence, 13.8.2010

15 Das NVA-Museum in Prora-Ost zeigt interessante Ausstattungsstücke aus Prora, kommentiert diese aber zumeist nicht, um keine Wertung vorzunehmen.)

16 Drucksache 5/3853 Landtag Mecklenburg-Vorpommern - 5. Wahlperiode

17 Auszugsweise zitiert nach: http://www.fjb40.de.

18 Hendrik LIERSCH, Der Gewalt ausgesetzt, auch ohne Krieg, zit. nach Virtuelles Museum Proraer Bausoldaten.
Informativ und auch als Symbol zu werten für die vielen Rückkehrer, die ihre Stuben nochmals aufgesucht haben, ist das Büchlein von Hendrik LIERSCH: Ein FREIwilliger Besuch als Bausoldat in Prora. 2. Aufl. 2003

19 Bernd EISENFELD, Bausoldaten in der DDR – ein Überblick, Themenheft „Bausoldaten in der DDR" (Hoch und Guck, Heft 46/2004), S. 1-8.

20 Jürgen HAASE, Hindernislauf. Meine Studienjahre in der Ex-DDR, 1991, S. 200.

21 Gerhard Leutert: Fallschirmjäger der NVA. 30 Jahre Fallschirmdienst, 2012.

22 Thomas BRÖSING, Der Bausoldat, 2008, S. 54.

23 Vgl. Thomas ZIMMERMANN, „Klapperndes Schutzblech am Prunkwagen des Sozialismus", in: Heinz JANNIG u.a. (Hg.), Kriegs-/Ersatzdienstverweigerung in Ost und West, 1990, S. 273-282, hier S. 275. Es handelt sich um einen der ersten Aufsätze über Prora

24 LIERSCH, Der Gewalt ausgesetzt, auch ohne Krieg, Virt. Museum Proraer Bausoldaten

25 Lothar KÜHNE, Virtuelles Museum Proraer Bausoldaten, 2007

26 BRÖSING, Der Bausoldat, 2008, S. 151

27 ZIMMERMANN, Klapperndes Schutzblech, 1990, S. 276

28 Privatarchiv Stefan WOLTER. Eine weitere Begegnung mit einem beim Hafenbau Mukran eingesetzten Baupionier ist auf S. 73 geschildert.

29 BRÖSING, Der Bausoldat, 2008,, S. 94

30 Ebd., S. 92

31 Stefan WOLTER, Hinterm Horizont allein – Der Prinz von Prora, 2005/3. Aufl. 2010, S. 106.

32 WOLTER (Hg.), Geheimes Tagebuch eines Bausoldaten, 2015, S. 48.

33 WOLTER, Der Prinz von Prora, 3. Aufl. 2010, S.59

34 Jürgen HAASE, Hindernislauf. Meine Studienjahre in der Ex-DDR, 1991, S. 200 f

35 BRÖSING, Der Bausoldat, 2008, S. 51

36　BRÖSING, Der Bausoldat, 2008, S. 179.

37　Vollständig abrufbar unter: http://www.proraer-bausoldaten.de/html/3_tage_sellin.html

38　LIERSCH, Der Gewalt ausgesetzt, auch ohne Krieg, Virt. Museum Proraer Bausoldaten.

39　Die Mehrzweckhalle des Zeltplatzes wurde 2007 in fünf Monaten umgebaut (ca. 300.000 Euro), die Dachkonstruktion blieb. Die Konzeption spricht von: „Umbau und Sanierung einer Maschinenhalle in eine Mehrzweckhalle für den Zeltplatz in Prora auf Rügen". Vgl. die Architektenseite im Internet

40　BRÖSING, Der Bausoldat, 2008, S. 209.

41　NORDKURIER, 22./23.September 2007.

42　WOLTER (Hg.), Geheimes Tagebuch eines Bausoldaten, 2015, S. 48 ff

43　WOLTER, Der Prinz von Prora, 2010, S. 59 f.

44　BRÖSING, Der Bausoldat, 2008, S. 59.

45　Presseerklärung der Landeszentrale für politische Bildung M-V, 22. November 2010.

46　WOLTER, Geheimes Tagebuch eines Bausoldaten, 2015, S. 82..

47　Vgl. die informative Seite: www.bausoldatenseite.de

48　WOLTER, Der Prinz von Prora, 2010, S. 87.

49　BRÖSING, Der Bausoldat, 2008, S. 90 f.

50　Virtuelles Museum Proraer Bausoldaten, http://www.zettmann.de/Akteneinsicht

51　Archiv Denk-MAL-Prora, Schreiben vom 22. April 2009

52　Aussage von Lothar KÜHNE im Virtuellen Museum; Telefongespräch mit Karl-Heinz SCHULZE, 15.2.2011

53　Virtuelles Museum Proraer Bausoldaten, 2007.

54　Privatarchiv WOLTER, Mailverkehr mit Hptm. NEHRDICH

55　Virtuelles Museum Proraer Bausoldaten, 2007.

56　Ebd

57　LIERSCH, Ein Freiwilliger Besuch, 1997, S. 9

58　Zeitzeugenaussage eines ehem. Fallschirmjägers gegenüber dem Verfasser 2010.

59　Betäuben und Beruhigen schien für etliche Soldaten der einzige Ausweg in einer ausweglosen Zeit gewesen zu sein. Vgl. dazu WOLTER, Der Prinz von Prora, 2005, S. 307, Brief vom 1.1.1988 Ähnliches schildert Brösing. Der Bausoldat, 2008, S. 250: „Nun saß dieser Soldat bei uns und weinte."

60　Hendrik LIERSCH, Ein FREIwilliger Besuch als Bausoldat in Prora, 2. Aufl. 2003; S. 8 f.

61　WOLTER, Der Prinz von Prora, 2010, S. 236 f.

62　BRÖSING, Der Bausoldat, 2008, S. 79.

63　WOLTER, Der Prinz von Prora, 2010, S. 333, Brief vom 11.3.1988

64　WOLTER, Geheimes Tagebuch eines Bausoldaten, 2015, S. 71

65　LIERSCH, Der Gewalt ausgesetzt, auch ohne Krieg, Virt. Museum Proraer Bausoldaten.

66　Stefan WOLTER, Der Prinz und das Proradies, 2009, S. 36.

67　Die folgenden Informationen sind dem Zeitzeugen Jürgen R. zu danken

68　MZ 25. Mai 1994, der Zeitzeuge ist namentlich　nicht bekannt.

69　Ebd

70　HAASE, Hindernislauf, 1991, S. 204.

71　Ebd., S. 208

72　HAASE, Hindernislauf, 1991, S. 205.

73　Ebd., S. 203

74　Ebd., S. 202

75　WOLTER, Geheimes Tagebuch eines Bausoldaten, 2015, S. 125 f.

76　Ebd., S. 80 f.

77　Ausführlicher Beitrag im Sammelband zur Bausoldatentagung in Binz, April 2011.

78　Jens MÄRKER, Virtuelles Museum Proraer Bausoldaten.

79   Aussage des ehem. Hauptmann NEHRDICH, Virtuelles Museum Proraer Bausoldaten, 2010

80   Zit. nach Virtuelles Museum Proraer Bausoldaten

81   Bernd EISENFELD, Peter SCHICKETANZ: Bausoldaten in der DDR. Die "Zusammenführung feindlich-negativer Kräfte" in der NVA, 2011, S. 15 (Vorwort)

82   „Der erste Klubraum der 2. Baukompanie war im Kompaniebereich über dem Stab, etwa in Höhe der Dienstzimmer von OSL Aschendorff und Mj. Bleyl entstanden (Lichthof vor MHO-Hof, 3. Hof von hinten). Anfang des Jahres 86 wurde dieser Bereich der 1. BK zugeordnet, der Raum geteilt und zu Unterkünften umgebaut." Privatarchiv Wolter, Mailverkehr mit dem ehem. Hptm. Nehrdich, 2010.

83   Ebd

84   Privatarchiv, Mail Uwe ROSCHER, 201. Tobias BEMMANN erzählt im Dezember 2010 im Virtuellen Museum Proraer Bausoldaten unabhängig von dieser Spurensuche: „Diese minderwertige und kitschige Münze wurde durch das Übergaberitual genutzt, die Bausoldaten zu erniedrigen und zu demütigen. Jeder einzelne Bausoldat musste vortreten, bekam die Münze von einem Vorgesetzten überreicht und musste dann mit dem folgenden Satz laut und deutlich antworten: ‚Ich diene der Deutschen Demokratischen Republik'. Das erlebte ich nicht als Auszeichnung sondern als schwere Demütigung. Das Ding flog anschließend im hohen Bogen aus dem Fenster Richtung Ostsee. Ein anderer Spati bastelte daraus ein ‚Ufo'. Soweit ich mich daran erinnern kann, hat es niemand gewagt, die Annahme der Münze zu verweigern. Wäre das als Befehlsverweigerung ausgelegt worden? Ich weiß es nicht mehr."

85   WOLTER, Der Prinz von Prora, 2010. S. 113.

86   WOLTER, Der Prinz und das Proradies, 2009, S. 385.

87   OZ, 28.8.2007.

88   Zit. nach http://www.denk-mal-prora.de/Aus_der_Geschichte_des_Pionierbataillon_8.pdf

89   Die Gesamtzahl der möglichen Reservemonate lag bis 1982 noch bei 21 bzw. 24.

90   Matthias ROGG: Armee des Volkes? Militär und Gesellschaft in der DDR, 2008, S. 519.

91   „Die NVA-Traumata reichen weit in die Gesellschaft hinein. Da ist der Zeitungsredakteur, der sich nicht in der Lage sieht, meine Bücher zu besprechen, weil sie zu schmerzhaft an die eigene Vergangenheit erinnern würden. Da ist der MDR-Mann dem die Hände beim Schneiden meines Interviews zittern, weil er seine eigene Armeezeit vor Augen sieht. Telefonische Schilderungen gegenüber dem Autor, 2012", zit. nach WOLTER, Asche aufs Haupt, 2012, S. 24 f.

92   Antrag vom 24. Oktober 2014.

93   http://www.denk-mal-prora.de/Lagebeschreibung_MSR_29_und_ARMTW_15.df, zuletzt aufgerufen am 28.4.2013.

94   Zit. nach http://www.denk-mal-prora.de/MSR29-M.pdf

95   Zit. nach http://www.denk-mal-prora.de/html/bericht_uber_den_grundwehrdien.html

96   Zit. nach http://www.denk-mal-prora.de/html/ein_grundwehrdienstleistender_1.html. Das EK-System ist beschrieben z.B. im „Geheimen Tagebuch eines Bausoldaten", 2015, S. 107 ff

97   Zit. nach Bludgeon, https://tokaihtotales.wordpress.com/2018/07/16/tuer-aaauuuf/

98   Märkische Allgemeine 27. November 2005; FAZ und Nordkurier 24. Februar 2006.

99   Interview mit einem ehemaligen Offizier an der Offiziershochschule Prora, 2015.

100   http://www.denk-mal-prora.de/html/ein_grundwehrdienstleistender_.htm

101   Roland KEHR: Nicht klagen! Kämpfen!, Eisenach 2006, S. 45 ff.

102   Zeitzeugenaussage auf der ehemaligen Objektstraße in Prora 2014.

103   http://www.denk-mal-prora.de/html/grundwehrdienstleistende.html, 1980/81

104   http://www.denk-mal-prora.de/html/bericht_aus_dem_msr_29.html

105   Zit. nach http://www.denk-mal-prora.de/html/pinnwand.html, Schreiben vom 15.11.12.

106   Zit. nach http://www.denk-mal-prora.de/MSR29-M.pdf

107   WERNICKE/SCHWARTZ, Der Koloss von Prora auf Rügen, 2015, S. 146

Bildungszentrum Block V

Eine Posse mit purzelnden Masken

„Ich war beschämt, als ich merkte, dass das Leben eine Kostümparty ist und ich mit meinem wahren Gesicht teilnahm."

Franz Kafka

.

Ausgerechnet zum Tag der Deutschen Einheit, dem 3. Oktober 2024, gab der Bildungsverein Prora-Zentrum e.V. seine Schlussveranstaltung. Das heißt, zum Ende des Jahres war (bis auf kleine, durch das Engagement ehemaliger Bausoldaten zustande gekommene Hinweistafeln) das Gelände der Jugendherberge Prora frei von Zugängen zur „doppelten Geschichte". Der angeführte Grund war eine „nicht abwendbare Insolvenz".[1]

Nur fünf Wochen zuvor ließ der Verein ein Vor-Insolvenzverfahren verkünden, mit der Anmerkung: „Vereinsmitglieder versuchen, mit Privateinlagen den Weiterbestand zu sichern und die Verbindlichkeiten von etwa 10.000 Euro aufzubringen. Der Verein habe zudem einen Hilferuf an das Land gesandt, will die Bildungsarbeit fortsetzen und die Ausstellung weiter offen halten."[2] Doch dann schoben die Medien nach, das Defizit sei höher als angenommen, der Verein nicht zu retten. Zahlen werden nicht genannt. Theatralisch wird, um die Endgültigkeit zu unterstreichen, die Website des Prora-Zentrum für einige Tage abgeschaltet.

Was ging dem Prozedere für eine Misswirtschaft voraus? Oder ebenso fragwürdig: Wie steht es um die „Beherztheit" und Glaubwürdigkeit einer Bildungsarbeit, die sich wegen einer fehlenden Summe im niedrigen fünfstelligen Bereich so einfach vom Platz stehlen zu können glaubt, den es seit 2008 besetzt hielt und vollmundig zu entwickeln versprach? Und der sich in der Vergangenheit stets auf ausreichende Förderungen seitens des Landes Mecklenburg-Vorpommern verlassen konnte, ja von Anfang an von dort her protegiert wurde. Wie also steht es um die Glaubwürdigkeit der Hintermänner und -frauen, die seit 15 Jahren ein Bildungszentrum am Platz in Aussicht stellen, das Makulatur zu werden droht?

Die Art und Weise (monetäre Gründe!) der Schließung und die Schließung an sich, in den Medien nicht weiter kommentiert oder gar hinterfragt, kommt für den Autor nicht überraschend. Während Zeitzeugen über mehr als ein Jahrzehnt hinweg unentgeltliche Arbeit leisteten, ging es im schwerfälligen Prora-Zentrum e.V. nur nach entsprechenden Finanzierungen voran. Nie hatte man es eilig. Vier Jahre vergingen schon allein, ehe der Beschluss umgesetzt wurde, die von Bausoldaten errichteten Arrestzellen, genutzt als Abstellkammer der Jugendherberge, öffentlich zu machen! Jahre, die der Bildungsarbeit verlorengingen und in denen Zeitzeugen, die um die gerechte Darstellung ihrer Geschichte besorgt waren, Monat um Monat hofften und bangten.

Den nun weithin „geschichtsfreien" Platz hatte Prora-Zentrum e.V., angeführt von der ehemaligen Landrätin Kerstin Kassner und legitimiert durch die Landeszentrale für politische Bildung, Schwerin, 2008 regelrecht in Beschlag genommen; gegen die Ambitionen einer beachtlichen Gruppe von Zeitzeugen und Akademikern, die sich im Verein Denk-MAL-Prora e.V. versammelt hatten, um dessen Entwicklung mitzubestimmen. Die merkwürdig anmutende Schließung wäre des genaueren Hinschauens wert. Nicht, weil Prora-Zentrum einer „der renommiertesten Vereine, die sich in Mecklenburg-Vorpommern mit der NS- und DDR-Geschichte befassen" gewesen ist, wie NDR im Rahmen seiner Berichterstattung über die Insolvenz behaupten zu können glaubte.[3] Vielmehr: Hätte nicht der seit 2017 mehrfach verkündete Zusammenschluss mit dem Dokumentationszentrum Prora die Insolvenz verhindern müssen? Entspricht nicht die im Nachgang nun ausgehandelte „Integration" der Bausoldatenausstellung ins Dokumentationszentrum Prora, das heißt in die mittlerweile allmächtig scheinende KdF-Geschichte, dem längst beobachteten Ansinnen, die DDR-Geschichte dieses Ortes als eine „Episode" des „eigentlichen" KdF-Seebades, mithin die DDR als einen uninteressanten „Ausrutscher" der Entwicklung Deutschlands, verstehen zu wollen? Kalt über die Befindlichkeiten der Ostdeutschen hinwegfegend, hat für Bund und Land die Erinnerung an die NS-Zeit oberste Priorität.

Der konsequente Abgang, das heißt das *Verschwinden vom letzten Platz, der sich zur Gedenkstättenarbeit angeboten hat* und den es als Bildungsauftrag zu entwickeln galt (gerade jetzt, wo das Bildungszentrum endlich in tatsächliche Greifbarkeit rückte), passt zu einer über Jahre gewonnenen Erkenntnis: Das Kleinhalten der DDR-Geschichte, die sich mit ihrem Anspruch und ihrem Scheitern genau an diesem Ort wunderbar erzählen ließe. Ohnehin gleicht das, was am Ort des geplanten Bildungszentrums vorzufinden ist, einem Trümmerhaufen. Kein Abschnitt der einstigen Kasernenlandschaft war schlimmer zugerichtet als jener. Was hat man je getan, um wenigstens ein Stück dieses Bereiches herzurichten?!

Die vor zehn Jahren erarbeitete Ausstellung zu den Proraer Bausoldaten mitsamt Interviews zum Militärstandort Prora, zustande gekommen aufgrund großen Engagements der Zeitzeugen und schließlich staatlicherseits auskömmlich finanziert, darf bezüglich der Prora-Geschichte wohl als das bedeutendste Werk des Prora-Zentrums und als ein Höhepunkt der Arbeit des Vereins bezeichnet werden. Auf einem anderen Blatt stehen die Verdienste, die sich der Verein hier und da in der Region mit Themen und Projekten, insbesondere zur NS-Geschichte Rügens, erworben haben mag. Diese, über den Platz hinausgehende Arbeit zu beurteilen ist nicht die Aufgabe des Autors. Fakt ist: Für die Geschichte Proras hätte es dieses Vereins neben dem Dokumentationszentrum Prora nicht bedurft. Zu wenig profilierte er sich in eine eigene Richtung. Die im Rahmen der Initiative DenkMALProra gewonnenen Erkenntnisse nebst Bemühungen um Bestandsschutz historischer Relikte hätten dazu beitragen können. Doch diese Erkenntnisse wurden allenfalls nach eigenem Gutdünken verwertet, sofern sich Nutzen daraus ziehen ließ. Erkämpft wurde, bis auf eigenes Salär und die Absicherung der Vereinsarbeit, so gut wie nichts. *Dringend stellt sich die Frage, worin die jahre-langen Gefälligkeiten der Landeszentrale für politische Bildung zugunsten Prora-Zentrum gründeten und inwieweit es wirklich denkbar ist, dass Insolvenz und kompletter Abzug nicht hätten verhindert werden können.* Welch Signal für die Bildungsarbeit an diesem Platz möchte man aussenden?

Die folgenden Hässlichkeiten seit 2006/07, die zur Verhinderung eines attraktiven Bildungszentrums für Prora beitrugen, wären nach den Jahren, die Prora-Zentrum e.V. im recht bequemen Sattel aussaß, während sich die Initiative DenkMALProra abstrampelte, im Ostseesande verlaufen, wäre da nicht jener gewesen, der die komplizierte Reise durch die Jahre aufgezeichnet hat – und damit einem, dem demokratischen Gemeinwohl höchst abträglichen Gebaren von Politik und Medien auf die Spur kam. Eine besorgniserregende Geschichte über Prora hinaus. Eine Dokumentation, die über zwei politische Systeme hinweg vom Begehren kündet, Willen zu brechen. Dieser aber blieb ungebrochen. Ein Zeichen, was Hoffnung, Glaube und Willensstärke vermögen!

„Intendantin" und „Intrigant" bauen Luftschloss im KdF-Fantasialand
2007 bis 2012

Zwei fundierte Beiträge in der historischen Fachzeitschrift „Zeitgeschichte regional" sowie die Online abrufbare Dokumentation „Asche aufs Haupt! Vom Kampf gegen das kollektive Verdrängen der DDR-Vergangenheit von Prora auf Rügen" (2012) schildern zeitnah und quellenbelegt, wie Prora-Zentrum e.V. in die Rolle des Bildungsträgers im Bereich der Jugendherberge Prora schlüpfte.[4] Eine auf zwei Ebenen unlautere Geschichte: Zum einen hinsichtlich der institutionellen Aufstellung unter Ausschluss weiterer Initiativen, zum anderen hinsichtlich der „Aneignung" des Forschungsgegenstandes „Bausoldaten in Prora" und letztlich der gesamten DDR-Geschichte von Prora, obgleich sich *2008* der Verein Denk-MAL-Prora zu diesem Zweck konstituiert hatte. Insbesondere auf dem Gebiet der DDR-Militärgeschichte gelangten kaum Erkenntnisse an die Öffentlichkeit – was über so viele Jahre hinweg und der trotz allem geflossenen Gelder fragwürdig ist.

Schon die *Gründung des Vereins Prora-Zentrum* lässt Eigennutz erkennen. Die Vertreter kamen zum Teil aus den Reihen des Dokumentationszentrums Prora, taten wie erwähnt inhaltlich kaum anderes, verfolgten aber neben der Sicherung eigener Pfründe offenbar das höhere Ziel, Prora trotz seiner schwierigen Geschichte salonfähig zu machen und das den Mahnmalcharakter stärker betonende Dokumentationszentrum zu verdrängen.

Die Entstehungsgeschichte beleuchtete Jürgen Rostock, Leiter des Dokumentationszentrums Prora, im Jahr 2009 wie folgt:

„Frau Misgajski, die Leiterin des Prora-Zentrums vor Ort, war bis Mai 2001 Mitarbeiterin des Dokumentationszentrums Prora, zusammen mit Dr. Rainer Stommer, ebenfalls Mitglied des Vereins Prora-Zentrum e.V.. Für den 15.10.2001 organisierten die beiden ehemaligen Mitarbeiter ein Round-Table-Gespräch über die Zukunft des ehemaligen ‚KdF-Seebades‘ Prora in Berlin, zu dem die Vertreter des Dokumentationszentrums Prora nicht eingeladen wurden. Im Anschluss daran kam es zur Gründung des Vereins ‚Förderverein Dokumentationszentrum Prora‘. Bereits die Namensgebung des Vereins war offensichtlich darauf angelegt, den Eindruck zu erwecken, man arbeite für oder zusammen mit dem Dokumentationszentrum Prora, während Leiter und Mitarbeiter des Dokumentationszentrums Prora keinerlei Kenntnis von diesen Plänen seiner Mitarbeiter hatten. Dem Dokumentationszentrum Prora liegt ein Schreiben vor, in dem Frau Kassner als Vorsitzende des Vereins darüber hinaus ihre Absicht bekräftigt, ‚die bisherige Arbeit der Stiftung Neue Kultur fortzuführen‘. Deshalb wurde Frau Kassner vom Dokumentationszentrum Prora aufgefordert, den Namen des Vereins zu ändern und nicht länger den Anschein zu erwecken, man unterstütze das Dokumentationszentrum Prora. So wurde der Verein zum Prora-Zentrum e.V., was allerdings noch heute zu Verwechslungen führt. Post an das Dokumentationszentrum Prora geht an das Prora-Zentrum e.V. und umgekehrt. Emails erreichen den falschen Empfänger. Man ging damals offenbar davon aus, das Dokumentationszentrum Prora verdrängen zu können. Dies gelang nicht, es setzte seine Arbeit fort.“[5]

Einig waren sich beide Vereine lediglich darin, die Bildungsarbeit auf das geplante „KdF-Bad“ auszurichten. Erst durch die Aktivitäten des Denk-MAL-Prora e.V., der über das gesamte Jahr **2009** ehrenamtliche Arbeit betrieb, mittels kostenlosen Flyern auf dem Jugendzeltplatz sowie einer in der (Turn-)Mehrzweckhalle platzierten Wanderausstellung „Briefe von der waffenlosen Front“, begab sich Prora-Zentrum e.V. ebenfalls auf Zeitzeugensuche und kündigte an, eine Dauerausstellung zu den Bausoldaten erarbeiten zu wollen. Ein willkommenes Drittmittelprojekt, wie es scheint – an dem die Initiatoren dieser Aufarbeitung in keiner Weise partizipieren sollten, obgleich mehrfach Mitsprache eingefordert wurde. Aus moralischen, vor allem aber aus sachkundigen, das heißt wissenschaftlichen Gründen.

Bereits nach Kenntnis der geplanten Gründung des Denk-MAL-Prora e.V. legte Prora-Zentrum e.V. Geschäftigkeit an den Tag, belegte einen von der Vorsitzenden des Vereins (Landrätin) zur Verfügung gestellten Raum in der in Landkreisbesitz stehenden Ruine, klebte den eigenen Vereinsnamen über die gesamte Front des Lichthofes und beanspruchte die Aufarbeitung der Bausoldatengeschichte für sich. Die erste Ausstellung (2010) mit rund zehn Dokumenten in zwei Glasvitrinen (darunter die Abbildung eines schlafenden Bausoldaten) wurde jedoch zur Farce, trotz Fördermittel.[6] Um den Denk-MAL-Prora e.V. noch weiter in die

Defensive zu treiben, schrieb die Landesfachstelle für Gedenkstättenarbeit Politische Memoriale, korporatives Mitglied (!) im Prora-Zentrum e.V., im Auftrag der Landeszentrale für politische Bildung die *Trägerschaft für ein angeblich in Planung befindliches Bildungszentrum* aus. In dessen Vorfeld veranstaltete sie einen knapp zuvor angekündigten Workshop. Mit dem Termin (vier Wochen vorher bekanntgegeben) stellten die Verantwortlichen aus Landes- und Kreispolitik sowie dem Deutschen Jugendherbergswerk die Mitinteressenten vor vollendete Tatsachen. Es war der 11. Dezember 2009, kurz vor Weihnachten also, weshalb der Vorstand des Denk-MAL-Prora e.V. daran nicht teilnehmen konnte. Kein nennenswerter Verlust, da die Prozesse vorprogrammiert waren und für weitere Interessenten kaum Zeit blieb, ihre Vorstellungen zu äußern. Einziger Wermutstropfen: Später sollten die Verantwortlichen gern anmerken, der Verein sei zu diesem Workshop nicht erschienen. Jedoch stresste sich der Vorstand mit einer mehrseitigen Stellungnahme mit Vorstellungen zu einem Bildungszentrum über mehrere Etagen hinweg, die die spätere Konzeption nicht unwesentlich beeinflusste.

Wenigstens hatte man für das künftige Bildungszentrum jenen Bauabschnitt auserkoren, in dem drei Jahre zuvor die Bewahrung eines ehemaligen Gemeinschaftsraumes der Bausoldaten mit einem Wandgemälde zu Auseinandersetzungen bezüglich der DDR-Ausbau- und Nutzungsgeschichte von Prora geführt hatte und in dem auch der Denk-MAL-Prora e.V. beabsichtigte, Bildungsarbeit zu betreiben. Allerdings sah die von Prora-Zentrum mitgestaltete Ausschreibung des „Ortes der Information" wie das geplante Bildungszentrum auch genannt wurde, zum damaligen Zeitpunkt zwei beliebige Etagen „in einem noch zu entwickelnden Gesamtkonzept" vor. Den angekündigten Runden Tisch, der alle an der Erinnerungsarbeit Interessierten hätte zusammenbringen können, gab es nicht. Stattdessen herrschte der Grundsatz „divide et impera".[7]

Zum Prozedere, wie *Prora-Zentrum e.V. in den Sattel gehoben* wurde: Weil jener Verein auf Gesprächs- und Kooperationsangebote nicht einging, bewarb sich Denk-MAL-Prora e.V. an der Seite des Dokumentationszentrums Prora um das geplante Zentrum. An einem einzigen Tag, dem 22. Juni **2010**, wurden die Kuratoriumsmitglieder in der Landeszentrale für politische Bildung „auf Kurs gebracht", wie ein Teilnehmer hinterher berichtete. Einem Unentschieden (3:3) folgte im zweiten Durchgang die Entscheidung zugunsten Prora-Zentrum e. V. Lassen wir über die Machenschaften, wie Prora-Zentrum die Bildungsarbeit bei der Jugendherberge übertragen wurde, noch einmal den Begründer des Dokumentationszentrums Prora Dr. Rostock sprechen. Frühzeitig hegte er die Befürchtung, das Bildungszentrum könne Augenwischerei sein und *soll* womöglich gar nicht zustande kommen. Er analysierte in der Zeitschrift „Zeitgeschichte regional":

„Die Entscheidung wurde nicht etwa auf die nächste Sitzung des Kuratoriums vertagt, das dann womöglich besser besetzt und informiert gewesen wäre. Dr. Andreas Wagner als wissenschaftlicher Mitarbeiter des Vereins Politische Memoriale, der von 2001 bis Anfang 2010 seinerseits korporatives Mitglied im PRORA-Zentrum e.V. war, (sic!) durfte an der Diskussion im Kuratorium teilnehmen. Das Dokumentationszentrum Prora war nicht vertreten. Schließlich votierten selbst Landtagsabgeordnete im offenbar gewünschten Sinn, die kurz zuvor die Räume des PRORA-Zentrums e.V. in Block V und die Ausstellungen des Dokumentationszentrums Prora besichtigt und dabei das unterschiedliche Niveau kennen gelernt und beurteilt hatten. (…) Wäre nicht eine Zusammenarbeit der verschiedenen Projektträger weitaus besser gewesen, wie wir das der Vorsitzenden von PRORA-Zentrum e.V., der Landrätin Kerstin Kassner, mehrfach vorgeschlagen haben? Offenbar war es genauso, wie ein Landtagsabgeordneter aus Schwerin es uns zuvor bereits gesagt hatte: ‚Sie brauchen sich mit der Konzeption für dieses Begegnungszentrum keine besondere Mühe zu geben, es ist ohnehin eine politische Entscheidung.‘ Trotzdem haben wir uns große Mühe gegeben. Der Hinweis hat sich aber als völlig zutreffend erwiesen, verstehen – im Rahmen einer seriösen Gedenkstättenpolitik können wir diese ‚politische Entscheidung‘ allerdings nicht. Der historische Ort Prora hätte einen sorgsameren Umgang verdient.“[8]

Wegen der Kleinheit des „Ortes der Information“ war die Befürchtung Dr. Rostocks zu teilen, die Ausschreibung könne bereits auf den Zwei-Personen-Betrieb des Prora-Zentrum e.V. zugeschnitten sein. In der Tat erweckte gar manches den Eindruck, dies alles sei eine *Formalie, um einen bereits bestehenden Zustand im Nachhinein zu legitimieren.* Laut FAZ vom 5. November 2009 galt Prora-Zentrum e.V. dem Direktor der Landeszentrale für politische Bildung bereits *vor* der Entscheidung als der „natürliche Partner“. Und auch das DJH berief sich auf Exklusivvereinbarungen vor einer Entscheidung. Tatsächlich scheint Prora-Zentrum e.V. anfangs davon ausgegangen zu sein, automatisch in die Rolle des künftigen Bildungsträgers schlüpfen zu können. Dennoch: Kaum jemand hatte sich vorstellen können, dass der Zweifrauenbetrieb vor Ort tatsächlich den Zuschlag erhält. Selbst der Autor nicht, dem das Geklüngel zwischen Prora und Schwerin seit Jahren bekannt war.

Dass Prora-Zentrum e.V. seinen Ausstellungsraum im Vorfeld der Vergabe mit der Wanderausstellung „Graben für den Frieden“ bestückte, was bei jenen, die zur Entscheidungsfindung herangezogen wurden, einen falschen Eindruck erweckte, sei ebenfalls angemerkt. Das Signal des Autors an das Archiv Bürgerbewegung Leipzig e.V., diese Ausstellung könnte als Blendwerk instrumentalisiert werden, um Geschäftigkeit auf Kosten jener vorzutäuschen, die sich um die spezifischen Abläufe vor Ort und vor allem die Hinterlassenschaften mühten – interessierte nicht. Sie wurde Prora-Zentrum e.V. wenig später sogar dauerhaft überlassen,

jedoch nie, wie seitens des Autors angeregt, in der Jugendherberge aufgestellt. Nach Jahren kehrte sie, obgleich kaum genutzt, in Teilen demo-
liert an ihre Urheber zurück. Der Autor, der bis zu dieser temporären
Verbannung der Ausstellung quer durch Deutschland Lesungen aus dem
Buch „Der Prinz von Prora" gehalten hatte, blieb nur das Nachsehen.
Diese Lesungen gab es fortan nicht mehr. *Die Gaukelei begann Früchte
zu tragen, doch waren dem Autor die Hände gebunden, sie rechtzeitig ab-
zupflücken.*

Prora-Zentrum e.V. beanspruchte die mühsam aufgebaute Zeitzeugenarbeit zur DDR-Geschichte nun für sich, was der Verein mit einer
Zeitzeugentagung im April 2011 geltend machte. Damit untergrub er
die Autorität des Denk-MAL-Prora e.V., der sich daraufhin auflöste, der
„Sache Prora" aber weiterhin als *Initiative* verpflichtet blieb. Doch dem
Skandal war damit kein Ende gesetzt: Aus dem Fachbeirat, den der Direktor der Landeszentrale für politische Bildung (LpB) als Zugeständnis
an Denk-MAL-Prora e.V. für den Prora-Zentrum e.V. einrichtete, wurde
der Autor und Initiativegründer ausgegrenzt. Trotz angeblicher Aussöhnung im Zuge der Anbringung einer Gedenktafel für die Bausoldaten!
Gern ließ sich 2011 ein ehemaliger Bausoldat, der im vorherigen Kampf
nicht in Erscheinung getreten war, an dessen Stelle setzen. Geschmei-
dig sahen es die Verantwortlichen, als dieser im Jahr darauf einen neuen
Bausoldatenverein gründete, der sich als „Förderkreis" nicht gegen die
geschaffenen Strukturen stellte und womöglich half, den Denk-MAL-
Prora e.V. zu übertünchen. Fast ging diese Rechnung auf.

In diesem Geschehen initiierte der Autor eine Kleine Anfrage der FDP.
Interessant: Hieß es noch in der Ausschreibung zum Bildungszentrum:
„Der *Landkreis Rügen* als Eigentümer des Blocks V, *die Landeszentrale
für politische Bildung M-V* und der *Landesverband M-V des Deutschen
Jugendherbergswerks* haben sich zur Einrichtung der Bildungsstätte bekannt und wollen die Errichtung unterstützen." (kursiv St.St.W.), so ver-
wies die Landesregierung in Beantwortung dieser Kleinen Anfrage nun
auf die Verständigung zwischen dem *Deutschen Jugendherbergswerk, dem
Landkreis* und *Prora-Zentrum e.V.* Damit zog sie sich aus der Affäre, steu-
erte aber die Arbeit des Prora-Zentrums mit Fördermitteln kräftig mit
und deckte das Unvermögen, die Substanz des Ortes tatkräftig zu heben,
zu bergen und zu kommentieren.[9]

Ähnlich ruderte die Landesfachstelle für Gedenkstättenarbeit zurück,
mit der LpB M-V auf das Engste zusammenarbeitend. Hatte sie im
Frühjahr 2010 noch bauliche „Zeitfenster" in die Geschichte begrüßt,
betonte sie nun, dass er „dem Träger der Bildungsstätte", also Prora.
Zentrum e.V., „keine Vorschriften machen" könne. Dieser werde selbstständig entscheiden." Wie aus einem Guss lehnten zudem diese Landesfachstelle, die Landrätin und zum Erstaunen der Zeitzeugen auch die

Bundesstiftung zur Aufarbeitung der SED-Diktatur eine Gedenktafel für die DDR-Bausoldaten ab. Letztere mit der Vertröstung, dass „durch den Landkreis (Landrätin) und die Landeszentrale für politische Bildung Mecklenburg-Vorpommern eine Gesamtkonzeption für den Gedenk-, Erinnerungs- und Lernort Prora-Block V vorbereitet (werde)“. Dass diese Tafel im Jahr 2024 in das von der „Stiftung Aufarbeitung“ herausgegebene Buch „Orte des Erinnerns“ aufgenommen wurde, sei an dieser Stelle vorweggegriffen. Immerhin hatte ja die damals herbeigeführte Diskussion zu einer neuen Beurteilung von Prora geführt.[10] So hieß es nach Anbringung dieser Tafel auf der Website der Landesfachstelle für Gedenkstättenarbeit „Politische Memoriale“:

„Seit 1951 gestalteten Angehörige der Kasernierten Volkspolizei Prora zu einem der größten Kasernenstandorte in der DDR um. Bis in die 1970er Jahre waren in Prora unterschiedliche NVA-Heereskampftruppen stationiert, zeitweilig zählte das militärische Personal bis zu 15 000 Menschen. Später ersetzten unterschiedliche Ausbildungseinheiten die Kampftruppen. In den 1980er Jahren kamen Bausoldaten in den Block 5, die zum Bau des Fährhafens Mukran eingesetzt wurden. Die DDR-Führung betrachtete Waffendienstverweigerung grundsätzlich als politische Gegnerschaft. Deshalb wurden die Bausoldaten geheimdienstlich überwacht, diszipliniert und schikaniert. Damit ist Prora auch ein Erinnerungsort für Opposition und Widerstand in der DDR (…). Ehemalige Bausoldaten im 2008 gegründeten Verein Denk-Mal-Prora mahnten die Erinnerung an die Bausoldaten als Bestandteil einer kritischen Auseinandersetzung mit der DDR-Geschichte an.
Die Diskussion um die Bewahrung von Überresten aus der Bausoldatenstationierung veränderte die Wahrnehmung des Ortes, von einem NS-Erinnerungsort zu einem Ort mit ‚doppelter Vergangenheit‘.“ (Hervorhebung Verfasser)

Ein Eingeständnis, das bald wieder von der Website verschwand, seine Wirkung jedoch nicht verfehlte. Obgleich der Autor trotz dieser Würdigung geächtet wurde, begann er sich schrittweise mit dem gesamten Gelände auseinanderzusetzen und suchte Interesse für bauliche Strukturen zu wecken, die späteren Generationen Facetten der einstigen Riesenkaserne vor Augen führen und die Teilhabe an atmosphärischen Räumen ermöglichen sollen. Dem folgte der Versuch einer denkmalpflegerischen Unterschutzstellung baulicher Relikte im Stabs-, Stasitrakt von Block V, die jedoch trotz widersprüchlicher Gutachten und bescheinigter Denkmalwürdigkeit zum großen Teil wegsaniert bzw. mit Leichtbauplatten überdeckt wurden.

Bei der *Jugendherbergseröffnung am 4. Juli* **2011** spielte die Geschichte des Kalten Krieges und jene der Bausoldaten an diesem Platz dann auch so gut wie gar keine Rolle. Eine erschreckend einseitige Medienkampagne erschütterte bei so manch einem ehemaligen DDR-Bürger das Vertrauen in dieses vereinigte Deutschland. Fast unisono berichteten die Medien in ganz Deutschland aus dem „Kraft-durch-Freude-Bad", dokumentiert im Buch „Asche aufs Haupt!" (2012). Man lege nur die Zeitzeugenberichte zur tatsächlichen Geschichte neben diese KdF-Berichterstattung! Eine Leserin kommentierte: „Man könnte meinen, der Mann lebt noch".[10]

Dass es den Anschein hatte, der Direktor der Landeszentrale für politische Bildung (LpB) nutzt seine Position, den bei der Gedenktafelanbringung zugesagten (ohnehin geringen) Zuschuss zur Drucklegung der „Geheimen Aufzeichnungen" des Bausoldaten Uwe Rühle (Schriftenreihe Denk-MAL-Prora Bd. 2) mit einer Verzögerungstaktik zu verknüpfen, sei angefügt. Jedenfalls konnte das an sich fertige Buch zur Herbergseröffnung nicht in den Fokus geraten und wurde überdies bis zum Jahr 2013 nicht ins Buchprogramm der LpB aufgenommen. In jenem Jahr wird eine Mainzer Studentin die Briefsammlung im Buch „Der Prinz von Prora" hermeneutisch untersuchen und zu dem Ergebnis gelangen, dass Prora zumindest für die Bausoldaten eine „Totale Institution" gewesen ist.[11]

„Ein individueller Urlaub, wie ihn Touristen jetzt hier verbringen, wäre in der NS-Zeit nicht möglich gewesen", wusste zur Herbergseröffnung die Geschäftsführerin des Prora-Zentrum gegenüber der Augsburger Allgemeine zu berichten:

„‚Der Tagesablauf war fest geplant', erzählt die Expertin. Alle Zimmer sollten gleich aussehen, winzig und ohne Luxus, aber mit Blick auf die Ostsee. Dieser wird heute von einem grünen Waldstreifen verdeckt. Die von den Nationalsozialisten geplante Promenade am ‚Bad der 20.000' – sie hätte anders ausgesehen."[12]

Ist diese Fokussierung auf die Propaganda in der NS-Zeit (die tatsächlichen KdF-Reisen und der Volkswagen waren viel populärer als dieses geplante und inmitten der Bauarbeiten steckengebliebene Bad) nicht eine erneute Propaganda – auf Kosten jener, die zur Zeit des Kalten Krieges hier das Fürchten lernten? "Wir wollen zeigen, dass ein neuer Geist hier in Prora eingezogen ist, ohne dass wir die Geschichte übertünchen wollen", versuchte man bei der Herbergseröffnung Vorwürfe der Ummantelung des Gebäudes auszubügeln. Und in vorauseilendem Gehorsam freute sich die Presse „Eine kleine geschichtliche Ausstellung des Vereins Prora Zentrum ist im Block V nahe der Jugendherberge zu sehen. Es ist der Vorbote eines größeren Dokumentations- und Bildungszentrums, das bis 2013 entstehen soll." Auch die FAZ ließ sich vom „Luftschloss" blenden, wenn sie die Forderung nach mehr Engagement abtat wie folgt:

„Die früheren Bausoldaten haben eine Gedenktafel an der Jugendherberge angebracht, kritisieren aber, dass sonst nichts mehr an ihr Schicksal erinnert, jedenfalls nicht im öffentlichen Bereich. Freilich ist ohnehin ein Informations- und Bildungszentrum über die Geschichte des Ortes direkt neben der

Jugendherberge geplant. Stefan Wolter, einem früheren Bausoldaten, genügt das alles nicht: *„Die Konfrontation mit der Vergangenheit des Ortes muss auf den Fluren der Jugendherberge erfolgen".*"(Hervorhebung StStW)[13]

Wenigstens die Deutsche-Presse-Agentur (dpa) merkte an, die für die Bildungsstätte veranschlagten 3 Millionen Euro seien nicht abgesichert. Allerdings suggerierte sie im Jahr darauf, anlässlich des einjährigen Bestehens der Jugendherberge, die Bildungsstätte werde bis zum Jahr 2014 kommen: Land und Kommune hätten dafür Investitionen in Aussicht gestellt. Eine unhaltbare Aussage, die auf dem Karussell der Verantwortlichkeiten angeblich das Jugendherbergswerk traf. Dank der Reichweite der Agentur ein deutschlandweites Signal der Beruhigung. Währenddessen gestand Landrätin Kerstin Kassner gegenüber der Ostsee-Zeitung: „Das Bildungszentrum steht in den Sternen."

Weder der Kreis noch das Land hatten Gelder eingeplant. Muss der aufmerksame Beobachter sich nicht die Frage stellen, warum der Landkreis Rügen nicht längst die Weichen für die Finanzierung des Bildungszentrums gestellt hat? Auch seitens der Landesregierung, nicht weniger beim Deutschen Jugendherbergswerk, fehlte es an Bestrebungen, die im Raum stehenden 3 Millionen Euro zusammenzutragen.

Eilig hatte sie es zwar nicht, doch scheint Landrätin Kerstin Kassner tatsächlich davon ausgegangen zu sein, ihrem Verein ein Bildungszentrum neben der Jugendherberge erbauen zu können. Darauf spekulierte wohl auch die Landesregierung, die sich bis auf stetige Finanzspritzen nicht weiter betätigte. Trotz vollmundiger Versprechungen der Landeszentrale für politische Bildung (LpB), mit der Landrätin an einem erinnerungspolitischen Gesamtkonzept für den Platz zu arbeiten!

Kreisgebietsreform und Landratswahl machten möglichen Ambitionen einen Strich durch die Rechnung. Bei der Wahl am 4. September 2011 unterlag Kassner in der Stichwahl Ralf Drescher, dem Kandidaten der CDU. Doch auch in ihrer Position als zweite Stellvertreterin des Landrates im neuen Kreis Vorpommern-Rügen, dort zuständig für das kommunale Jobcenter, kümmerte sich Kassner offenbar nicht um die Finanzierung der Bildungsstätte.

Die Prognose des Leiters des Dokumentationszentrums schien sich zu bestätigen: Offenbar genügte das „Klein-Klein" der Bildungsarbeit im provisorischen Ausstellungsraum. Dieser vermittelte gegenüber den Besuchern den Eindruck eines beherzt arbeitenden, unverschuldet in bescheidenem Ambiente agierenden Vereins. Eine Darstellung, die eine gut sichtbar aufgestellte Spendenbox unterstrich, während hingenommen wurde, dass „gemeinnützig" mit „uneigennützig" verwechselt wurde. Nebenher sammelte dieser „benachteiligte" Verein Unterschriften zugunsten des Bildungszentrums, das sich Landrätin und Direktor der LpB im Grunde selbst versprochen hatten.

2012-2017

Im *April 2012*, als Prora-Zentrum sein zehnjähriges Bestehen beging, erinnerte Geschäftsführerin Misgajski Landrat Drescher einmal mehr an die Finanzierung des Bildungszentrums, die seine Vorgängerin, Vorsitzende des Vereins, längst hätte in die Wege leiten können.[14] Eilig hatte es nun, nachdem Prora-Zentrum in den Sattel gehoben war, niemand mehr. Doch wie aus internen Kreisen zu erfahren war, beteiligten sich Land und Landkreis mit etwa je 10.000 € an der Erstellung einer Bauplanung. Inhaltlich wurde sie erst im Jahr 2016 bekannt.

Die Zeitzeugenarbeit zur DDR-Geschichte sollte vonseiten Prora-Zentrum e.V. erst jetzt, ***2012,*** mit einem Interviewprojekt so richtig starten. Tatsächlich kam Brauchbares zustande, eingeläutet durch die von ehemaligen Bausoldaten erstellte Wanderausstellung „Briefe von der waffenlosen Front" (der Verein Denk-MAL-Prora e.V. präsentierte sie bereits 2009 in der heutigen Mehrzweckhalle bei der Jugendherberge), sowie einer wissenschaftlichen Tagung, bei der die Initiative DenkMALProra nicht mitgestaltend einbezogen wurde. Immerhin: Hatte der im Auftrag der Landeszentrale für politische Bildung einladende Gedenkstättenverein „Politische Memoriale" im Jahr 2008 auf Kosten der Glaubwürdigkeit des Autors noch behauptet: „Prora-Zentrum e.V, hatte *von Anfang an die gesamte Geschichte Proras im Blick* und bietet die fachliche Gewähr für eine wissenschaftliche Standards verpflichtete Erinnerungsarbeit, die pädagogisch innovativ ausgerichtet ist, Zeitzeugen ernst nimmt und in ihre Arbeit einbezieht.", so gestand er jetzt im Tagungsflyer: „Mit dem Anliegen, die DDR-Militärgeschichte in eine zeitgemäße und kritische historisch-politische Bildungsarbeit zu integrieren, *betritt das PRORA-ZENTRUM Neuland.*" (Kursiv Verfasser).

Zu diesen Fragwürdigkeiten kommt jene der Medien. Der mühsam eingeforderten Akzeptanz der DDR-Vergangenheit zum Trotz setzte die Springer-Presse weiterhin, wie bei der Eröffnung der Jugendherberge geschehen, alles daran, eine geradlinige Entwicklung vom NS-Bad zur heutigen Hotelnutzung Proras im Bewusstsein zu verankern. Nach wie vor schreckte sie dabei vor der einseitigen NS-Dämonisierung des Geländes nicht zurück. Im Frühjahr 2012 wurde dazu die einige Wochen in Prora währende Ausbildung des Polizeibataillons 105 ins Feld geführt.[15] Untergebracht war das NS-Bataillon jedoch nicht in den halbfertigen KdF-Bettenhäusern, sondern in den geplanten Gefolgschaftshäusern davor (heute Wohnhäuser). Und das Bataillon hieß nicht „Prora", sondern nach dem Ort seiner Herkunft „Bremen". Prora war, wie für etliche andere Bataillone auch, deren Geschichte offenbar erst jetzt „entdeckt" wurde und unbestritten erforscht werden musste, lediglich eine Zwischenstation der Ausbildung, von der es nicht direkt zum Vernichtungsfeldzug nach Russland ging, sondern zunächst nach Norwegen. Doch *von Prora in den Massenmord* lässt sich besser vermarkten – auf Kosten der realen geschichtlichen Abläufe. Kaum also hatte die Geschichte der DDR-Bausoldaten eine Chance zum Erwachen bekommen, wurde ihre Bedeutung bereits wieder relativiert und zugedeckelt. Mehr noch vom Dokumentationszentrum, jedoch auch vom Prora-Zentrum e.V., denn schließlich eignete sich die Aura des Nazi-Schreckens, der nun doch befürchteten Vollendung des „schönen Scheins" etwas entgegenzusetzen.[16]

Nichtsdestotrotz ging die einmal ins Leben gerufene Arbeit an der DDR-Geschichte weiter. Ein persönlicher Erfolg war die *Präsentation des Buches „Geheime Aufzeichnungen eines Bausoldaten"* im Zeitgeschichtlichen Forum Leipzig vor mehr als hundert Teilnehmern. Im Vorfeld brachte die Leipziger Volkszeitung über das Buch einen ganzseitigen Beitrag. Und würdigend ernannte im November 2012 die Zeitschrift Chrismon den Autor zum „Retter des Monats".[17]

Ende 2012, fast zeitgleich zur erwähnten Zeitzeugentagung, gaben einige Proraer Bausoldaten die erwähnte *Gründung des Vereins „Förderkreis Proraer Bausoldaten"* bekannt, obgleich stets betont wurde, dass Denk-MALProra als Interessengemeinschaft weitergeführt werde. Den künftigen Vereinsvorsitzenden und, wie schmerzlich erlebt werden musste, auch einige ehemalige Mitstreiter von DenkMALProra, interessierten die Konflikte seit dem Jahr 2006 nicht mehr. Großspurig verkündete man eine Reihe von Zielen, worunter die Sichtbarmachung der Arrestzelle im Gebäude des einstigen Kontrolldurchlasses (vom Autor gefordert seit 2010) ebenso gehörte, wie die Aufstellung des historischen Torflügels (seitens der Landrätin „sichergestellt" und seither verschollen) als Außenschau im Gelände. Letzteres wurde ebensowenig umgesetzt wie die angekündigte Bereitstellung von Informationsmaterial zur Geschichte von Block V etwa oder eine eigene Publikationsreihe. Deren Planung verwunderte, schließlich gab es noch immer die Schriftenreihe Denk-MAL-Prora (bis dahin 3 Bände).

„Als erster Titel erscheint die mit dem Sächsischen Landespreis für Heimatforschung 2011 ausgezeichnete Arbeit einer Schülerin aus Grimma, die sich mit den Proraer Bausoldaten befasst", positionierte sich der Vereinsvorsitzende des Förderkreises in der Ostsee-Zeitung.[18] Wäre wenigstens dieser Band in der Schriftenreihe erschienen, hätte vielleicht begriffen werden können, wie sich all die Jahre bis zum Lippenbekenntnis zur Berücksichtigung der DDR-Geschichte gestaltet haben. Es heißt darin:

„Im Juni 2011 gestalteten die Kirchgemeinde Nerchau, das Gymnasium Borna und das Gymnasium St. Augustin zu Grimma einen Stand zum Thema Bausoldaten auf dem Kirchentag in Dresden. Vom Kirchentag nahmen wir alle viele positive Eindrücke mit, da der Stand bei vielen ehemaligen Bausoldaten sehr gut angekommen ist. Sehr glücklich war ich auch über den Besuch von Dr. Stefan Wolter an unserem Stand. Er las aus seinem Buch und sprach über seine eigene Bausoldatenzeit, sowie sein Engagement für die Erinnerung an die Bausoldaten in der größten Bausoldatenkaserne in Prora auf Rügen. Dieses Engagement beeindruckte mich sehr. (…) Im Block V waren in den 1980er Jahren Bausoldaten stationiert, die dort schikaniert wurden und eine harte Zeit unter dem Drill der NVA erlebten (....).

Doch in der Jugendherberge erinnerte man vorerst mit keinem Wort an die mutigen und tapferen Männer, die in jungen Jahren bereits kompromisslos ihrem Gewissen gefolgt waren. Diese Art und Weise des Umgangs mit der Geschichte rief den ehemaligen Bausoldaten Dr. Stefan Wolter auf den Plan. Jahrelang setzte er sich für die Erinnerung an die Bausoldaten vor Ort ein. Er meinte: „Es existiert bislang kein Konzept, das der Geschichte des Ortes gerecht wird." – Ich selbst sprach mehrfach mit Herrn Dr. Wolter über dieses Thema, sowohl während eines Telefongesprächs, als auch persönlich auf dem Kirchentag 2011. Jedes Mal wurde sein stetiges Engagement deutlich. Er meinte, in vielen Situationen würde man die DDR-Geschichte des Koloss von Prora verdrängen und vor allem über die Bausoldaten viel zu wenig berichten. So kämpft er seit Jahren um die oben beschriebene Erinnerung vor Ort, wurde aber immer wieder vertröstet. Aus diesem Grund gründete er 2008 den Verein „Denk-Mal-Prora" und erreichte als ersten großen Erfolg, dass seit 2010 im Block V ein Schaukasten mit Dokumenten über die Waffenverweigerer zu sehen ist. Außerdem konnte sein Verein Ende 2010 eine Gedenktafel an der Mehrzweckhalle (...) anbringen…"[19]

Ist es ein Wunder, dass der „Förderkreis Proraer Bausoldaten", der das Jahr 2010 als Stunde NULL zu betrachten gedachte, den Band nicht herausbrachte? Er erschien später an anderer Stelle. Die von der Schülerin geschilderte sagenhafte Geschichte, die sich am Platz der einstigen Wegbereiter der Friedlichen Revolution auf dem Rücken des Autors abspielte, passte vielen, die die Demokratie einst mit erkämpft haben, nicht ins Bild des heutigen Deutschlands. Schon 2009, als noch nicht über den künftigen Bildungsträger entschieden war, musste der Autor nach einer Bausoldatentagung in Wittenberg feststellen:

„Nicht nur Anerkennung erntet mein Plädoyer für mehr Engagement im Bemühen um ein Bildungszentrum, in dem die (bislang nirgendwo museal dokumentierte) gesamte Geschichte der Bausoldaten berücksichtigt werden könnte. Meine ‚Sichtweise', dass in Prora ein Kampf gegen anders gerichtete Interessen zu führen sei, wird von manch einem ehemaligen Mitstreiter infrage gestellt."[20]

Als lasch und lau ist im Nachhinein die Arbeit der ehemaligen Bausoldaten im „Förderkreis" zu bewerten. Sie machten mit Prora-Zentrum e.V. gemeinsame Sache beziehungsweise ließen diesen Verein gewähren, indem sie Anwandlungen der Kritik an Prora-Zentrum e.V. oder Landkreis/Land nicht ins Ziel brachten. Womöglich hätte ein solches Aufbegehren das Eingeständnis abverlangt, den Erfahrungen des Denk-MAL-Prora e.V. Recht zu geben. Doch es war wohl zu schön, in Prora endlich „lieb Kind" zu sein. Das Verhalten der Bausoldaten im Förderkreis, das den „schönen Schein" des Prora-Zentrums zum Strahlen brachte, ging zulasten des ins Abseits geschobenen Autors: 2012 beklagte er im Buch „Asche aufs Haupt!":

„Wie glaubwürdig erscheine ich vor der Allgemeinheit, wenn die Abläufe allein aus der Gegenwart heraus betrachtet werden – aus der mich Prora-Zentrum e.V. geschickt verbannt hat, ohne auch nur ein einziges Mal den Prozess der Wandlung, die veränderte Bewusstseinsbildung, einzugestehen?
Anlässlich der Präsentation der Wanderausstellung ‚Briefe von der waffenlosen Front' im Juni 2012 – eröffnet diesmal von der ehemaligen Landrätin Kerstin Kassner – wäscht man sich per einer in Deutschland verbreiteten Rundmail rein und verdeckt seine Verantwortung hinsichtlich der KdF-Überlagerung der Jugendherberge und des fehlenden Bildungszentrums. Nach der Verniedlichung der DDR-Geschichte geht es um die Verniedlichung meiner/unserer Verdienste, wenn es heißt: ‚Mit der Ausstellung ‚Briefe von der waffenlosen Front' setzt das PRORA-ZENTRUM die lange und intensive Forschungs- und Vermittlungsarbeit zur Geschichte der Bausoldaten fort. Die Dokumentation und Auseinandersetzung mit der DDR-Geschichte spielt für die Arbeit des PRORA-ZENTRUMs eine zentrale Rolle. Zahlreiche Wechselausstellungen zur DDR-Zeit, Publikationen, Seminare und Tagungen dokumentieren dies eindrucksvoll.'"[21]

Es überraschte, wie viele ehemalige Bausoldaten sich vom plötzlichen Aktionismus der „Aufarbeitung" blenden ließen, nachdem das Thema „Bausoldaten" nach jahrelanger Vorarbeit endlich salonfähig geworden war. Niemand setzte sich vermittelnd für den Autor ein, der sich als Zeitzeuge und Historiker lebendig begraben fühlte. Jegliches Auflehnen gegen diesen Zustand wurde als Eitelkeit ausgelegt. Und da es, wie mehrfach betont wurde, allein um die „Sache" ging, durften Ergebnisse seiner Arbeit, dort, wo es nützlich erschien, aufgesogen, die Quelle aber verschwiegen werden. Und der Fundus wuchs beständig, weit über die Bausoldaten hinaus. Schließlich wurden die Jahre der Ausgrenzung sinnvoll genutzt, um zu sammeln, zu dokumentieren und Unterschutzstellungen einzufordern, was, eingebunden in die offizielle historisch-politische Bildungsarbeit und deren falschen Versprechungen, mit Sicherheit nicht geleistet worden wäre. Allerdings ging, fiskalisch gesehen, DenkMAL-Prora leer aus und muss selbst heute noch um die Finanzierung seiner Websites fürchten, während, wie zu sehen sein wird, Hunderttausende an Prora-Zentrum e.V. flossen. Auch vom *Fachbeirat des Prora-Zentrums,* dessen intransparente Arbeit insgesamt ein Rätsel bleibt, war in dieser

Hinsicht nichts zu erwarten. Lediglich *eine* Initiative forderte das Bildungszentrum immer und immer wieder öffentlich ein – DenkMALProra, in dessen Schriftenreihe (Band 5) im Jahr **2013** die Geschichte eines Reservistendienstleistenden in Block V erschien, ohne Fördermittel! Es war das hoffnungsgebende Jahr, in dem der Autor in einem Video zum neu erbauten „Militärhistorischen Museum Dresden" zur Sprache kam (das Museum zitiert in seiner Ausstellung aus dem Buch „Der Prinz von Prora") und er an der Universität Mainz eine Gastvorlesung zum Thema „Waffenvereigerung in Prora und die Manipulation der öffentlichen Meinung" halten durfte.[22]

Die *Einweihung des Naturerbezentrums* Rügen im Frühjahr jenes Jahres, in dem im Übrigen der Bahnhof Prora für rund 27.000 Euro in private Hand versteigert worden war, nutzte der Autor zur abermaligen Erinnerung an das Bildungszentrum, dessen Kosten der Bauplanung zufolge mittlerweile auf 5 Mio Euro gestiegen waren:

„Sehr geehrte Frau Bundeskanzlerin, die Eröffnung des Naturerbezentrums Prora auf Rügen, finanziert durch die Deutsche Bundesstiftung Umwelt, ist ein positives Signal für die sanfte touristische Erschließung der ehemaligen Militärflächen rund um Prora – mit einem Wermutstropfen: Seit Jahren warten zahlreiche Bundesbürger auf ein für 2013 in Aussicht gestelltes, jedoch nicht zustande kommendes Bildungszentrum bei der Jugendherberge Prora. Die Landesregierung in Mecklenburg-Vorpommern (Ministerpräsident Erwin Sellering - SPD) sowie der ehemalige Landkreis Rügen (Landrätin Kerstin Kassner - Die Linke) haben sich als unfähig dazu erwiesen. Eine ‚Kleine Anfrage' der FDP im Jahr 2010 erbrachte die Erkenntnis, dass bis auf private Initiativen keinerlei Impulse zur umfänglichen Berücksichtigung der Geschichte (KdF-Planungs- und NVA-Nutzungsgeschichte) ausgegangen sind. Ein vergleichbares Engagement wie in der Erschließung der einzigartigen Naturflächen rund um Prora ist für diesen exponierten Platz unerlässlich. Ein Bildungszentrum zur politischen und historischen Bildung am heutigen Ort der Jugend ist eine *nationale* Aufgabe.
Wie Sie wissen, wurde Prora nach der politischen Wende einseitig als ‚ehemaliges KdF-Bad' betrachtet und als solches unter Denkmalschutz gestellt. Damit schützte man eine architektonische Planung, die derzeit nun baulich vollendet wird – mit unabsehbaren Folgen für die Insel und darüber hinaus. Gleichzeitig nahm am Ort der heutigen Jugendherberge Prora eine beispiellose Verharmlosung der SED-Diktatur ihren Lauf. Ausgerechnet an diesem Ort – ein Symbol der heimlichen Aufrüstung in der DDR, eine Welle der Militarisierung der DDR-Gesellschaft, andererseits ein Erinnerungsort für widerständiges Verhalten in den Reihen der NVA, einem Herrschaftsinstrument des SED-Staates – hat die ernsthafte und nachhaltige Aufarbeitung der SED-Diktatur im Grunde bis heute nicht stattgefunden. Das ist ein Makel der zuständigen Behörden bis in die Bundesebenen hinauf. Konkret: Prora verkörpert den heimlichen Aufbau der Kasernierten Volkspolizei. Proraer

Soldaten waren mitbeteiligt an der Niederschlagung des Volksaufstandes 1953 in Berlin. Vom Gelände rund um Block V rückten bedeutende militärische Verbände zum Mauerbau nach Berlin ab (1961). Andererseits gingen von den Proraer Bausoldaten frühe Impulse für die Demokratisierung der Gesellschaft aus, zeitweise bildeten sie ein Zentrum nonkonformen und widerständigen Verhaltens in der DDR. Von der einst größten Bausoldatenkaserne der DDR (heute Jugendherberge) erscholl der Ruf ‚keine Gewalt‘, lange bevor dieser die Leipziger Straßen erreichte. Für ihre Courage hatten viele Jugendliche mit beruflichen Nachteilen oder anderen Demütigungen zu rechnen. Die Zahl der tödlichen Unfälle und Suizide auf diesem Platz rund um die Jugendherberge geht (über alle Einheiten hinweg) über ein Dutzend hinaus. Ein Erinnerungsmal an einen unter den Fenstern der heutigen Jugendherberge ums Leben gekommenen Bausoldaten hat man achtlos entfernt. Bereits das Jugendevent ‚Prora 03‘ blendete die DDR-Geschichte aus. Von diesem Event ging die Idee der heutigen Jugendherberge aus, in der bislang kein einziger Zeitzeuge gefragt ist. Kleine, Interesse weckende Bilddokumentationen und Kunstwerke, von damaligen Jugendlichen angefertigt und von der Zeit der unabhängigen Friedensbewegung kündend, sind bis heute unerwünscht. Bauliche Relikte, die durch die Initiative DenkMAL-Prora geschützt und zum Teil unter Denkmalschutz gestellt wurden, werden nicht in ein Gesamtkonzept eingebunden. Ein solches wurde jedoch von der Landeszentrale für politische Bildung (LpB), Schwerin, sowie auch der ‚Bundesstiftung zur Aufarbeitung der SED-Diktatur‘ wiederholt in Aussicht gestellt. Alles dreht sich im Kreise – seit Jahren. Gegen enorme Widerstände gelang es ehemaligen Waffenverweigerern und Sympathisanten mit gutem Beispiel voranzugehen und dabei unter anderem eine privat finanzierte kleine Erinnerungstafel für die größte Einheit der Waffenverweigerer auf dem heutigen Jugendzeltplatz zu installieren. Seither ist die ‚doppelte Vergangenheit‘ unstrittig.

Sehr geehrte Frau Bundeskanzlerin, dem Jugendevent ‚Prora03‘ wurde enorme Bedeutung vonseiten der höchsten Ebenen unseres Staates beigemessen. Ich habe mich daher im vergangenen Jahr auch an den Herrn Bundespräsidenten Joachim Gauck gewandt – leider bislang ohne eine Reaktion. An keinem anderen Ort in Prora wurde so viel über Gott und die Welt debattiert und gebetet wie an diesem. Unsere Hoffnung gründet sich nun auf den 2011 gegründeten Landkreis Vorpommern-Rügen, Ihren Wahlkreis. (...) Seit sechs Jahren stehen die Versprechungen zur Berücksichtigung der DDR-Geschichte im Raum, zahlreiche Vorbereitungen sind getroffen. Schon aufgrund der mit jedem Jahr ein Stück mehr zugrunde gehenden historischen Baulichkeiten mitsamt der von einem Bausoldaten und einem Vorgesetzten gestalteten Rügenkarte wird es Zeit, das eigentlich für dieses Jahr zugesagte Bildungszentrum zu schaffen – ein Zentrum des Dialoges zwischen Zeitzeugen, Jugendlichen und allen Besuchern dieses exponierten Ortes.“[23]

Das Jahr **2014** brachte Bewegung. Im Frühjahr bezogen die ersten Bewohner ihre Wohnungen in Block II, dem „Haus Aurum“. Über diese

29 Wohnungen hinaus wurden auch in Block IV die ersten Wohnungen bezogen. Block V, in dem das versprochene Bildungszentrum noch immer auf sich warten ließ, stand im Zeichen erster Erfolge hinsichtlich des Kampfes um Berücksichtigung der DDR-Geschichte: Ende Juni präsentierte Prora-Zentrum die *neue Ausstellung zu den Bausoldaten.* Erstmals hielt ein DDR-Bürgerrechtler, der zugleich als Schirmherr der Ausstellung auftrat, einen Vortrag über „Bausoldaten in der DDR – zwischen Widerstand und Anpassung". Der Zeitpunkt konnte besser nicht gewählt sein: „Die Präsentation wird im Kontext des 50. Jahrestages der Aufstellung von Baueinheiten in der NVA eröffnet. Sie ist bis zum 28. August in Prora zu sehen und wird danach beim Bausoldatenkongress vom 5. bis 7. September in Wittenberg (Sachsen-Anhalt) präsentiert."[24]

Zwei Haken: Eigentlich sollte diese Ausstellung *eine von drei Teilen* zur Militärgeschichte Proras sein. Warum die Bemühungen nicht über die vergleichsweise kleine Einheit der Bausoldaten fortgesetzt wurden, während der Autor in jenen Jahren das gesamte Gelände durchforstete, dokumentierte und wissenschaftlich zu beleuchten suchte, bleibt ein Rätsel.

Zweiter Haken: Mit dieser Ausstellung ging Prora-Zentrum später quer durch Deutschland auf Wanderschaft und signalisierte auf diese Weise einen die Zeitzeugen beruhigenden Wandel in Proras Erinnerungsarbeit.

Wer nun dachte, die Geschichte nimmt ein positives Ende, der sah sich eines Schlechteren belehrt. Statt Demut walten zu lassen, nutzte Prora-Zentrum e.V. bestehende politische Kontakte, um mit seiner auskömmlich finanzierten Ausstellung am *Wettbewerb „25 Jahre Mauerfall: Geschichte erinnern – Gegenwart gestalten"* teilzunehmen. Und tatsächlich gehörte unter 250 Bewerbern ausgerechnet er zu den Gewinnern! Kaum zu glauben, aber wahr: In der „unabhängigen" Jury des Wettbewerbs, ausgeschrieben von der Bundeszentrale für politische Bildung (bpb) und der SUPERillu, saß der Direktor der Landeszentrale für politisch Bildung, Jochen Schmidt!

„Fragwürdig ist die Auszeichnung in erster Linie für jene, die diese Ausstellung in mühseliger Überzeugungsarbeit eingefordert haben, jedoch bei deren Konzeption und den vorbereitenden Interviews regelrecht beiseitegeschoben wurden", stellte der Autor in einer Presseerklärung fest. Und im Wissen um die Korrekturen, die manch ein im Förderkreis Proraer Bausoldaten engagierter ehemaliger Mitstreiter um der Sachlichkeit der Darstellung willen auf sich genommen hatte, heißt es weiter:

„Wieder andere mussten im Nachgang immer wieder Korrekturen vornehmen, weil den Verantwortlichen des Prora-Zentrum e.V. der Zugang zu dieser Geschichte fehlte. Das mag an der Besetzung des Vereins liegen: Vorsitzende ist die ehemalige Landrätin Kerstin Kassner (DIE LINKE), ehemals stellvertretende Landtagspräsidentin in Mecklenburg Vorpommern. Sie ist mitverantwortlich für den Bau der Jugendherberge Prora am ehemaligen Bausoldatenstandort, der eine würdige Erinnerungsstätte verdient hätte. Errichtet wurde die Herberge nach KdF-Originalplänen. Nahezu sämtliche Spuren der DDR-Geschichte wurden im Beisein des Prora-Zentrum e.V. ohne Dokumentation vernichtet; eine tiefergehende Aufarbeitung verhindert. Bis heute sieht sich die Jugendherberge Prora allein der Planungs- und nicht der Nutzungsgeschichte verpflichtet und lächelt unter dem Slogan „bunt statt grau" die grundsätzlich repressive Geschichte weg.

Prora-Zentrum e.V. hat sich *nicht* „in besonderer Weise um die Vermittlung des Jahres 1989 verdient gemacht" (wie es seitens der Jury hieß), vielmehr jahrelang begangene Fehler mithilfe öffentlicher Mittel ein klein wenig korrigiert und neue verursacht. Eine tiefergehende Aufarbeitung steht bis heute aus. Früchte werden zu Marke getragen, für die andere ohne Entlohnung den Acker bereitet haben. Während die Früchte nun in wechselnden Auslagen glänzen, liegt der Acker vor Ort weitestgehend brach: Diese Wanderausstellung ist noch immer keine Lösung des seit 2007 (!) in Aussicht gestellten Bildungszentrums in Räumen mit einem Gemälde, an dem sich die Geschichte der Opposition erzählen ließe. Die Geschichte jenes Gemäldes wurde ehrenamtlich recherchiert und wird in der Ausstellung erwähnt, die Quelle allerdings nicht angegeben. Ein Beispiel, wie Vorarbeiten benutzt wurden. So wäre manches Inhaltliche und Formale anzumerken. Die Preisvergabe würdigt eine halbherzige Bildungsarbeit auf Kosten anderer und zementiert einen unhaltbaren Zustand."[25]

Zur Einsicht führte das nicht. Auch wurde das Preisgeld von 5000 € nicht, wie angeregt, unter den Initiativen gerecht verteilt. Ignoriert wurde indessen auch diese Idee: „Eine weitere Möglichkeit wäre es, die Gelder zweckgebunden für eine Erinnerungsstele für die Opfer des Militarismus in Prora zu verwenden, darunter ein unter den Fenstern der heutigen Jugendherberge zu Tode gekommener Bausoldat. Ein Erinnerungsmal, das über die Jahre hinweg durch Zeitzeugen entstanden war, wurde seitens der Verantwortlichen entsorgt."

Einmal mehr zeigte sich, wie verlockend es offenbar war, nur noch die Früchte eines lange Zeit vertrocknet geglaubten Gartens zu bewundern und den ausbleibenden Bau der „Markthalle" zum Zweck deren dauerhaften Darbietung auszublenden. Das Jubiläum „50 Jahre Bausoldatenanordnung" sorgte dann aber doch noch für einen Hoffnungsschimmer: Endlich wurde, wie seit 2007 gefordert, auch öffentlich auf dem Platz an die realen geschichtlichen Abläufe erinnert, indem die im Originalzustand erhaltene Arrestzelle sichtbar gemacht und auf einer Stele näher erläutert wurde – eine von zwei *„Zeitsplittern"*. Eine zusätzliche Erläuterung erhielt die im Jahr 2010 an der ehemaligen NVA-Turnhalle angebrachte Tafel des Vereins Denk-MAL-Prora. Die Presse, die im Jubiläumsjahr vorübergehend auch überregional über die speziellen Vorgänge in Prora berichtete (die „Welt" zeigte sogar die Gedenktafel), schrieb:

„Die Tafel soll an 240 Bausoldaten erinnern, die im Jahre 1986 das öffentliche Gelöbnis zur Verteidigungsbereitschaft der DDR verweigerten. Ergänzt werden die Orte durch Informationsstelen, die von der Bundesstiftung zur Aufarbeitung der SED-Diktatur und der Landesbeauftragten für die Stasiunterlagen finanziert wurden. Die Ausstellung soll in den nächsten Jahren auf 18 ‚Zeitsplitter‘ erweitert werden.“[26]

Weitere „Zeitsplitter“ kamen jedoch bis auf einen stattlichen „Erinnerungsbaum“ einer Bausoldatenkompanie nicht hinzu. Angefügt sei, dass es bei der inhaltlichen Gestaltung der Texte dann doch zu Auseinandersetzungen mit Prora-Zentrum e.V. kam, bei denen sich der Förderkreis durchsetzte und auch den Autor in die Arbeit einbezog. Die gemeinsame Presserklärung hielt fest:

„Mit dem Projekt „ZEITSPLITTER“ führt der Förderkreis Bausoldaten Prora e.V. mit Unterstützung des PRORA-ZENTRUM e.V. zum Ziel, was Bausoldaten und Sympathisanten im Denk-MAL-Prora e.V. vor Jahren gegen Widerstände begonnen haben. Endlich werden damit die von vielen Zeitzeugen lange ersehnten Momente der Erinnerung und des Gedenkens geschaffen; an einem Ort, der das weitere Leben oft prägte, nicht selten durch traumatische Erfahrungen. Unsere gemeinsame Hoffnung richtet sich darüber hinaus auf ein Bildungszentrum unter dem weitgehenden Erhalt authentischer baulicher Strukturen, welche auch spätere Generationen nach der Rolle eines der gigantischsten Kasernenkomplexe der DDR und die Mechanismen einer militarisierten Gesellschaft fragen lassen werden.“[27]

So weit, so wohlklingend. Aber mussten die Initiatoren der Gedenkarbeit nicht miterleben, wie ihre mühsam erkämpfte Tafel – Symbol des Durchkämpfens der Akzeptanz dieses Teils der Geschichte – in ein Projekt integriert wurde, dem das Design des Prora-Zentrums übergeholfen wurde? Zudem: Während Prora-Zentrum für diese im Vereinsdesign gestalteten Tafeln Fördermittel kassierte, waren für den Einbau eines Schaufensters in die Außenwand der Arrestzelle Spendenmittel seitens der Bausoldaten aufzubringen. Im Übrigen bedrohte dieser zusätzliche Fenstereinbau (vereinbart war 2010 eine andere Art der Präsentation) die Denkmaleigenschaft des Gebäudes, wie später aus einer Behörde zu hören war.

Die in Gang gekommenen Aktivitäten inspirierten zu einer *Sendung in der Kulturzeit (3sat)*: „Hier wird Geschichte umgebaut und Geschichte immens entsorgt‘, sagt der Historiker Stefan Wolter. ‚Das Problem ist, dass Prora 1994 nicht als ein Komplex zur Geschichte zweier Diktaturen unter Denkmalschutz gestellt wurde, sondern einseitig als KdF-Anlage, als die es nie vollendet worden ist‘“, wird der Autor zitiert.[28] Ein medialer Beitrag, der ebenfalls nicht für uneingeschränkte Freude sorgte. Nur aufgrund stundenlanger Aufklärung, gewonnen aus vielerlei Eigenrecherchen, konnte die Journalistin diesen erstellen, sah sich aber nicht in der Pflicht, die Quelle im Anschluss zu benennen. Das Filmchen, das schon bald nicht mehr zu sehen war, bildete ohnehin nur den Auftakt für das größere Format „Der Geist von Prora", in der kurzerhand ein amerikanischer Historiker (Justinian Jampol) in Szene gesetzt wurde, der bezüglich Prora zuvor nie in Erscheinung getreten war. So schuf diese Frau Internationalität auf Kosten der Arbeit des Autors, der in diesem größeren Film auf die Geschichte des Bausoldaten reduziert wurde. Weit entfernt von der Realität – aber passend zur heutigen Moral. Kurios: Die BILD-Sonderausgabe zum 25. Jahrestag des Mauerfalls zierte in jenen Tagen eine fette Werbung für VW, das ehemalige KdF-Wagen-Werk, dessen NS-Vergangenheit im Gegensatz zu der von Prora überhaupt keine Rolle mehr spielt (ist das nicht eigenartig?) und das gerade in einen Manipulationsskandal verstrickt war.

Weil es zu keiner Aussöhnung mit Prora-Zentrum e.V. gekommen war, das sich wie ein Keil zwischen die ehemaligen Bausoldaten und den Autor schob und dessen „Behauptungen" damit erfolgreich beiseiteschieben konnte, war es nicht möglich am Bausoldatenkongress teilzunehmen. Umso erfreulicher war die Einladung zum *Erzählcafé in Göttingen,* worüber das Göttinger Tageblatt schrieb:

„Seine Erlebnisse, die er in zahlreichen Büchern geschildert hat und von denen das 2005 erschienene ‚Hinterm Horizont allein - Der Prinz von Prora' vielleicht das eindrücklichste ist, machen die Verbitterung verständlich. (...) Unstrittig ist, dass sich der heute in Berlin lebende Autor sehr verdient um die Aufarbeitung gemacht hat. Seine Kritik, dass das repressive Ausmaß der Militarisierung des Unrechtsstaates nicht sehr oft Aufmerksamkeit finde, hat er überzeugend dargelegt."[29]

*

Zwischen 2013 und 2016 war von den Planungen des Bildungszentrums so gut wie NICHTS öffentlich zu hören und zu lesen. Das lag auch an der kirchlichen Presse, wie der Autor in einem Schreiben (März 2013) an eine sich kritisch mit *Kirche und Militär* auseinandersetzende Arbeitsgemeinschaft bekundete:

„Auch kirchliche Medien untergraben seit Jahren die Bemühungen von Zeitzeugen, die Geschichte der einstigen Wegbereiter der Friedlichen Revolution im Bewusstsein zu verankern. Wiederholt berichtete der Evangelische Pressedienst (epd) einseitig vom ‚ehemaligen Kraft-durch Freude-Bad'. Zuletzt nun sehen große kirchliche Medien keine Möglichkeit, die Thematik des Kampfes um die reale Geschichte oder wenigstens eine einschlägige Buchrezension der Öffentlichkeit zu vermitteln: Christ und Welt lehnte mehrfach ab, Idea spektrum zögert einen den Themenkreis ‚Kirchen und Pazifismus' berührenden (bereits verfassten) Beitrag seit Monaten hinaus – wegen ‚mangelnder Relevanz'. Chrismon, herausgegeben von der EKD und einigen großen Tageszeitungen beiliegend, die wiederholt und gern über das ‚KdF-Bad Prora' berichten bzw. diesbezüglich einseitige dpa-Meldungen übernehmen, sieht keine Veranlassung, die Nutzungsgeschichte der KdF-Ruine, insbesondere das hier eintrainierte gewaltfreie Handeln, einem größeren Leserkreis zugänglich zu machen. Weder der Kampf einiger in der SED-Diktatur Beschädigter oder um die geschichtliche Wahrheit besorgter Bürgerinnen und Bürger noch das jüngst herausgegebene Buch ‚Geheime Aufzeichnungen eines Bausoldaten in Prora' (Uwe Rühle) sollen eine Rolle spielen. Dabei könnte gerade diese Beilage die geschichtlichen Wahrheiten gerade rücken.

Das Intervenieren bei einer der HerausgeberInnen, Frau Dr. Käßmann, hat schließlich einen Teilerfolg erbracht – allerdings nur für den deutlich kleineren Leserkreis im Abonnement: Die Thematik wurde dort unter der Rubrik „Retter des Monats" verniedlicht. Dieselbe Ausgabe bietet Platz für ein Kochbuch von Sarah Wiener und eine Reportage über die Kinderbuchautorin Cornelia Funke. Zuletzt nun druckte Chrismon ungeniert in ihrer größeren Ausgabe, welche den Zeitungen beiliegt, eine getarnte Werbung für die Bundeswehr - unter dem Titel „Frau Oberleutnant zur See". Kritiker werden mundtot gemacht oder klein gehalten. Damit entfremdet sich die Institution Kirche zunehmend von ihrem Anspruch, Kirche Jesu Christi sein zu wollen." [30]

Trotz allem setzte der verschmähte Autor seine kontinuierliche Arbeit fort, durchforstete auf eigene Kosten die gesamte Anlage, dokumentierte, und ordnete Zeitzeugenberichte ihren jeweiligen Ursprungsorten zu. In dem unüberschaubaren Gebäuderiegel ein Wahnsinnsunternehmen, das in eine „Datenbank" mündete, die im Jahr 2021 die Grundlage für die neue Website DenkMALProra bildete. 2014 bekam der Autor die Gelegenheit zu einem *Beitrag im Tagesspiegel*, in dem es heißt:

„In Prora schmiedete sich in den 1990er Jahren eine Allianz aus interessenbedingter Verdrängung und blindem Aufarbeitungs- und Vermarktungseifer. (...) Der Ausbau des ‚Modells Prora' zu Kasernen, die reale Geschichte, wird seither verharmlost und nun wegsaniert. Mit den baulichen Strukturen verschwinden in diesen Tagen Zeichnungen und andere Spuren ehemaliger Soldaten, die ein wichtiges Zeugnis dafür sind, wie diese mit dem Bau umgegangen sind. Und die gleichzeitig die Geschichte des Kalten Krieges erzählen." [31]

Am 24. Oktober 2014 formulierte der Autor einen umfangreichen *Antrag auf Denkmalschutz* bezüglich des äußeren Erscheinungsbildes von Block V sowie dessen Innenbauten wie Gemeinschaftsraum der Bausoldaten, Dusch- und Speisesaal. Außerdem plädierte er für die Unterschutzstellung des ehemaligen Kontrolldurchlasses mit seinen erhalten gebliebenen Arrestzellen, dem authentischen Fenster für die Ausweiskontrolle und dem unter Repressalien entstandenen Plattenplatz davor (siehe Uwe Rühle) sowie auch der ehemaligen Turnhalle (Mehrzweckgebäude). Auch zwei Tribünen (vor den Blöcken III und IV) bat er in den Denkmalschutz einzubeziehen, nachdem schon 2012 das Ensemble KDL/Otto-Winzer-Denkmal vor Block IV auf Antrag geschützt werden konnte. Bezüglich Block V wurde in dem mehrseitigen Schreiben mit seinen zahlreichen Begründungen, die später ins Fachgutachten einflossen, formuliert:

„Die Lichthöfe 1-8 verkörpern mit ihrem DDR-typischen Rauputz die u.a. mit Repression und Opposition verbundene Nutzungsgeschichte Proras und machen mit ihrer Raumaufteilung, den langen Fluren sowie den vielerlei Farbschichten, Schriftzügen und Malereien im Inneren des Gebäudes späteren Generationen die DDR-Geschichte transparent und begreifbar. Mit den baulichen Überresten des Blocks (und der Regimentsstraße) lassen sich zahlreiche, in den vergangenen Jahren bekannt gewordene Biografien in Verbindung bringen, die vom System künden, das auf Disziplinierung nach innen und Verteidigung nach außen zielte."[32]

Im *Januar 2015* weckte ein *Zwischenbericht* Hoffnung: Erstmals erkannten auch die Denkmalbehörden an, die Baulichkeiten von Prora würden über die NS-Zeit hinaus „als Zeugnis der politischen Geschichte und Militärgeschichte der DDR einen wesentlichen Abschnitt deutscher Geschichte authentisch dokumentieren". Im Gegensatz zu den Gutachten unter Landrätin Kassner (2008) klang dieser Bericht nun so

„In Block V der Anlage bezeugen der Gemeinschaftsraum mit dem Wandgemälde (Rügenkarte), der Duschsaal, der zwar keine Armaturen, jedoch noch die Wand- und Bodenfliesen besitzt, und der Speisesaal authentisch die Lebensbedingungen der Bausoldaten in der Kaserne. Sie treten als eine weitere wichtige Kulturschichtung zur Zeugnishaftigkeit des Bauwerks als komplexes Beispiel für die Architektur im nationalsozialistischen Deutschland und die Rolle, die sie in Ideologie und Politik spielte hinzu. Somit ist das ehem. KdF-Bad Prora nicht nur als Geschichtsdokument für die Zeit des Nationalsozialismus bedeutend, sondern auch ein Denkmal für die „Nachnutzung" der zur NS-Zeit nicht in Nutzung genommenen Anlage durch das Militär und die damit verbundene Geschichte der Bausoldaten. (…) Ein Denkmalwert aus geschichtlichen Gründen kommt auch den erhaltenen Arrestzellen und dem neben dem Arrestgebäude befindlichen Plattenplatz zu. Beide, Zellen und Platz, dokumentieren eindringlich und authentisch das System der Repression innerhalb der NVA (...) Der Plattenplatz entstand im Zusammenhang mit Bauarbeiten in der Kaserne, die auch an Sonntagen erfolgten. Damit wurde speziell für die Christen unter den Bausoldaten ein Gewissenskonflikt erzeugt, Widersetzen gegen Sonntagsarbeit wiederum mit Arrest bestraft. Zellen und Platz sind geeignet, um beispielhaft und auf eindrucksvolle Weise Zeitgeschichte zu beschreiben. Trotz des in die Zellen eingebrochenen Sichtfensters ist der Denkmalwert gegeben. Arrestzellen und Plattenplatz besitzen einen hohen Dokumentationswert, der das öffentliche Interesse an der Erhaltung begründet. Sie sind in die Denkmalliste einzutragen."[33]

Um sicher zu gehen, inwieweit diese Zusagen, immerhin ein Gesinnungswandel, auch die Lenker der Bildungsarbeit erreicht hat, initiierte der Autor eine erneute „Kleine Anfrage", in der die Landeszentrale für politische Bildung die geschützten Relikte aufzuführen hatte :

„...die ehemalige Offiziershochschule „Otto Winzer" (Block IV) mit Kontrolldurchlass-Gebäude, Mauer und Fahnenstange, der Speisesaal der Bausoldaten (Block V, Hof 4), der Duschsaal der Bausoldaten (Block V, Hof 7), der Gemeinschaftsraum der Bausoldaten mit Wandgemälde (Block V, Hof 8), der Kontrolldurchlass mit Arrestzellen und Plattenplatz, die Tribüne vor Block III und die Tribüne vor Block IV. Anträge zur Aufhebung des Denkmalschutzes sind nicht bekannt. (...) Soweit in den Innenräumen Zeugnisse der historischen Nutzung noch vorhanden sind, ist auch hier ein verantwortungsvoller Umgang geboten."[34]

Angestachelt von der himmelschreienden Ungerechtigkeit der Preisvergabe (2014), machte der Autor im März 2015 die enormen Zuschüsse an Prora-Zentrum e.V. publik – insbesondere aus dem Europäischen Sozialfonds: Demnach floss *binnen fünf Jahren eine halbe Million Euro* an den kleinen Verein, der mit diesem Geld, so das damalige Fazit, das Bildungszentrum zumindest inhaltlich längst hätte aufstellen müssen. Währenddessen wirkten andere fortwährend bewusstseinsbildend und hatten ein bildungspolitisches Missmanagement auszubügeln, wofür sie ausgeschaltet und diffamiert wurden. So heißt es am Ende einer entsprechenden Presseerklärung, wiederum ohne nennenswerte Resonanz:

„Einer der Hauptverantwortlichen für diese gesamte Misere sitzt im Chefsessel der Landeszentrale für politische Bildung, Schwerin. Herr Schmidt hatte 2010 die Federführung für den Aufbau des Bildungszentrums übernommen und die Auswahl des Bildungsträgers vor Ort (PRORA-ZENTRUM) protegiert. Das ‚Leistungsvermögen' dieses Vereins unter Vorsitz der ehemaligen Landrätin Kerstin Kassner ist dort bestens bekannt. Und wird hingenommen. Das Bildungszentrum gibt es folglich bis heute nicht. ‚Unerhört ist, was ungehört bleibt.' (Brecht)[35]

Im *Mai 2015* wandte sich der Autor an eine *Fachtagung zum Thema „NS-Großbauten und Tourismus"* in Peenemünde mit der Kritik, dass Prora dort in einem Atemzug mit der Heeresversuchsanstalt Peenemünde und dem Reichsparteitagsgelände Nürnberg zur Sprache gelangen sollte, das in der NS-Zeit ein Bautorso geblieben war. Der Brief gibt etwas von der missverstandenen denkmalpflegerischen Unterschutzstellung zu erkennen:

„Die Begrifflichkeiten ‚NS-Großbau', ‚ehemaliges KdF-Bad' etc. verschieben die historische Perspektive und verbergen die Tatsache, dass Prora über zwei DDR-Generationen hinweg einzig und allein als Militärstandort betrachtet und so gewertet wurde. Dies hatte zwar nach der politischen Wende einer Ergänzung bedurft, die Subsumierung der Anlage unter den Begriff „NS-Großbau" spart jedoch die stalinistisch geprägte Ausbau- und Nutzungsphase konsequent aus. Bis heute ist die Geschichte nicht hinreichend bekannt. (...) Der Kunsthistoriker Bernfried Lichtnau plädierte 1992 noch für einen konsequenten Denkmalschutz ‚im Sinne einer kritischen Vergangenheitsbewältigung sowohl der Zeit des Faschismus als auch der Diktatur und ihrer Machtorgane in der DDR.' Auch der damalige Landeskonservator Dieter Zander sah Prora noch 1994 ‚als Mahnmal für zwei totalitäre Regime', mit der sensiblen Bemerkung: ‚Wir betreiben Denkmalpflege nicht, weil wir Genuss suchen, wie der legendäre Georg Dehio bereits 1906 formulierte, sondern weil wir Pietät üben. In unserem Falle üben wir Pietät gegenüber den Opfern beider Regime. Darüber hinaus handelt es sich bei dem der Moderne zuzuordnenden Komplex um ein hervorragendes Beispiel zur Veranschaulichung des technischen Leistungsvermögens der frühen 1930er Jahre.' Gesiegt hat die Einseitigkeit: Unter Schutz gestellt wurde allein das ‚bautechnische Denkmal', jetzt mithilfe von Steuermillionen dem Genuss einer Luxussanierung zugeführt (...) Auch für die stalinistisch geprägte Ära gibt es kein Recht wegzusehen. Es ist nicht hinnehmbar, die erst in den 1950er Jahren weithin vollendeten Kasernen unter einen Erinnerungsschatten zu legen, während die sogenannten ‚NS-Großbauten' in fragwürdiger Rekonstruktion in neuem Glanz erstrahlen. DenkMALProra erwartet in Bezug auf diesen exponierten Ort die richtigen Signale in Richtung Landesregierung."[36]

Trotz Verlagsinsolvenz, die 2014 alle Prora-Bücher des Autors vom Markt fegte, gab er nicht auf, machte sich neben der Recherche der Geschichte des Klinikums Rostock mit dem Layout- und Buchsatzprogramm vertraut und gab einige derselben nun im Eigenverlag „Kolossales im Klartext" heraus, darunter der beiden Bände „Prora – Inmitten der Geschichte". In der Hoffnung, als *Initiative* noch einmal Kräfte zugunsten eines „Zurechtrückens der doppelten Geschichte von Prora" bündeln zu können, folgte ein „*Offener Brief an den Bundespräsidenten* Joachim Gauck, *die Bundeskanzlerin* Angela Merkel sowie *100 Vertreter in Politik, Medien und Gesellschaft*, an die *Zeithistorikerinnen und -historiker in Deutschland* und an *bürgerschaftlich engagierte Damen und Herren*", unter dem Titel: Fälschung der Geschichte am exponierten Ort Prora auf Rügen durch Politik, Medien und Kommerz/Paradigmenwechsel für Block V (Besitzer Landkreis Vorpommern-Rügen) gefordert." Einleitend heißt es:

„25 Jahre nach der politischen Wende tritt offen zutage, wie exponierte Orte der DDR-Geschichte rücksichtslos getilgt und aus dem Bewusstsein verbannt werden. Sowohl der vollständige Abriss des Palastes der Republik als auch die medial massiv betriebene Umdeutung des Ortes Prora auf Rügen zum nationalsozialistischen ‚KdF-Seebad', bei gleichzeitigem Umbau der gigantischsten Kasernenanlage der DDR zur Wohn- und Ferienanlage im Antlitz des einst geplanten (!) ‚Kraft-durch-Freude-Seebades', zeugen von einer gesellschaftlich ungesunden damnatio memoriae. Jahrelange Beobachtungen der Erinnerungskultur bezüglich des Ortes Prora auf Rügen zeigen, wie Geschichtsbilder nach politischem Belieben gestaltet, Wahrnehmungen diktiert, das Bewusstsein manipuliert wird. Angst vor weiterer Überfremdung, Politik- und Medienverdrossenheit in weiten Teilen Ostdeutschlands könnten eine Folge dieses Raubens der Erinnerung sein, das nicht auf jenen Ort beschränkt ist. In Prora bietet Block V der Großbauten die letzte Chance für eine Kurskorrektur – noch."[37]

Fast könnte man glauben, dieser Brief, der aufrütteln und Kräfte zusammenführen sollte, gab den letzten Anstoß, sich dieses „Ungetüms" endlich dauerhaft entledigen zu wollen. Anfang **2016**, das Interesse der Menschheit war auf einen umstrittenen Hochhausbau in Prora gelenkt, wurde bekannt, dass Prora-Zentrum angeblicher Bausicherungsmaßnahmen wegen die beiden für sich vereinnahmten Räume in Block V zu verlassen und ins ehemalige Wachhäuschen am Eingang des Platzes umzuziehen hat. Kurz darauf sickerte durch, der Landkreis gedenke den Block zu privatisieren. Trotz veränderter Sicht auf das Denkmal! Umgehend ging ein weiteres Schreiben auf den Weg: „Prora-Block V – *Herr Drescher, geben Sie der Geschichte die letzte Chance!"*

Sehr geehrter Herr Drescher, wie bekannt wird, planen Sie den Verkauf von Block V an einen privaten Investor. Damit geben Sie auch das geplante Bildungs- und Informationszentrum neben der Jugendherberge preis. Ihnen dürfte bekannt sein, welche Mühen es gekostet hatte, ein solches Zentrum in den bis heute erhalten gebliebenen baulichen Strukturen der ehemaligen Kaserne einzufordern und wie groß die Hoffnung in den Landratswechsel 2011 war. Nach großen Versäumnissen beim Bau der Jugendherberge Prora sind inzwischen einige Ausstattungselemente aus der Zeit des größten Bausoldatenstandortes der DDR als denkmalwürdig anerkannt. Darüber hinaus ist dieser Block der einzige, für den es bislang keine Pläne gab, ihn im weißen KdF-Antlitz erstrahlen zu lassen. Als einziger könnte er späteren Generationen das Gesicht der einstigen Großkaserne noch vor Augen führen. Ein Muss bei der anhaltenden Entsorgung und einseitigen Interpretation der Geschichte in den übrigen Blöcken (…) Er bietet die letzte Möglichkeit, die historische Fehlinterpretation der Anlage ein klein wenig gerade zu rücken. Ich bin überzeugt, dass dieser Block in seinem grauen Antlitz in kurzer Zeit ein Besuchermagnet werden wird. Dann nämlich, wenn in den übrigen Blöcken der Rückbau der Geschichte zum (historisch betrachtet) langweiligen modernen Seebad vollendet ist.

Sehr geehrter Herr Landrat, überdenken Sie Ihr Vorhaben! Spielen Sie nicht jenen in die Hände, die die Geschichtsvergessenheit forcieren. Lassen Sie sich nicht von jenen Kräften instrumentalisieren, die den Ort banalisieren und die Auseinandersetzung mit der Geschichte unterdrücken wollen. Gehen Sie nicht in die Geschichtsbücher als jener Landrat ein, der der Geschichte den letzten Stoß verpasst hat. Es ist zu erwarten, dass Prora-Zentrum und Dokumentationszentrum Prora sich im Februar auf ein künftiges Zusammengehen einigen. Wichtig wäre es, auch das in seinem Bestand bedrohte NVA-Museum einzubeziehen. Bilden Sie eine Expertenrunde, die von Land und Bund Unterstützung einfordert. Warten Sie zumindest die Landtagswahl in Schwerin ab und führen Sie (nach umfänglicher Aufklärung über die Gegebenheiten rund um Block V) eine demokratische Kreistagsentscheidung herbei. Prüfen Sie die Möglichkeit, notfalls lediglich die südlichsten drei bis vier Aufgänge zu privatisieren und das eingenommene Geld in die Sanierung des Mittelteils der Anlage mit hineinzugeben – denkmalgerecht im Sinne der „doppelten Geschichte". Dort könnte sich im Kleinen abermals eine Museums- und Künstlermeile entwickeln, die Prora-Nord belebt und attraktiv macht. Um dafür die Voraussetzungen zu schaffen, braucht es die Kenntnis des Ortes, Sensibilität und Weisheit."[38]

Während die *Vorbereitungen für den Blockverkauf* anliefen, sprach sich auch die Vorsitzende Kerstin Kassner gegen den vollständigen Ausverkauf der Prora-Geschichte aus und erinnert in Richtung Landkreis an die 15 Millionen Fördermittel der Jugendherberge aus neun Töpfen. Warum kommt dieser Vorschlag erst jetzt?

Dass sich der Landkreis Vorpommern-Rügen des Blocks V zu entledigen wünschte, lag dem Vernehmen nach an der unbefriedigenden konzeptionellen Aufstellung des Prora-Zentrum e.V., der in all den Jahren viel mehr hätte auf die Beine stellen müssen, sowie in der anhaltenden Gegnerschaft zum Dokumentationszentrum Prora. Bezüglich des Bildungszentrums war bis auf die Erstellung der erwähnten Baukonzeption (2012) nichts Nennenswertes geschehen. Und das veranlasste wohl den neuen Landkreis, nicht weiter auf Signale des Landes M-V zu warten, welches das Prora-Zentrum durch eine Gefälligkeit und eine scheindemokratische Legitimierung vor Ort etabliert hatte. Zudem: „Wir haben bei Bund und Land wirklich alle Möglichkeiten für ein Informationszentrum abgeklopft, das führte aber zu keinem befriedigenden Ergebnis", wurde im Januar 2016 der Sprecher des Landkreises Vorpommern-Rügen in der Ostsee-Zeitung zitiert.[39]

Die Vereinsarbeit in kleinem Rahmen, auskömmlich finanziert, scheint indessen all die Jahre recht angenehm gewesen zu sein. Und im ehemaligen Wachhäuschen, wohin der Verein nun umzuziehen hatte, wurde sie dem Anschein nach noch bequemer. Erst jetzt verfügte das „Zentrum" über ein ansprechendes Ambiente mit Empfang, Verkaufs- und Ausstellungsraum und Dank der Zeitzeugeninitiative auch einem kleinen Museumstrakt mit Bausoldatenausstellung und den historischen Arrestzellen. Das „Museum", wie Prora-Zentrum bei dessen Insolvenz wahrgenommen wurde, schien trotz aller anhaltender Unterbelichtung wichtiger Einheiten der DDR-Geschichte zum Verein zu passen. In diesen Räumlichkeiten tat der Verkauf des Blocks erst einmal gar nicht weh und die fortan bekundete Bereitschaft, mit dem Dokumentationszentrum kooperieren zu wollen, bekräftigt durch schriftliche Absichtserklärungen, schien ebenso halbherzig befolgt werden zu wollen, wie in der Vergangenheit die Bemühungen um ein Bildungszentrum, das diesen Namen verdient.

Jedenfalls erstaunt es, dass sich der Verein noch Ende 2017 eine sicherlich nicht kostengünstige eigene Website zulegte, die ihm ein noch professionelleres Ambiente verlieh und großspurig „umfassende Informationen zur NS- und DDR-Geschichte" versprach, wobei die den Ort maßgeblich prägende Geschichte der DDR auf eine Ausstellungstafel, eine Uniform und in die bekannten beiden Glasvitrinen gepresst wurde.[40] Es schien sich abzuzeichnen, dass das in demselben Jahr bekundete „Bildungs- und Dokumentationszentrum", das beide Vereine unter einem Dach zu vereinen versprach, wie so vieles in der Vergangenheit, Augenwischerei war.

Weil damit gerechnet werden musste, dass auch das Land im Grunde kein Interesse am Erhalt der Historizität des Blocks hat, musste zugunsten der Geschichte und baulichen Strukturen weitergekämpft werden. So brachte DenkMALProra mit zwei Mitstreitern die *Petition „Stopp des Ausverkaufs der Geschichte, Prora braucht Kultur"*, gerichtet an Landrat Ralf Drescher (CDU), Mecklenburg-Vorpommerns Ministerpräsident Erwin Sellering (SPD) und Bundeskanzlerin Angela Merkel (CDU) auf den Weg, mit der Forderung, „die einmalige Historizität des letzten Gebäuderiegels von Prora" in öffentlicher Hand zu erhalten. Darin hieß es:

„Endgültig verloren ginge der Charakter des Mahnmals zweier Diktaturen. Verloren wäre die letzte Chance, politische Fehler in der Beurteilung dieser symbolträchtigen Anlage geradezurücken. Der Geschichtsfälschung infolge der anhaltenden einseitigen Bewertung des heutigen Ortes als ‚ehemaliges KdF-Bad‘, die Leugnung hunderttausender DDR- und Nachwende-Biografien zugunsten des Kapitals."[41]

Ehe der Kreistag am *2. Mai 2016* über den möglichen Verkauf des Blocks entschied, ging ein weiteres Schreiben an die Bundeskanzlerin Angela Merkel hinaus, in deren Wahlkreis Prora lag und deren Parteifreund der Landrat des Kreises Vorpommern-Rügen war:

„Bitte nehmen Sie diese Stimmen ernst und lassen Sie es nicht zu, dass in Ihrem Wahlkreis die Geschichte der DDR weiterhin getilgt und im Anschluss verleugnet wird, wie dies bereits in weiten Teilen des Kolosses der Fall ist. (...) Es geht um nichts weniger als die Akzeptanz des geschichtlichen Verlaufes im Osten Deutschlands zwischen 1945 und 1990. Zumindest der vor zehn Jahren vom Bund für 1 Euro an den Landkreis gegangene Block ist so zu entwickeln, dass er zu Fragestellungen bezüglich seiner komplexen Geschichte anregt und mit seinen darin befindlichen Dokumentationen zu einem Besuchermagnet wird."[42]

Dieses und etliche weitere Schreiben an die verschiedensten Instanzen blieben unbeachtet. Einen Tag zuvor tagte der Bildungsausschuss in Prora, der, wie viele andere Regierungsebenen in Land und Kreis, Post erhielt:

„Das Problem besteht nicht allein in der (...) Frage des Verbleibs der historisch-politischen Bildungsarbeit. Dringend ist die Frage zu beantworten, *woran* in Zukunft in Prora erinnert werden soll. Was macht die Authentizität von Block V aus, der als einziger in öffentlicher Hand verblieben ist? (...) Block V ist in öffentlicher Hand zu erhalten, das Bildungszentrum zur Geschichte der totalitären Systeme des 20. Jahrhunderts umzusetzen. Die Planungs- und erste Bauphase sowie die 40-jährige Nutzungsgeschichte sind künftig mindestens gleichgewichtig darzustellen. All jene, die sich mit der Geschichte seit Jahren umfänglich befassen, sind in die Vorbereitung einzubeziehen. Das Sozialministerium sollte auch die Vergabe des Seebad-Titels an Bedingungen knüpfen, vorstellbar ist die Vorlage eines Konzeptes auch der Unternehmerseite, aus dem hervorgeht, wie künftig der Geschichte zweier Diktaturen (auch in Prora-Ost) gedacht werden soll."[43]

Doch am *3. Mai 2016* musste die Petition, die innerhalb von zwei Wochen rund 15.000 Unterzeichner erreicht hatte, aktualisiert werden:

„Letzte authentische Geschichtsspuren werden zugunsten des sanierten, wiedergeborenen Seebades verschwinden. Der Kreistag hat mit den Stimmen von CDU, SPD und FDP den Verkaufsverhandlungen zugestimmt, angeblich stehen inzwischen fünf Investoren in den Startlöchern. Einsprüche wurden nicht zugelassen, die noch sichtbare DDR-Geschichte spielte überhaupt keine Rolle. Sie kennen auch nur noch wenige, da die Medien keine Öffentlichkeit über diese hoch differenziert zu betrachtende Geschichte zulassen (heute ist Tag der Pressefreiheit!). Die Geschichte der Bausoldaten wird weiterhin unterdrückt werden, die Wahrnehmung des Ortes als „ehemalige Großkaserne" aus der Geschichte des Kalten Krieges (der wieder aufzuflammen droht) aussterben. Ton und Tenor der Berichterstattung über die Vollendung des Seebades 80 Jahre nach der Grundsteinlegung kann jeder selbst auf sich wirken lassen."[44]

Da noch auf Antwort auf den *Denkmalantrag aus dem Jahr 2015* gewartet wurde, erinnerte der Autor an sein Schreiben, mit der Ergänzung:

„In einem der Lichthöfe des südlichen Abschnittes von Block V ist: a) mindestens ein originaler Kasernenflur, der in seiner Länge auch an die geplanten Seebad-Wandelgänge erinnert (jedoch nie als solcher genutzt wurde), nebst Wasch- und Sanitärraum aus den 1950er Jahren („Schweinetröge") zu schützen und erkennbar zu halten, vorzugsweise im Bereich des einst geplanten Bildungszentrums zur Bausoldatengeschichte, b) mindestens an einem größeren Abschnitt (3 Lichthöfe, u.a. im Bereich der geplanten Liegehalle), deren Aufmauerung zu Kasernenstuben sichtbar zu halten ist), vorzugsweise am gesamten Block V das graubraune Antlitz (DDR-Rauputz) zu erhalten und damit auch äußerlich das Antlitz der DDR-Großkaserne zu wahren."[45]

Das waren zum Teil Forderungen, die schon Jahre zuvor gegenüber Prora-Zentrum erhoben wurden, deren Zusagen allerdings nicht zuverlässig waren. Bezüglich des einstigen Speisesaales wurde gefordert, „sofern nicht der gesamte Raum erhalten werden kann (...) zumindest die Speisedurchreichen in den Umbau zu integrieren. Die Nutzungsgeschichte muss anhand der Relikte rekonstruierbar sein. DenkMALProra erwartet die rechtzeitige Einbeziehung in den Ideenfindungsprozess."[46]

Letztere so häufig geäußerte Forderung wurde zu keinem Zeitpunkt aufgegriffen. Doch die Antwort ließ aufhorchen und zeigte die Wirkung der Denkmalanträge mit ihren wissenschaftlichen Begründungen, wie sie später auch in Vortrag und Aufsatz bezüglich der „Stalinistischen Großkaserne und ihrer heutigen Rezeption" Eingang fanden. Bis auf die Mehrzweckhalle kam die *Einschätzung der Fachbehörde* nun der Ansicht des Autors sehr nahe, indem sie formulierte:

„Bezüglich der Außenansicht bedarf es für Block V eines von den südlichen drei Blöcken abweichenden Konzepts, denn die Zeitschicht der NVA-Nutzung der ehemaligen Bettenhäuser kann nur noch im Bereich von Block V Berücksichtigung finden. (...) Die Einordnung einer kulturellen Einrichtung könnte es ermöglichen, hier die Zeitschicht der Überformung durch die NVA stärker in den Vordergrund treten zu lassen und damit dem 1996 (sic!) formulierten Anspruchs zu entsprechen, die Entwicklung des KdF-Seebades durch die Nationale Volksarmee gleichermaßen zu berücksichtigen."[47]

Erfreulich war die Einbeziehung des Autors in einen Beitrag des WDR zum 80. Jahrestag der Grundsteinlegung des KdF-Bades. „Stefan Wolter betreibt *Denkmalpflege auf eigene Faust*", heißt es.[48] Zudem rezensierte Jürgen Blümel (Rügenblitz) die neuen Bände „Inmitten der Geschichte":

„Hier ein reales gedenkendes Bild zu setzen, ist (...) wenig in der Absicht zu erkennen, aber notwendig. Stört es den heilen Schein einer neuen Jugendherberge, den Schein einer lohnenswerten Immobilie oder der Vermarktung entstehender Luxuswohnungen? Möchte man wirklich nur Meerblick und kein Lehrblick? Hier die Wichtungen in richtige Form zu bringen, ist wohl das schwierigste Unterfangen. (...) Nutzen aus einem Slogan zu ziehen, den es so nicht gegeben hat, ist eine gefährliche Geschichtsinterpretation. Selbst als 2003 eine große Jugendveranstaltung auf einem Teilgelände stattfand, war zur Geschichte dieser kilometerlangen Steinbauten, zum Leiden und Werden ringsherum, wenig zu erfahren. Dort wo Waffen gebunkert waren, wo preußischer Drill geherrscht hatte, wo staatsbürgerkundliche Massengleichschaltung betrieben wurde, tanzte man nächtens zu Techno oder Rockmusik..."[49]

Im *September 2016* begannen die *Verkaufsverhandlungen*. Die Landesregierung, die nach allen Bekundungen im Jahr 2010 hätte aufgeschreckt sein sollen, befand sich nicht unter den Interessenten. Doch bewirkten öffentlicher Druck und die Arbeiten des Autors *besondere Auflagen bezüglich des geplanten Bildungszentrums*. Noch immer rangen die beiden Vereine gemeinsam um Mietfreiheit in diesem späteren Zentrum, das inzwischen eine Sonderrolle bei der Verkaufsvorbereitung einnahm. Aber wie sollte sich ein privater Investor darauf einlassen können?

Erst jetzt thematisierten die Medien die *Bauplanung* von 2012. Demnach priorisierte man zugunsten einer Ausstellungsfläche für Hochglanztafeln die Entfernung der Zwischenwände aus dem Gebäudeteil, wodurch die Tragfähigkeit der Fußböden für die Besucherströme nicht mehr gewährleistet wäre. Das Gutachten empfahl, zwei Etagen abzutragen und durch eine Stahlglaskonstruktion zu ersetzen oder aber den Bau mit einer teureren Stahlkonstruktion zu verstärken. Der Autor ließ daraufhin den Leserbrief folgen „Historizität bedarf keines Abrisses", mit einem Plädoyer, an einem historischen Ort so viel Originalität zu erhalten wie möglich.

Zu jener Zeit stellte der Autor in der Universität Rostock seine gemeinnützigen *Forschungen zur Geschichte der „Stalinistischen Großkaserne Prora"* vor. Erarbeitet wurde zudem der erwähnte richtungsweisende Aufsatz „Auferstanden aus KdF-Ruinen. Der ‚stalinistischen Kasernengroßbau' Prora und seine heutige Rezeption" (2018), der die aus Dokumentationen und Auswertungen historischer Fotografien gewonnenen Erkenntnisse bündelt. Demnach fand das erste Zentrale Pionierlager im Jahr 1949 nicht, wie bislang fälschlich angenommen, vor den heutigen Ruinen im Norden der Anlage, sondern zwischen den Blöcken II und III statt. Im Hintergrund ist somit der Zustand der KdF-Ruine nach Plünderung und Demontage vor der Wiederaufmauerung zur Kaserne zu sehen, was die „politisch-historische Bildungsarbeit" wohl nicht für möglich hielt. Der Aufsatz endet:

„Konkret könnte Block V, sofern er sich nicht im Ruinenantlitz erhalten lässt (...) von links nach rechts folgendermaßen gestaltet werden: Die bereits umgestalteten drei Höfe der Jugendherberge im nördlichen Teil des Blocks könnten die KdF-Planung veranschaulichen, anschließen könnte sich in zwei oder drei Höfen (Mitte des Blocks) das authentische Kasernenantlitz mit möglichst geringen Eingriffen in die historisch gewachsene Bausubstanz auch im Inneren. Daran anschließend (im südlichen Teil) könnten vier Lichthöfe die Postmoderne verkörpern, zum Beispiel nach Art des Künstlers Friedensreich Hundertwasser – im besten Falle mit dem Ergebnis einer sich der einstigen Machtdemonstration zweier Systeme entgegensetzenden vielfältigen, demokratische Ambitionen widerspiegelnden individualistischen Bauweise (...) Dieser Block V könnte ein Hingucker und ein Besuchermagnet sein..."[50]

2017-2024

Anfang **2017** ließ der Landkreis verlauten: „Zur Zeit hängt alles von verschiedensten Dritten ab."[51] Wieder einmal. Doch in diesem Falle, wo es ums Geld ging, ließ sich der *gordische Knoten* binnen zwei Jahren lösen. Geändert werden musste der bisherige Bebauungsplan für das Gelände von Block V, von „Kunst und Kultur", wie es ursprünglich einmal gedacht war, zu dauerhaftem Wohnen. Zugleich forderte das DJH eine Ausgleichszahlung infolge der Umlegung der Zeltstellplätze auf dem einstigen Appellplatz und den Neubau eines Sanitärgebäudes. Um gut eine Million Euro schmälerte das den Verkaufsgewinn für den Kreis.

Auch die Problematik, dass der Investor den Bereich des Bildungszentrums sanieren und mietfrei zur Verfügung stellen sollte, war mitsamt Fördermittelsuche ein Thema. Noch immer stellte sich die Frage: Wer wird sich auf solch eine Forderung einlassen wollen?

Da hat der Autor die zündende Idee: Bezweckte nicht der Verkauf des Blocks vom Bund an den Landkreis (im Jahr 2006 für einen symbolischen Euro) den Bau einer Jugendherberge über sechs Höfe hinweg?! Die Herberge kam lediglich in drei Höfen zustande. Sollten somit nicht wenigstens die drei anschließenden Höfe für die Jugend, Geschichte, Kunst und Kultur freigehalten werden?

Unter diesem Gesichtspunkt reaktivierte DenkMALProra im *März 2017* die „Prora-Petition". Für die Ziele ließen die MDR-Kulturnachrichten den Autor zu Wort kommen. Gefordert wurde die „*Ausgliederung des mittleren Abschnittes des Blockes V (drei Lichthöfe) aus den Kommerzialisierungsabsichten des Landkreises und der Verkauf für einen symbolischen Euro an Bund oder Land oder aber in geeignete private Hand, mit der Auflage, das Bildungszentrum zu den Totalitären Systemen des 20. Jahrhunderts unter Berücksichtigung bislang bewahrter baulicher Spuren als Lernort zur Geschichte umzusetzen und Freiräume für Kunst und Kultur zu bewahren*".[52]

In Sorge um die bereits erkämpfte Akzeptanz der Bewahrung baulicher Strukturen in der ehemaligen Kaserne wendete sich der Autor auch an den V*erein Insula Rugia e.V..*[53] Doch die Hoffnung, insbesondere für die Idee der Rekonstruktion eines Museumsganges, Mitwirkende vor Ort mobilisieren zu können, erfüllte sich nicht. Wie sinnvoll solch ein Gang wäre, zeigte sich schon vier Jahre später, als die Sammlung der letzten Einrichtungsgegenstände von Prora zum Verkauf stand.

In dieser Situation schien sich ein nochmaliges *Schreiben an die Mitglieder des Kreistages Vorpommern-Rügen* notwendig zu machen, in dem gebeten wurde, beim bevorstehenden Verkauf genau hinzuschauen, *was* da verkauft wird – sowohl von der Anzahl der Höfe, als auch deren Geschichte her. Unter der Überschrift: *„Keiner möge sagen, das habe ich nicht gewusst!"*, wurde die Geschichte des zur Debatte stehenden Abschnittes vor Augen geführt und das Schreiben mitsamt einer Presseerklärung auf die Reise geschickt, welche die Sanierung der Prora-Blöcke in Gänze in den Blick nahm und sich daher in der Kritik besonders pointiert äußerte:

„Die mit Steuermitteln geförderte Wiederherstellung des ‚schönen Scheins des Nationalsozialismus' unter Missachtung der tatsächlichen Geschichte zugunsten kapitalkräftiger Minderheiten verkehrt die soziale Aufgabe des Denkmalschutzes in ihr Gegenteil. (...) Kritische Zeitzeugen können an diesem Ort nur noch eine sich selbst belügende Gesellschaft bzw. einen Staat erkennen, der seine Bürger, im Wahlkreis der Bundeskanzlerin Angela Merkel (!), vorsätzlich hinters Licht führt. Insofern bleibt Prora ein Symbol – heute für ein „Establishment", das am Gemeinwohl vorbeiagiert und kritische Stimmen überrollt. Im Grunde offenbart dieser Ort eine zur Auseinandersetzung mit der jüngeren Vergangenheit unfähige Gesellschaft. Die rücksichtslose Tilgung ostdeutscher Erfahrungsräume und emotionaler Zugänge zur Geschichte rächt sich an anderer Stelle und dürfte sich in Defiziten abseits materiellen Wohlstandes äußern, womit sich die Gesellschaft in Zukunft wird auseinandersetzen müssen."[54]

DenkMALProra prägte dem Geschehen seinen Stempel auf. Zwar wurde den Vorstellungen der Prora-Petition nicht 1:1 entsprochen, doch einigte man sich auf die *Ausgliederung des geplanten Bildungszentrums aus den Kommerzialisierungsabsichten* (ein Hof mit Kamm/Treppenhaus verblieb am Ende sogar in öffentlicher Hand) sowie auf die Einrichtung einer *„Pufferzone"* zwischen Jugendherberge/Bildungszentrum auf der nördlichen und dem künftigen Wohnbereich im südlichen Teil des Blockes. Die beiden Höfe zwischen den Kämmen (Treppenhäusern) 6 und 8 sollten sogar, wie gefordert, im graubraunen Putz verbleiben dürfen.

Die beiden Vereine, die eine *zweite Absichtserklärung zur künftigen Zusammenarbeit* abgaben (wonach es bis dahin noch immer nicht aussah, obgleich vonseiten des Landkreises lange Zeit gefordert), plädierten für intensivere Gespräche zwischen Bund, Land und Landkreis, galt der Bau des Bildungszentrums doch auch ihnen nun als eine „nationale Aufgabe", wie es der Autor bereits im Schreiben an die Bundeskanzlerin (2013) artikuliert hatte. Um der künftigen Gemeinsamkeit der Vereine (die schon 2010 hätte hergestellt werden müssen) einen wirkungsvollen Rahmen zu geben, präsentierte sich im *August 2017* ein *„Dachverband Bildungs- und Dokumentationszentrum"*. In diesem neu gegründeten Verein, der an der getrennten Geschäftsführung der beiden Vereine offenbar nichts geändert hat, schlossen sich die Vorstandsvorsitzenden der Einrichtungen Prora-Zentrum e. V. und Dokumentationszentrum Prora e.V. (Kerstin Kassner, MdB, und Uwe Neumärker, Direktor der Stiftung Denkmal für die ermordeten Juden Europas) unter der Vorsitzenden des Dachverbandes, Sonja Steffen (MdB), zusammen. Die Leitungen der beiden Einrichtungen waren als Mitglieder im Verein vertreten.

Hätte nicht nach ALLEM, was DenkMALProra bis hierhin bewirkt hat, auch diese Initiative unter dieses Dach gehört?

Der *dpa-Beitrag* „Ende der Konkurrenz der Vereine?", der wiederum aus dem „früheren Nazi-Ferienheim" zu berichten wusste und die Initiative DenkMALProra außen vor ließ, hatte eine E-Mail zur Folge:

„Es ist schon erstaunlich, dass der gesamte Kampf gegen die einseitige Deutung des Ortes – seit 10 Jahren! – keine Notiz wert ist. Derweilen wird Prora international als ‚Hitlers Seebad' vermarktet."[55]

Das nutzte nichts, weshalb im Juli des darauffolgenden Jahres gegenüber derselben dpa-Redakteurin (inzwischen NDR, sie hatte bereits bei der Jugendherbergseröffnung aus dem „KdF-Bad" berichtet) wiederholt wurde:

„Leider verwenden Sie für den Komplex Prora trotz meiner wissenschaftlichen Analyse und trotz des Wissens und der Wahrnehmungen zig tausender ehemaliger DDR-Bürger nach wie vor die einseitige Bezeichnung ‚NS-Hinterlassenschaft'. Dies, obgleich Sie von der Petition wissen, die insbesondere auch die DDR-Hinterlassenschaften in Prora zu schützen suchte. Ich möchte Sie bitten, den jüngst erschienenen Aufsatz (erschienen im Verlag Chr. Links) (...) zur Kenntnis zu nehmen und das Problem der Erinnerungskultur zu thematisieren. Wie Sie vielleicht hörten, wird die KDL-Wache vor Block IV gerade wieder aufgebaut; ein Erfolg. Auch wollen die privaten Investoren die DDR-Geschichte nicht länger verstecken. Die Initiative DenkMAL-Prora, die der Landesregierung im Jahr 2010 das politische Zugeständnis der Berücksichtigung der ‚doppelten Geschichte' abgerungen hat, wird im Oktober 10 Jahre alt und hat in dieser Zeit aufrecht und unermüdlich die einseitige Vermarktung des Geländes kritisiert, mehrere Bücher zum Thema herausgegeben (zuletzt mit finanz. Unterstützung der LpB das Buch ‚Sehnsuchtssonate') und einige denkmalschutzrelevante Ergebnisse erzielt. Zu einem Gespräch stehe ich gern zu Verfügung."[56]

Die Mail wurde ignoriert und es änderte nichts an der Berichterstattung, wie sich im Jahr darauf bei der Vergabe des Prädikates „Erholungsort" für Prora offenbarte. Mannigfache anderweitige Berichte aus dem „KdF-Seebad" gehörten im Sommer 2017/18 wohl auch zur Marketingstrategie einiger Investoren, während diese die letzten Spuren einer untergegangenen Gesellschaft wegsanierten.[57]

Währenddessen hatte sich die reale Geschichte mühsam ihren Weg zu bahnen, etwa in Form der kommentierten *Briefsammlung Sehnsuchtssonate"* (Trailer bei youtube): 1961 befehligt Heinz Novy die Panzertruppe Prora nach Berlin – zum Mauerbau. Eine Sensation: Über 15 Jahre hinweg können die Menschen Anteil nehmen am Denken und Fühlen eines

Paares, dessen Träume und Ideale inmitten des Kalten Krieges instrumentalisiert und zum Teil zerstört wurden. Für das Projekt wurden mehr als 300 Briefe per Hand transkribiert – 2017 eingeschoben zwischen zwei medizingeschichtliche Projekte im fernen Regensburg, nachdem sie durch eine vor Jahren rein zufällige Begegnung mit dem Enkel des Protagonisten in einer Berliner Diskothek in die Hände des Autors gelangt waren. Das Buch, für das durch den Kontakt zu einem Mitarbeiter in der Landeszentrale für politische Bildung, Schwerin, sogar eine kleine finanzielle Unterstützung erzielt werden konnte, wurde mit den Worten auf die Reise geschickt:

„Die einzigartigen Einblicke in die Welt eines ranghohen Offiziers der NVA und seiner Lebensgefährtin werfen die Frage nach dem Umgang mit ostdeutschen Biografien jenseits der Wegbereiter der Friedlichen Revolution auf. Im Vorfeld des Jubiläumsjahres 2019 widerspricht Wolter einmal mehr der Erinnerungskultur im wiedervereinigten Deutschland, das einen Teil seiner Geschichte tilgt und vergisst und somit den Kalten Krieg herunterspielt. Bezüglich der einstigen Militärstandorte Prora und Eggesin wartet er mit überzeugenden Erkenntnissen auf."[58]

Das Jahr *2017* bescherte überdies zwei „Abriss-Projekte" im historischen Prora, die für Überraschungen sorgten – teils negativ, teils positiv. Da war zunächst der *Abriss des Kontrolldurchlasses zur einstigen Offiziershochschule*, der binnen weniger Stunden bis auf wenige Rohbaumauern zurückgebaut wurde, womit alle Inneneinbauten, die vom 2012 festgelegten Denkmalwert nicht ausgenommen worden waren, entfernt wurden (Abb. S. 227). Ein Schock, nachdem ähnliche Entkernungen am ehemaligen Bausoldatenversorger in Mukran festgestellt werden mussten. Hier aber war vom Gebäude nun kaum noch etwas zu erkennen. In einer von DenkMALProra herausgegebenen Presseerklärung heißt es empört:

„Es war das nunmehr letzte Gebäude des einstigen Militärstandortes Prora, das über eine weithin intakte Ausstattung aus DDR-Zeiten verfügte. Damit setzt sich fort, was in Prora offenbar System hat. Erstmals jedoch wurde gestern Strafanzeige gegen die Zerstörung der baulichen Spuren der DDR-Geschichte gestellt. Den Fall bearbeitet das Kriminalkommissariat Stralsund. Mit der Zerstörung des einstigen Kontrolldurchlasses, der auch über eine Arrest-/Ausnüchterungszelle für ausländische Militärs verfügte, sind all jene ihrem Ziel ein großes Stück näher gerückt, die den Ort einzig und allein als Seebad definieren wollen. Erst nach der politischen Wende wurde die Bezeichnung ‚ehemaliges KdF-Bad' geprägt, der seither in die Irre führt: Der Ort wurde nie als ein solches fertiggestellt, vielmehr im Zeitalter des Stalinismus zur Großkaserne entwickelt. Erfahrungsräume zweier Generationen früherer DDR-Bürger werden brutal untergraben. Während die Aufarbeitung der Geschichte der SED-Diktatur versagt, werden nationalsozialistische Seebadträume salonfähig gemacht. (...) *Unbegreiflich ist es, wie die Bildungseinrichtungen vor Ort, Prora-Zentrum e.V. und Dokumenta-tionszentrum Prora e.V., die Entsorgung der Geschichte unkommentiert gesche-hen lassen können.* Insbesondere der mit EU- und Landesmitteln geförderte Bildungsverein Prora-Zentrum e.V., der sich nach langjährigem Insistieren des Vereins Denk-MAL-Prora endlich der Nutzungsgeschichte des Kolos-ses annahm, hätte über Jahre hinweg Sensibilität für das Denkmal wecken müssen und somit zum Schutz beitragen können. In erheblichem Maße mitverantwortlich für die Entsorgung der Geschichte des Ortes Prora ist die ehemalige Landrätin Kerstin Kassner, die jetzt in einem gesonderten Schrei-ben kontaktiert wurde. Darin wird sie an Ihre Verantwortung hinsichtlich der ersten Entkernungswelle der einstigen Kaserne (Block V) in den Jahren 2008/09 erinnert. Diese Zerstörung wird die geplante abermalige Inbetrieb-nahme der Räumlichkeiten bzw. den Aufbau eines Bildungszentrums nun erheblich verteuern...“[59]

Gefordert wurde der zumindest äußerliche Wiederaufbau des Gebäudes und die Bindung der Vergabe des geplanten Seebadtitels an eine Mit-wirkungspflicht der Investoren, die Geschichte ihrer erworbenen Blöcke präsent zu halten. Die ehemalige Landrätin wurde in einem Schreiben an das Übergehen der widersprüchlichen denkmalpflegerischen Gutachten vor dem Umbau der Kaserne zur Jugendherberge erinnert und zu mehr Achtsamkeit im anschließenden Mittelteil des Blocks (drei Höfe) aufge-fordert. Außerdem nutzte der Autor die Gelegenheit, den „sichergestell-ten“ Torflügel (Abb. S. 56) einzufordern.

Eine Antwort darauf gab es nicht. Der Rügen-Blitz aber berichte-te recht ausführlich über diesen Skandal und die Ämter wurden tätig. Das Gebäude wurde zumindest äußerlich erkennbar wieder hergestellt, immerhin: Als es binnen zwei Jahren soweit war, stand wohl das erste und einzige einstige NVA-Gebäude der Republik aufgrund staatlicher Weisungen rekonstruiert wieder vor Augen. Das Ensemble steht bis heu-te unter Denkmalschutz und beherbergt die Immobilienbetreuung der Firma Bauart – an der inzwischen sogenannten „Alten Wache“, wie die Straße umbenannt wurde.

Nicht unerwähnt bleiben soll die *Teilnahme an einer Verkaufsausschuss-sitzung* für Block V in Stralsund (4.7.17), woraufhin sich der Autor an eben diesen Ausschuss wandte, mit der Kritik, dass es an einer sinnvollen Vernetzung der Initiativen bislang mangelt. Noch einmal wurde betont, wie erstrebenswert es aufgrund neuerer historischer Bewertungen sei, den Mittelteil in öffentlicher Hand zu belassen und die sachverständi-gen Leute zusammenzubringen, „angefangen von den Vereinen über Landkreis, Land (LpB) bis hin zum Bund, die ganz konkrete und un-zweideutige denkmalpflegerische Zielvorgaben für die innere und äußere Gestaltung dieses letzten, die komplexe ,doppelte' Geschichte noch ver-mittelnden Blockes erarbeiten“.[60]

Das zweite „Abriss-Projekt" betraf die *Abtragung des Wandbildes des Usedomer Künstlers Klaus Rößler „Wehrbereitschaft der Jugend"* von einer abrissreifen Schule aus dem Jahr 1973: 320 Kacheln, die nummeriert eingelagert wurden, allerdings bis heute auf ihre Wiederanbringung an einem geeigneten Ort in Prora warten. Die Idee, diese Fliesen am Giebel der Mehrzweckhalle Prora als benachbartes Pendant zur Gedenktafel der Bausoldaten anzubringen, was sich pädagogisch in ein Konzept hätte einbinden lassen, musste rasch ad acta gelegt werden, nachdem bei Bekanntwerden dieses Planes, die vorgesehene Giebelwand umgehend mit einem Großplakat für das Naturerbezentrum bestückt wurde. Ist hier die stellvertretende Aufsichtsratsvorsitzende des Landesverbandes des Deutschen Jugendherbergswerkes, Kerstin Kassner, aktiv geworden? Auch die Idee, das Bild später im geplanten Bildungszentrum zu präsentieren, wurde vonseiten der Verantwortlichen verhalten aufgenommen. Inzwischen befinden sich die Kacheln in Besitz des Investors von Block II, der sie auch reinigen ließ. Wiederaufgebaut ist das Werk bis heute nicht.[61]

Diese Aktion, die mediale Aufmerksamkeit bis hin zum NDR erzielte, war einem ähnlichen Zufall zu verdanken, wie die Bekanntschaft mit den Briefen der „Sehnsuchtssonate": Nachdem der Autor seit 2012 immer wieder auf den notwendigen Erhalt dieses Kunstwerkes hingewiesen hatte, wurde das Wandbild unter Aufsicht der Bauamtsleiterin Romy Guruz unter vier Interessenten verlost. Das Los fiel auf den Autor, der sich nun binnen weniger Tage zu kümmern hatte und beherzte Helfer fand, ohne die diese große Arbeit nicht möglich gewesen wäre.[62]

Bezüglich weiterer historischer Relikte wurde der Autor mit einem letzten großen *Schreiben, gerichtet an die Denkmalbehörden in Land und Kreis* (mitunter weiß die eine Hand nicht, was die andere tut) *sowie die Landeszentrale für politische Bildung* vorstellig, „um die richtige Weichenstellung, welche die doppelte Geschichte des denkmalgeschützten Ortes Prora quasi in letzter Minute noch sicherstellen könnte" abzusichern:

„Ich habe anbei einige Objekte zusammengestellt, die später durch erklärende Tafeln in ihrer historischen Dimension erfasst werden können und sollten, um einer Verherrlichung des eines Tages vollendeten Seebades vorzubeugen. Möglicherweise führen meine Vorschläge zu einem differenzierten Ergebnis und Beurteilung von Ihrer Seite, doch möchte ich meine Gedanken gern zur Erörterung stellen. Erfreulicherweise hält es Frau Dr. Gnekow (Schreiben vom 4.5.2017) für die Landseite von Block V denkbar, einen wie auch immer großen Abschnitt in diesem Putz sanieren zu lassen. Daraufhin erbat ich (Mail vom 11.5.2017) wenigstens auch den Abschnitt der zugemauerten Liegehalle seeseitig in diesem Putz zu belassen. (...) Nachdem ich mich intensiv mit dem Block befasst habe, erlaube ich mir außerdem (für den Fall, dass nicht der gesamte zur Debatte stehende Blockabschnitt im graubraunen historischen Antlitz erhalten werden kann) für die Landseite folgenden

Vorschlag zu unterbreiten (vgl. auch den Aufsatz: Wolter „Auferstanden aus KdF-Ruinen–Der ‚stalinistische Kasernengroßbau Prora' und seine heutige Rezeption, 2017"): Die Farbe der Jugendherberge (Silikonharzfarbe weber. ton 411 top) weicht vom Weiß der übrigen Blöcke ab. Um eine Harmonie im Aussehen des Blockes zu garantieren, könnte die farbliche Gestaltung m. E. durchaus in einer Dreiteilung erfolgen: Jugendherberge (3 Lichthöfe, die im bisherigen Farbton die KdF-Planung verkörpern), anschließend das Bildungszentrum mit zwei angrenzenden Wohnabschnitten (3 Lichthöfe, graubraun) und der südliche Abschnitt (3 Lichthöfe, weiß oder im besten Falle bunt, was die Transformation des Gebäudes in die demokratische Vielfalt versinnbildlichen würde).

In diesem südlichen Abschnitt könnten dem Bauherrn unter Umständen größere gestalterische Freiheiten eingeräumt werden (Balkone zur Hofseite etc.) bei gleichzeitiger Verpflichtung zu allergrößter Zurückhaltung im Bereich des künftigen Bildungszentrums und der *Gewährleistung des graubraunen Putzes mindestens zweier Lichthöfe mit dem dazwischen liegenden Treppenhaus.* Eine derartige Sanierung würde die Brüche in der Geschichte verdeutlichen, was den ohnehin nicht vollständig kommerzialisierten Block auch in der äußerlichen Gestalt zu einem Lernort werden ließ.[63]

Beantragt wurde zudem Denkmalschutz für die im Ort Prora noch heute zu findenden *typischen Fenstergitter,* die viele Bewohner auf eigenes Betreiben erhalten, weil sie praktisch sind. Jedoch sind sie „ein unverwechselbares Merkmal des Ortes Prora im Kalten Krieg". Sensibilität (zum Teil Denkmalschutz) wurde nicht zuletzt für die gerade entstehende „Neue Mitte" gefordert, insbesondere für die *Panzerhallen* und den noch vorhandenen *Zugang von Block IV* (Mauer und Lampe einer einstigen Wache, vgl. S. 218 und Zeitzeugenbericht S. 239), wobei letzteres Ensemble unweit der erhalten gebliebenen Tribüne später wegsaniert wurde. Außerdem wurde der Gang 3. OG in Block V nochmals zum Thema:

„Erfreulicherweise ist jetzt im Gespräch, diesen Gang museal so herzurichten, dass wenigsten an einer Stelle in Prora die ehemalige Kaserne noch erlebbar ist. Der Abschnitt bietet sich sogar in besonderer Weise an, da er den Ausbau (d.h. die Umwandlung) der geplanten KdF-Liegehalle verkörpert. Laut Rücksprache mit Frau Misgaski besteht die Absicht, die Raumaufteilung im Großen und Ganzen bestehen zu lassen, d.h. den Eindruck des Ganges zu bewahren. Mit diesen Vorstellungen korreliert meine Idee, zumindest einen Teil der Türen im Originalzustand wiederherzustellen. Dafür müssten Türen jetzt (!) aus dem derzeit in Entkernung befindlichen Block III gesichert werden; die Rahmen könnten nachgebaut werden. Wichtig wäre nun zu erfahren, ob ein solches Engagement Ihre Befürwortung und ggf. Unterstützung finden würde und wie viele Türöffnungen original hergestellt werden sollten."[64]

Antwort auf dieses Herzensanliegen (vgl. auch S. 93) gab es nicht.

Auch für die Hülle des letzten authentischen Heizhauses neben dem einstigen Versorger Mukran sowie einem Wachturm über der Steilküste von Binz (1950er/60er Jahre) wurde Denkmalschutz gefordert. Der Wachturm neben der Autobrücke in Mukran (Abb. S. 94) konnte aufgrund eines Antrages der Initiative bereits 2009 geschützt werden.

Im *Januar **2018*** wurde die erwähnte *Betriebsstudie zum Bildungszentrum präsentiert.* „Die Initiative DenkMALProra, die seit genau zehn Jahren für die Einrichtung eines solchen Zentrums kämpft, begrüßt das Projekt ausdrücklich", äußert sich eine weitere *Presseerklärung* dazu: „Zu wünschen ist, dass DenkMALProra in den weiteren Prozess konstruktiv eingebunden wird."

„Es bleibt zu hoffen, dass zumindest der mittlere Teil des Gebäudes im graubraunen Antlitz der ehemals größten Kaserne der DDR erhalten bleibt und ein Gang des Gebäudes original erhalten bzw. wieder in den Zustand nach 1950 zurückversetzt wird. Letzteres Ziel begrüßen auch die privaten Investoren, etwa von Block III, die sich mit Originalien wie einstigen Zimmertüren unterstützend einbringen wollen. Letztlich geht es darum, Erfahrungsräume der Ostdeutschen ernst zu nehmen und späteren Generationen einen unverstellten Zugang auch zur Geschichte der DDR zu gewähren. Für diesen Zweck konnten einige Relikte des Gebäudes, darunter ein ehemaliger Gemeinschaftsraum der Bausoldaten, zusätzlich unter Denkmalschutz gestellt werden".[65]

In einem *Schreiben an die Vorsitzende des Dachvereins, Sonja Steffen,* die wohl maßgeblich daran beteiligt war, dass sich der Bund mit einer größeren Millionensumme am Bau des Bildungszentrums beteiligen möchte, heißt es recht siegessicher:

„Sie waren damals eine der ersten PolitikerInnen vor Ort, die die Gedenktafel für die Bausoldaten in Augenschein genommen hatten – was mich freute und berührte. Leider wurde ich nach der Anbringung der Gedenktafel (2010) von einem weiteren Miteinander ausgeschlossen. Ein Fachbeirat kam ohne mich oder einen Vertreter von DenkMALProra zustande. Die Wanderausstellung über die Bausoldaten (2014), wie auch die Berichterstattung darüber, übergingen in der Folge jene, die diese Ausstellung zuvor jahrelang einfordern mussten – und zwar unter erheblichen Mühen. Aufgrund des jahrelangen Insistierens bei zügig voranschreitender „Entgeschichtlichung" des Ortes mögen die Einsichten gewachsen sein, Authentizität im Bereich des Bildungszentrums in größerem Stil bewahren zu müssen als noch 2012 gedacht. Doch stellt sich die Frage, wie die heute in Prora Agierenden in der Lage sein werden, die dritte Phase des Ortes – die Zeit nach 1990 – ausgewogen und selbstkritisch darzustellen. Aufgrund der genannten Tatsachen wäre es in meinen Augen angemessen, mich (neben den beiden Vorsitzenden der Vereine) in den Vorstand einzubeziehen. Gern würde ich mich mit meinem Wissen, den Erfahrungen und Kontakten einbringen."[66]

Die Antwort: „Wir haben Ihr Anliegen im Vorstand besprochen, allerdings werden wir vorerst keine neuen Mitglieder aufnehmen. Gerne kontaktieren wir Sie als Berater, wenn wir inhaltliche Fragen haben oder Informationen benötigen. Ich danke Ihnen für das Angebot und Ihr großes Engagement." [67]

Mein Bedauern, es werde eine Chance vertan, die Initiativen nun endlich zu bündeln, wurde unbeantwortet gelassen – auch ein Blick in die Machbarkeitsstudie wurde dem Mitinitiator des Bildungszentrums verwehrt, während sie der Vorsitzende des Förderkreises Proraer Bausoldaten auf Facebook in den Händen hielt.

Jedoch berichtete nun die Presse über diese vom Dachverein Bildungs- und Dokumentationszentrum Prora präsentierte *Machbarkeitsstudie*. Demnach sieht die vom Managementberater MuseoConsult erstellte Studie eine "thematisch erweiterte, zweisprachige Dauerausstellung zur Geschichte Proras in der NS-Diktatur, während der DDR-Zeit und nach der Wende (vor)". Zudem sollen Wechselausstellungen, ein Museumsladen, eine kleine Gastronomie sowie Seminar- und Veranstaltungsräume zu diesem Komplex gehören: Kernaussage ist, das zukünftige Bildungs- und Dokumentationszentrum Prora zur Geschichte im 20. Jahrhundert lasse sich betriebswirtschaftlich betreiben; jedoch nur unter einer großen Anzahl stimmiger Rahmenbedingungen.

„Die Kosten für die Blocksanierung und den Aufbau des national bedeutenden Museumsprojekts, das möglichst bis 2022 (sic!) öffnen soll, dürften sich auf mindestens fünf Millionen Euro belaufen und sollten nach Einschätzung von Vereinschefin Sonja Steffens zu einem Großteil vom Bund und vom Land übernommen werden. Auch der künftige Betreiber soll vor allem in den ersten fünf Jahren öffentlich verstärkt gefördert werden. Die Experten gehen von jährlichen Ausgaben von rund 750.000 Euro aus (ohne Miete). Ein Großteil davon soll durch Eintrittspreise finanziert werden. Erwartet werden jährlich 55.000 bis 140.000 Besucher. Zudem werden Synergieeffekte durch Bildungsprojekte angestrebt, zum Beispiel für Schulklassen, die in der benachbarten Jugendherberge logieren könnten. (…) Den Plänen zufolge soll auch das Dach des Sechsgeschossers öffentlich zugänglich gemacht werden, damit die Besucher die Gigantomanie des NS-Baus erleben können."[68]

Irreführend berichtete die Ostsee-Zeitung, es sei der Gebäudebereich für die Bildungsarbeit „von außen nach Möglichkeit so zu gestalten, wie er von den Nazis erbaut worden ist – mit einer Fassade in Kratzputzgrau".[69] Neben diesem DDR-typischen grauen Kratzputz untergrub die Ostsee-Zeitung die jahrelange Überzeugungsarbeit, die DenkMALProra hinsichtlich der DDR-Geschichte leistete – sowohl inhaltlich, als auch bezüglich des Kampfes, der auszufechten war, indem sie dieses Idealbild zauberte: „Nach der Wende entstanden zwei Ausstellungszentren: Das

Dokumentationszentrum, das den Fokus auf die Sozialgeschichte des NS-Regimes legt und das Prora-Zentrum mit dem Schwerpunkt DDR-Geschichte." Angesichts des relativ mageren Ausstellungsbetriebes im „Prora-Zentrum", musste die angegebene Förderungssumme des Landes Staunen erregen: „165.000 Euro hat das Land bislang jährlich in die beiden Zentren investiert, Mittel, die in den ersten 5 Jahren um 20 % aufgestockt werden müssten." Ein Eintrittsgeld von rund 7 € sollte hinzukommen. Auf diese Berichterstattung ließ der Autor einen *Leserbrief in der Ostsee-Zeitung* folgen, der in großen Teilen abgedruckt wurde:

„Lese ich die Berichterstattung bezüglich der Präsentation der Machbarkeitsstudie zum geplanten Bildungszentrum in Prora, so kann ich mich des Eindruckes nicht erwehren, es herrscht noch immer ein Interesse daran, die Geschichte des Kalten Krieges (unter dem die Ostdeutschen viel mehr zu leiden hatten als die Westdeutschen), möglichst klein zu halten und die des geplanten Seebades umso größer erstrahlen zu lassen. Der offenbar auch von dpa verfolgte Ansatz ist falsch und wurde jüngst in einer wissenschaftlichen Studie widerlegt. Prora war um 1950 eine Ruine, aus der in der Zeit des Stalinismus eine Großkaserne geschaffen wurde. Deren Geschichte hatte mit ‚Kraft durch Freude' herzlich wenig zu tun. Sie war auf das Engste mit dem Aufstieg und Fall des SED-Regimes verknüpft. Aus DDR-Zeit stammt auch der Kratzputz (die Darstellung, dieser sei aus Nazi-Zeiten ist schlichtweg falsch!), den es ebenso zu erhalten gilt, wie die Innenaufteilung der Kaserne (hier gibt es neuerdings überarbeitete Denkmalvorgaben, die auf die DDR-Geschichte zielen!). Was ebenfalls nicht im Beitrag steht: Wenn die nach 1950 errichteten Stubenwände nicht(!) entfernt werden, stellt auch die Traglast der Fußböden kaum noch ein Problem da. Das Gutachten von 2012 hält es zudem für möglich, das nach 1950 historisch gewachsene Antlitz mittels Stahlträgern zu sichern. Die in meinen Augen irreführende Berichterstattung könnte vermieden werden, wenn die Presserklärungen der Initiative DenkMALProra nicht ignoriert und die Initiative nach ihrer 10-jährigen Vor- und Zuarbeit endlich in die Prozesse vor Ort eingebunden würde."[70]

In jenem Jahr, in dem DenkMALProra sein zehnjähriges Bestehen beging, gab es doch auch einen Erfolg: Der *Film „Als das Wissen geprüft wurde" (Knut Weinrich)* setzte den Autor und darüber hinaus die Räumlichkeiten im mittleren Abschnitt von Block V in Szene.

Im *März 2018* waren die *verkaufsvorbereitenden Gespräche* so weit gediehen, dass die Ausgliederung der sogenannten Liegehalle mit Kamm (= Treppenhaus) aus der übrigen Privatisierung sowie die Mietfreiheit im künftigen Bildungszentrum unstrittig war. Inzwischen wurde nach einem Eigentümer oder Erbbaurechtsträger gesucht. Das Land M-V hielt sich mit einer Interessensbekundung zurück. Ungeachtet dessen stimmte der Kreistag Vorpommern-Rügen für die Ausschreibung von etwa 300 Metern dieses 450 Meter langen Gebäudes. Parallel zum Verkauf wurde der bestehende Erbbaurechtsvertrag mit dem Deutschen Jugendherbergswerk (DJH) geändert. „Das ist ein riesiger Kompromiss, den wir beschlossen haben", so der damalige Landrat Ralf Drescher (CDU). Berücksichtigt wurden „die Interessen der Gemeinde, des Kreises, der Vereine, des Jugendherbergswerkes und des Investors" – eine „win-win-Situation" für alle Seiten, so Drescher in der Tradition, Zeitzeugeninitiativen wie DenkMALProra zu übergehen.[71]

Der Plan: Der zum Verkauf stehende südliche Abschnitt, den der Kreis „zum Höchstpreis" zu veräußern beabsichtigte, wird für 60 Millionen Euro saniert werden und 180 bis 200 Wohnungen darin entstehen. Eine Nutzung für Ferienwohnungen oder Hotel wurde im Vertragswerk explizit ausgeschlossen. Wie erwähnt: Den Investor erwarteten neben dem unsanierten Block V und einem Grundstück von 90.000 Quadratmetern eine Menge finanzielle und bauliche Verpflichtungen gegenüber der Jugendherberge. Dazu gehörte eine erst jetzt bekannt werdende höchst *unpopuläre Maßnahme*: „8000 Quadratmeter Waldentnahme" zum Zwecke des Bestandes von rund 250 Zeltstellplätzen für rund 1000 Gäste. Ausgleichsmaßnahmen für die Rodung wurden mit der Bepflanzung des historischen Appellplatzes getroffen, wodurch dessen Umrisse zerstört sind. Dies alles nur, weil der Bereich „Wohnen" zu nahe an die Jugendherberge herangerückt war. Wären die Forderungen der Initiative DenkMALProra berücksichtigt worden, hätte eine Pufferzone von drei Höfen diese Rodungen obsolet gemacht.

Der Gedanke dieses „Puffers" wurde zumindest in verkleinerter Dimension aufgegriffen: „So sind zwei Kämme (die vorspringenden Gebäudeelemente des Anlage) zwischen Jugendherberge und Wohnen für eine Gedenkstätte und Gewerbe reserviert. Das könnten zum Beispiel Restaurants, Arztpraxen oder Dienstleister sein."

Im *April 2018* lag die *Ausschreibung* vor, in der die Arbeit des Autors deutlich zu erkennen ist, indem es heißt:

„…abweichend vom gestalterischen und funktionalen Konzept für die Blöcke I-IV soll für Block V auch die Zeit nach 1950, d. h. die NVA-Nutzung Berücksichtigung finden, insbesondere Kämme 6 bis 7 – hier Beibehaltung der Fassadengestaltung auch bezüglich der Fensteraufteilung und -abmessungen, keine Balkone und keine Öffnung der Etagen der Liegehalle (zwischen den Kämmen 7 und 8) mit dem Ziel, den überlieferten Baubestand als Zeugnis der Kasernennutzung möglichst unverändert zu übernehmen; dies muss bei der Sanierung von Kamm 6 (Treppenhaus 6 mit nördlich angrenzendem Verbinder) zwingend berücksichtigt werden…"[72]

Währenddessen stand im *Juni 2018 das neue Verkehrskonzept* zur Debatte, worauf wiederum Einfluss genommen werden musste:

„Hinsichtlich der Bezeichnung der Blöcke auf der Beschilderung fordern wir die Abänderung der irreführenden und falschen Bezeichnung ‚Ehem. KdF-Bad' in ‚Koloss Prora'. Die jetzt verwendete und in der Vergangenheit bereits vielfach kritisierte Bezeichnung, die nach 1990 eingeführt wurde, negiert die ‚doppelte Geschichte' der Anlage. Sie suggeriert ein früheres Seebad, das real nie in Betrieb ging und ist somit Geschichtsklitterung. Selbst das Dokumentationszentrum Prora, das ebenfalls die Planung der Anlage in den Vordergrund schiebt, verwendet die richtigere Bezeichnung ‚ehemals geplantes KdF-Bad'.

Es geht hier nicht nur um einen Begriff, sondern um die Deutung der Anlage, die inzwischen nahezu aller Spuren ihrer tatsächlichen Nutzung beraubt ist, bei gleichzeitiger Umdeutung und weltweiter Vermarktung als ‚Nazibau', ‚früheres Nazi-Bad', ‚Hitler-Ressort' etc. Die fast ein halbes Jahrhundert während Aus-, Umbau- sowie Nutzungsgeschichte der Anlage, auf das Engste verknüpft mit dem Aufstieg und Niedergang des SED-Regimes, kommt so gut wie gar nicht mehr vor.

Hinsichtlich der wissenschaftlichen Bewertung der Blöcke hat sich in den vergangenen zehn Jahren, also seit der letzten Beschilderung, einiges getan. Eine seitens der Landesregierung herausgegebene, im Druck befindliche Studie ‚Auferstanden aus KdF-Ruinen. Der stalinistische Kasernengroßbau Prora und seine heutige Rezeption' (2017, www.denk-mal-prora.de) gliedert den Bau in eine erste und eine zweite Bauphase, der die jüngste dritte Phase folgt. In dieser aktuellen Phase wird die unmittelbar vorangegangene Vergangenheit wegsaniert. Einzig und allein die KdF-Bauphase ist es, die im Bewusstsein präsent gehalten wird – aus Gründen der Vermarktung, Verdrängung oder nachträglichen Delegitimierung der DDR. (...)

Die heutigen ‚falschen Fassaden' suggerieren falsche Kontinuitäten. Seit Jahren schon steuert eine Kleinbahn das ‚KdF-Bad' an. An einem Nazi-Disneyland sollte keinem gelegen sein. Auch die Vergabe des Seebad-Titels sollte daher davon abhängig gemacht werden, inwieweit sich die Investoren gegenüber der komplexen Geschichte des Ortes – NS-Rohbau/Großkaserne im Kalten Krieg – verantwortungsbewusst zeigen.

Dem künftigen Seebad sind vermutlich auch die beliebigen blumigen Straßennamen geschuldet. So wird es die historische ‚Objektstraße' künftig nicht mehr geben. Dass es am zweitgrößten Standort früherer Waffenverweigerer (Merseburg) heute einen „Platz der Bausoldaten" gibt, in Wertschätzung deren Bedeutung für die Friedliche Revolution, sei angemerkt. Wenngleich solches auf Rügen vermutlich undenkbar ist, sollte vor Ort doch zumindest die Bezeichnung der Anlage als „Koloss Prora" denkbar sein. Dieser Name auf den Schildern würde nicht nur der komplexen Geschichte der Blöcke gerecht, vielmehr impliziert er mit seiner nicht wertenden Begrifflichkeit die Chance, allen drei Bauphasen und letztlich auch einem tatsächlichen Neuanfang des Ortes gerecht zu werden."[73]

Seit Ende 2018 tragen die Proraer Straßen die schönen Namen Proraer Allee, Südstrand, Nordstrand sowie die langweiligen, jedoch praktischen

Namen je nach Blöcken: Erste, Zweite, Dritte, Vierte und Fünfte Straße. An der Bezeichnung „KdF-Bad" (Abb. S. 93) wurde nicht gerüttelt.

Im Jahr 2021 wurde die Forderung daher wiederholt, indem zum 3. Oktober/9. November ein *„Aufruf gegen die Geschichtsvergessenheit"* startete, unterzeichnet von dreißig Mitstreitern aus vielen ehemaligen Militäreinheiten von Prora:

„Vor dreißig Jahren wurde das Ende des Militärstandortes Prora auf der Insel Rügen beschlossen. Damit ging eine Ära zu Ende, die vor siebzig Jahren ihren Anfang nahm: Unter den Mühen von rund 19.000 Arbeitskräften, unter anderem organisiert im ‚Dienst für Deutschland' sowie in den neu entstandenen Volkspolizeibereitschaften (seit 1952 Kasernierte Volkspolizei), begann um 1950 der Aus- und Umbau des Torsos der geplanten Kraft-durch-Freude-Anlage zu einer der größten Kasernen der DDR. Vom Bollwerk im Kalten Krieg bis hin zur Friedlichen Revolution bildete Prora nahezu alle Facetten der (Militär-) Geschichte der DDR ab. (...) Ursprüngliche denkmalpflegerische Zielsetzungen gingen von einem Mahnmal zur „doppelten Geschichte" aus – vor Augen steht stattdessen mehr und mehr ein luxussaniertes Seebad, das sich allein der KdF-Geschichte verpflichtet weiß. Die Folge sind Geschichtsklitterung und Geschichtsvergessenheit. Zeitzeugen finden sich am Ort ihrer Geschichte kaum wieder, Nachgeborenen wird die Chance verwehrt, Einblicke in die vielen Facetten der DDR-Geschichte zu gewinnen. Das Übergehen der letztlich deutsch-deutschen Geschichte (auch mit internationalen Bezügen) ist eine ungesunde damnatio memoriae und für die Erlebnisgeneration nicht länger hinnehmbar. Wir ehemaligen Militärangehörigen aus Prora auf der Insel Rügen wenden uns an Politik (Kommune Binz und das Land Mecklenburg-Vorpommern) und Medien mit folgendem 3-Punkte-Forderungskatalog:

- Umbenennung der Straßenhinweisschilder ‚ehemaliges KdF-Bad' (Binz, OT Prora) in ‚Koloss (von) Prora'. Es handelt sich, wie auch im einstigen KdF-Wagen-Werk Wolfsburg, heute nicht nur um eine ‚Naziimmobilie', sondern um die Hinterlassenschaft zweier Epochen. Diese Präzisierung hat die Medienberichterstattung zu berücksichtigen.

- Verknüpfung der Vergabe des Seebad-Titels an Auflagen an die Investoren, die reale Geschichte ihres Blockabschnittes präsent zu machen (zahlreiche ‚Relikte' aus der DDR-Geschichte konnten bereits zusätzlich unter Denkmalschutz gestellt werden und müssten nun erläutert werden).

- Gebührende Berücksichtigung der umfänglichen DDR-/Militär-Geschichte von Prora im zu errichtenden Bildungszentrum Block V unter Einbeziehung der Sammlung des einstigen NVA-Museums in Block III!"[74]

Doch diese Aktionen waren lediglich ein weiterer Beweis dafür, wie wenig die Bürgerinitiativen berühren. Die Deutsche-Presse-Argentur, die ja stets ausgiebig aus dem „KdF-Bad" berichtet, griff die Thematik zu keinem Zeitpunkt auf. NDR ordnete die Forderung in einem knappen

Beitrag im Nordmagazin einseitig ehemaligen Bausoldaten zu, was wie ein Bericht von vor zehn Jahren wirkte. Binz wies die Verantwortung für die KdF-Schilder vor Ort von sich und die verantwortlichen Landesministerien hüllten sich in Schweigen.

Während sich inzwischen zwei Kaufinteressenten für den südlichen Abschnitt von Block V gemeldet hatten, schien auch der Bau des Bildungszentrums gesichert. Mehrere Abgeordnete des Landes M-V hatten sich für eine auskömmliche *Finanzierung* eingesetzt, worunter sich auch Kerstin Kassner befunden haben mag, seit 2013 für „Die Linke" im Bundestag vertreten. Demnach versprach der Bund 3,4 Mio Euro bereitzustellen. Das war in etwa die Summe, die der Bund vom Verkauf der Anlage eingenommen hatte. Der parlamentarische Staatssekretär für Vorpommern Patrick Dahlemann sagte die andere Hälfte vom Land M-V zu.

In jenen Tagen, in denen der Investor von Block I Insolvenz anmeldete, kam Prora seiner ursprünglichen Bestimmung noch ein großes Stück näher. Am *17. August 2018* überreichte Wirtschaftsminister Harry Glawe (CDU) der Gemeinde Binz die *Ernennungsurkunde zum „Erholungsort Prora"*. Wiederum gänzlich auf die Ursprungsgeschichte des Gebäudes fokussiert, berichtete dieses Ereignis Tag 24 mit einer dpa-Bildmontage, in der Hitler, der bekanntlich ja nie in Prora gewesen ist, vor dem Koloss platziert wurde. Unterzeile: „Die von Diktator Adolf Hitler (†56) gewünschte Ferienanlage soll jetzt Erholungsort werden."

Diese unsägliche Berichterstattung auf BILD-Niveau wurde wenige Tage später (trotz des oben erwähnten Schreibens mit Bitte um Berücksichtigung der wissenschaftlichen Erkenntnisse) wiederholt, ebenfalls mit Bildern und deren Unterzeilen: „Nazi-Führer Adolf Hitler und sein Stellvertreter Rudolf Heß bei einem NSDAP-Reichsparteitag 1938 in Nürnberg" sowie „Ausgerechnet am Todestag von Rudolf Heß: Hitlers Ferienanlage jetzt Erholungsort!"[75] Dank der Ernennungsurkunde darf die Gemeinde Kurtaxe und Fremdenverkehrsabgabe erheben. Mittelfristig strebt Prora den Titel „Seebad" an.

Der anhaltenden Ausgrenzung der Initiative DenkMALProra wegen, deren Spuren sich trotz aller Mühen um Verwischen ja nun doch im Geschehen abzeichneten, schien sich im *August 2018* ein *Schreiben an die Ministerpräsidentin Schwesig sowie den Parlamentarischen Staatssekretär Patrick Dahlemann* notwendig zu machen, worin es ärgerlich heißt:

„Nachdem sich die jahrelang bekämpfenden Vereine Prora-Zentrum und Dokumentationszentrum Prora jüngst geeinigt haben, ist es nicht hinnehmbar, unserer neutralen, allein der Sache verpflichteten Initiative weiterhin Mitsprache bei der Gestaltung des Bildungszentrums vorzuenthalten. In all den zehn Jahren wurde sie auf fast jede denkbare Weise bekämpft. Betroffen von dieser Politik der Ausgrenzung und Missachtung sind nicht nur ehemalige Zeitzeugen, die schon aus moralischen Gründen ein Recht auf Mitsprache haben sollten. Unterdrückt wird jener Historiker, der seit einem Jahrzehnt ohne nennenswerte finanzielle Unterstützung wissenschaftliche Aufarbeitungen und Anregungen zum Thema bietet, deren Inhalt vor Ort schon oft genug ohne Angabe der Quelle verwertet wurde. Bund und Land sollten DenkMALProra Anerkennung zollen, anstatt die Initiative weiterhin mit unfairen Mitteln auszugrenzen und zu bekämpfen, wozu das Totschweigen und Herunterspielen der Leistungen gehören.

Prora ist inzwischen ein Leuchtsignal für Unrecht in der Bundesrepublik Deutschland unter der Regentschaft der Bundeskanzlerin Angela Merkel, in deren Wahlkreis Prora liegt: Der sanierte Koloss signalisiert das Abräumen der historischen Hintergründe der Ostdeutschen, das Wegwerfen biografischer Bezüge zweier Generationen DDR-Bürger, die Versiegelung von Landschaft, das Vernichten einstigen Gemeingutes zugunsten des Kapitals einiger weniger. Prora steht für ein Netz von Lobbyisten, für das Versagen von Behörden, die zum Zweck der Aufarbeitung und politischen Bildung einst gegründet wurden. Prora steht für die Missachtung jener, die zu den Wegbereitern der Friedlichen Revolution gehören und nicht zuletzt für eine manipulative Medienberichterstattung, die politischen Vorgaben sowie dem Kapital verpflichtet ist.

Schon die dreiste Medienkampagne zur Eröffnung der Jugendherberge setzte eindrucksvoll in Szene, wie Geschichte in Siegermentalität verfälscht und Verfechter der Wahrheit ins Abseits gestellt werden. Prora verkörpert vieles von dem, was Unzufriedenheit und Zorn in der Gesellschaft wachsen lassen und einer ernsthaften Debatte wert wäre. Es bietet sich nun die letzte Gelegenheit, die Geschichte des Ost/West-Konfliktes vor Ort ehrlich darzustellen und Bürgerbeteiligung bei der Ausstellungskonzeption zuzulassen. Es gibt Personen, denen in Prora nicht nur in der DDR, sondern auch in der Bundesrepublik Deutschland Unrecht widerfahren ist. Nehmen Sie das wahr! Wir sind nicht wegzuwischen, handeln Sie bitte! [76]

Im *Oktober* bekam der Autor die Gelegenheit zu einem Vortrag in einem Gymnasium im hessischen Schlüchtern. Interessiert nahmen die Schülerinnen und Schüler die doppelte Geschichte von Prora zur Kenntnis, zudem entstanden zwei Schülerarbeiten.

In jenem Monat *(4. Oktober 2018) stimmte der Kreistag Vorpommern-Rügen für den Verkauf des Blockes* an die Firma Bauart. Diese hatte zuvor schon Block IV in die Zukunft transformiert. Für das geplante Bildungszentrum, vom Verkauf nun ausgenommen, fehlte trotz der Gründung des Dachvereins im August 2017 noch immer eine letzte Klarheit über den künftigen Träger, der auch als Fördermittelnehmer agiert, was mit den Risiken des laufenden Betriebes behaftet ist.

Die Landesregierung M-V schien sich trotz der früheren Versprechungen seitens der Landeszentrale für politische Bildung, das Gelände erinnerungskulturell zu entwickeln, weiterhin aus der Affäre ziehen zu wollen.

Im *November 2018*, Bund und Land hatten wie erwähnt insgesamt 6,8 Millionen Euro für den Umbau zugesagt, rang sich schließlich der Kreis durch, die Trägerschaft für die Sanierung der sogenannten Liegehalle zu übernehmen. In der Woche vor Weihnachten wurde der modifizierte Erbbauvertrag mit dem Landesverband des DJH unterzeichnet. Demnach hatte der Investor bezüglich der erwähnten Ausgleichsmaßnahmen für die Jugendherberge nicht mehr selbst Hand anzulegen, sondern zahlte dem Vernehmen nach etwas mehr als eine Million Euro an den Landesverband, der das ihm verbliebene Gelände in Eigenregie neu ordnete. Nun konnte, 14 Jahre nach Verkauf des ersten Prora-Blocks, der letzte Gebäudeteil der Prora-Anlage an Investoren veräußert werden.[77]

Im *Januar 2019,* drei Jahre nach den ersten Willensbekundungen zum Verkauf von *Block V,* befand sich das Gebäude in weiten Teilen (Kämme 1-6) *in privater Hand.* Über den Kaufpreis wurde Stillschweigen vereinbart, doch dürfte er mindestens im höheren sechsstelligen Bereich gelegen haben.

Im Frühjahr verlinkte die Mitteldeutsche Zeitung in einem Prora-Beitrag den Aufsatz des Autors über die „Stalinistische Großkaserne", zudem gab Deutschlandfunk Näheres über den in Gang gekommenen Bauboom in Prora zu erkennen – diesmal sogar mit Erwähnung der Initiativen, die Geschichte nicht gänzlich vergessen zu lassen. Ein Erfolg! Allerdings brachten die kommenden Corona-Jahre eine Verzögerung der erwähnten Projekte mit sich; die im Beitrag erwähnten Tafeln sind zumindest auf der Website DenkMALProra einsehbar:

„Mit dem Bauboom verschwindet Stück für Stück die bis dahin noch in Teilen sichtbare Geschichte. Ulrich Busch arbeitet deshalb mit Stefan Stadtherr Wolter zusammen. Ursprünglich Medizinhistoriker, wandte sich Wolter, der als Bausoldat in Prora diente, der DDR- und damit der Armeegeschichte des Ortes zu und publizierte darüber. Wolters Idee: Vor jedem Aufgang des Blocks zwei sollen bis zum Sommer Schaukästen- und Tafeln aufgestellt werden, die über die jeweilige Nutzung des Hauses informieren. Diese fand erst in der DDR statt.

Wolter: ‚Ja, was traurig ist, dass sich die meisten nur das Kraft-durch-Freude-Bad vorstellen oder meinen, sich vorstellen zu können, wenn sie die Blöcke heute sehen. Weil von der eigentlichen Geschichte, der Nutzungsgeschichte der DDR, ist so gut wie gar nichts mehr zu sehen. Diese Spuren werden jetzt zurückgebaut, gehen verloren. Eigentlich ist es auch kein wirklich historischer Ort mehr, den man hier sieht. Und die Biografien der Ostdeutschen über zwei Generationen gehen damit völlig verloren. Die finden sich hier gar nicht mehr wieder.'

Dem will Wolter abhelfen. Der ehemalige Bausoldat sprang über seinen Schatten und führte viele Gespräche mit ehemaligen NVA-Offizieren, die genau über die einzelnen Gebäude und deren Nutzung Bescheid wussten. Auch die Militärs mussten ihre Vorurteile gegenüber dem Bausoldaten fallen lassen, galten die doch in der DDR als Weichlinge und Pazifisten. Wolter: ‚Und jetzt plötzlich so seit zwei, drei Jahren ändert sich das. Weil wir merken, wir sitzen alle in einem Boot. Es geht eigentlich unsere gesamte DDR-Geschichte verloren, egal aus welcher Perspektive, wenn dieser Ort völlig umgedeutet wird als ehemaliges Kraft-durch-Freude-Bad, was es nicht einen Tag gewesen ist. Und wir müssen es eben aushalten, unsere verschiedenen Perspektiven zu erzählen.‘

Beide Perspektiven erzählen: Nach zähem Ringen ist es dem Historiker gelungen, sowohl eine Gedenktafel für die Bausoldaten im Gelände anzubringen als auch das Wandbild ‚Wehrbereitschaft der Jugend‘ zu retten, das mit dem Abbruch der Proraer Schule verschwinden sollte. Nun wird es vor Ulrich Buschs Block zwei wieder aufgebaut. ‚Die Menschen, die in der DDR eine staatstreue Biografie hatten, werden sehr schnell als ewig Gestrige bezeichnet. Die hätten dieses Wandbild gar nicht retten können. Das konnte nur einer, der aus dem ganz anderen Lager kam und sagt: Das ist wert, gerettet zu werden. Wir müssen es nur interpretieren.‘

Wolter ist Einzelkämpfer in Sachen Prora-Geschichte. Einflussreicher sind die beiden Dokumentationszentren, die sich kürzlich zu einem Dachverband zusammenschlossen (...) ‚Diese Aura des Schreckens und des Gruseligen ist dem Ort genommen. Prora wird für Wohlfühlfaktor stehen. Das ist etwas, was für Zeitzeugen undenkbar gewesen ist. Aber wenn die Geschichte berücksichtigt wird und die Bildungsinhalte geschaffen werden sowie die Investoren mitziehen, dann ist das eine sehr positive Sache.‘“[78]

Bezüglich des geplanten Bildungszentrums, für das der Autor im Hintergrund unermüdlich die Strippen gezogen hatte, wobei die aufgetriebenen Finanzen natürlich das Verdienst der PolitikerInnen ist, lud der neu gegründete Dachverband „Bildungs- und Dokumentationszentrum Prora e.V.“ in die *Landesvertretung Mecklenburg-Vorpommern.* Dort versammelte man sich am *2. April 2019* rund um ein aufgestelltes Modell der geplanten KdF-Anlage zu einer Veranstaltung zum Thema „Erinnerungsort PRORA – Vom geplanten „KdF-Seebad“ zur Wohlfühloase“ mit Vortrag und Diskussion. Prora-Zentrum e.V. stellte das Programm auf die eigene Website :

„Das Grußwort halten Bettina Martin, Staatssekretärin für Bundesangelegenheiten und Bevollmächtigte des Landes Mecklenburg-Vorpommern beim Bund und Sonja Steffen, MdB, Vorsitzende des Vereins Bildungs- und Dokumentationszentrum Prora e.V.. Prof. Dr. Michael Wild (Humboldt-Universität Berlin) wird einen Vortrag, zu dem Thema halten; die Diskussionsteilnehmer sind: Patrick Dahlemann, MdL, Parlamentarischer Staatssekretär für Vorpommern, Prof. Dr. Stefanie Endlich, Universität der Künste Berlin, Manfred Gehrt, stellv. Landrat des Landkreises Vorpommern-Rügen, Karsten Schneider, Bürgermeister von Binz, Stephan Schack, Demokratiepädagoge, ehemaliger Bausoldat und Prof. Dr. Michael Wildt, Humboldt-Universität zu Berlin. Die Moderation übernimmt Sven Felix Kellerhoff, Historiker, Journalist und Sachbuchautor.“[79]

Frau Martin, die in der Landesvertretung mit der offiziellen *Sichtweise Proras* „vertraut" gemacht wurde, wechselte kurz darauf an die Spitze des Bildungsministeriums M-V. Und so setzte man sich in Szene:

„Das Land Mecklenburg-Vorpommern stellt für die Sanierung des Gebäudeabschnitts „Kamm 7/Liegehalle" als Komplementärfinanzierung 3,4 Mio. Euro zu Verfügung, die der Kofinanzierung von 3,4 Mio. Euro dienen, die der Haushaltsausschuss des Deutschen Bundestages bereitgestellt hat. Damit eröffnet sich erstmals nach fast 30 Jahren dank des Einsatzes der Landesregierung und der Bundestagsabgeordneten Mecklenburg-Vorpommerns die Aussicht, in Prora Erinnerungsarbeit zukunftssicher aufzustellen.

Hervorzuheben ist in diesem Zusammenhang das große Engagement der beiden Vereine Prora-Zentrum e. V. und Dokumentationszentrum Prora e. V., die in den vergangenen Jahren trotz schwieriger und zum Teil widriger Bedingungen die Erinnerung an die unterschiedlichen historischen Ebenen Proras wachgehalten, diese vielen tausend Besucherinnen und Besuchern vermittelt haben und die nun unter dem Dachverband Bildungs- und Dokumentationszentrum Prora e. V. zusammenarbeiten werden.

Der Landkreis Vorpommern-Rügen hat das Projekt nachhaltig unterstützt und wird auch die Trägerschaft für die Sanierung übernehmen.

Staatssekretärin Martin: „Dank des gemeinsamen Einsatzes unserer Bundes- und Landtagsabgeordneten aus Mecklenburg-Vorpommern und der beiden Vereine Prora-Zentrum e. V. und Dokumentationszentrum Prora e. V. wird es in Prora in naher Zukunft ein professionelles Angebot zeitgemäßer Erinnerungsarbeit geben. Ich begrüße es sehr, dass hier Geschichte in besonderer Weise erhalten und erfahrbar gemacht wird. Die gemeinsame Veranstaltung in unserer Berliner Landesvertretung macht deutlich, dass dieses Projekt weit über unsere Landesgrenzen hinweg von großer Bedeutung ist. Und ich bin sicher, dass dieser Erinnerungsort viele Gäste aus allen Teilen Deutschlands anziehen wird."

Parlamentarischer Staatssekretär Dahlemann: „Der ehemalige KdF-Bau in Prora ist einer der bekanntesten Orte unseres Landes dessen Geschichte zugleich eine der schwierigsten ist. Wir freuen uns über die starke touristische Entwicklung und dem enormen Baugeschehen. Allerdings muss man die Geschichte dieses Baus vor Ort erleben und sich damit auseinandersetzen können. Deshalb entsteht hier aus Mitteln des Bundes und des Landes die größte Einzelinvestition im Bereich der Gedenkstättenförderung in dieser Legislatur. Wir räumen einen jahrelangen Konflikt ab. Landesregierung, Landrat, Bundestagsabgeordnete und Verein ziehen dabei an einem Strang. Das ist gut für Rügen, für Vorpommern und für unser ganzes Land. Wir stellen uns der historischen Verantwortung."

Vereinsvorsitzende Steffen (MdB): „Das Projekt „Bildungs- und Dokumentationszentrum Prora" zeigt, das Kommune, Land und Bund in Mecklenburg-Vorpommern erfolgreich Hand-in-Hand arbeiten. Mit dem Vorhaben verbinden wir wichtige Erinnerungskultur und moderne Bildung – und das an einem wunderschönen Ort direkt an der Ostsee."[80]

Selbst den Beteiligten musste diese weithin substanzlose Selbstbeweihräucherung, bei der ein Alibi-Bausoldat nicht fehlen durfte, zu perfekt erschienen sein, um wahr sein zu können. Weil binnen eines Jahres nichts vorangegangen sein wird, werden schon im folgenden Jahr die Karten neu gemischt. Was blieb, war die Ausgrenzung der Initiative DenkMALProra, die nun die Erfahrung machen musste, dass seitens der Landeszentrale für politische Bildung *weder ein Interesse an der Sicherung der Websites zu den Proraer Bausoldaten/Aufbau einer neuen Website zu DenkMALProra* (umgesetzt schließlich als „Corona-Projekt" 2021) noch an einer beantragten Erstattung der Kosten für die Pflegearbeiten an der Gedenktafel für die Proraer Bausoldaten lag. Auch die vom Landkreis zugesicherte Anhörung des Autors zu Denkmalfragen, weitergeleitet an Jochen Schmidt mitsamt einem ursprünglich an Landrat Dr. Kerth gerichteten Schreiben, versandete.[82] Das Schreiben wies auf die Gefahr hin, die Darstellung im Bildungszentrum könne auf die NS-Ursprungsgeschichte fokussiert werden und das Rad damit zurückgedreht werden. Einen Hinweis darauf bot die Fotoausstellung bezüglich der *ersten* Bauphase Proras, die Prora-Zentrum seit Monaten in den Mittelpunkt rückte.[81]

Aufgrund des Verhaltens vom Direktor der Landeszentrale für politische Bildung war die Geduld am Ende. Zum wiederholten Male sah der terrorisierte Autor den Zeitpunkt gekommen, hinter allem einen Punkt zu setzen. Entsprechend ließ er im *August 2019* ein weiteres *Schreiben an die Ministerpräsidentin Schwesig* sowie einen (aufgrund der Bündelung der Vorkommnisse im Anhang abgedruckten) *Rundbrief an die Vertreter des Bildungsministeriums M-V* bezüglich *Machtmissbrauch des Direktors der Landeszentrale für politische Bildung* folgen:

„Sehr geehrte Frau Ministerpräsidentin, bitte legen Sie den Brief nicht aus der Hand! Wir begegneten uns persönlich im Rahmen der Eröffnung der Jugendherberge Prora (2011). Damals übergab ich Ihnen eine privat finanzierte, eigens für die Herberge entwickelte Broschüre zur doppelten Geschichte des Hauses. Diese Broschüren wurden vor Ort nie nennenswert vertrieben.

Im September 2018 wandte ich mich in einem Schreiben an Sie (nochmals anbei), das leider ans Ministerium für Bildung, Wissenschaft und Kultur weitergeleitet wurde. Seither ist nichts passiert. Im Gegenteil: Anlässlich der Präsentation des geplanten Bildungszentrums Prora wurde ich abermals *nicht* ins Geschehen einbezogen. Gewürdigt wurde in der Landesvertretung M-V allein die Arbeit der beiden vor Ort tätigen Vereine. (...) Die abermalige Ausgrenzung meines wissenschaftlichen Engagements ist nicht hinnehmbar. Und zwar schon allein deshalb nicht, weil mehr als 16.000 Unterzeichner einer Petition sich den begründeten Erkenntnissen und Forderungen von DenkMALProra angeschlossen haben. Ein Punkt der Petition sah die Einbeziehung der Initiative in die Gestaltungsprozesse Block V vor. Für mein mehr als ein Jahrzehnt währendes Bemühen um die Bewahrung der

Geschichte und eine die DDR-Geschichte einbeziehende politische Bildung fordere ich nun die Landesregierung zu einer Anerkennung meiner umfänglichen Leistungen auf, was die Wertschätzung des friedensethischen Engagements der ehemaligen Bausoldaten, um deren Sicherung der Geschichte sich DenkMALProra in erster Linie verdient gemacht hat, einbezieht. Für die anhaltende beispiellose Ächtung und Ausgrenzung fordere ich Rehabilitierung.

In Erwartung Ihrer konsequenten Nachricht verbleibe ich mit freundlichen Grüßen, Stefan Stadtherr Wolter."[83]

Während auch dieses Schreiben unbeantwortet blieb, meldete sich auf den erwähnten „Rundbrief" (Anhang) eine *Mitarbeiterin der Landeszentrale für politische Bildung*, Schwerin:

„Lieber, sehr geehrter Herr Dr. Wolter, für Ihre Information danke ich Ihnen sehr! Ihre Äußerungen überraschen mich nicht, sie machen wütend und traurig zugleich. Ich selbst erlebe hier immer wieder Demütigung und Ignoranz gegenüber Vorschlägen. Die kritische Auseinandersetzung mit vielen Themen, die ich längst zwingend auf unsere Agenda gesetzt hätte, findet hier nicht statt (dies sollte eigentlich das Selbstverständnis einer Landeszentrale für politische Bildung sein). Ich könnte Ihnen viele Beispiele nennen, bin oft genug gegen die Wand gelaufen. Werden wir nicht müde, den Finger in die Wunde(n) zu legen ... Hoffentlich gelingt dies, ohne die eigene Gesundheit aufs Spiel zu setzen; das ist ein bisschen meine Sorge. Bleiben Sie behütet. Neben all diesen Enttäuschungen wünsche ich Ihnen schöne Erlebnisse und ermutigende Begegnungen. Mit herzlichen Grüßen…"[84]

Das Ausbleiben weiterer Reaktionen schien ein *Schreiben an das Kuratorium der Landeszentrale* notwendig zu machen, auch wenn diese der Initiative rund zehn Jahre zuvor schon einmal „in den Rücken gefallen" war. Auch jetzt wurden die Forderungen mit Stillschweigen beantwortet:

„Sehr geehrtes Kuratorium der Landeszentrale für politische Bildung M-V, im Rundschreiben vom 9.8.2019 befasste ich mich mit dem Verhalten des Direktors der Landeszentrale für politische Bildung M-V, Jochen Schmidt, bezüglich des Erinnerungsortes Prora auf Rügen sowie gegenüber meiner Person als Zeitzeuge und Historiker. (...) Impulse zur Aufarbeitung der Geschichte sowie zur angemessenen Bewertung des Ortes kamen immer wieder vonseiten DenkMALProra – zuletzt mittels einer von mehr als 16.000 Unterzeichnern eingebrachten Petition (2016), die die die Mitwirkung der Initiative DenkMAL-Prora bei der Erstellung des Bildungszentrums forderte. Herr Schmidt trug und trägt nichts zu einem Miteinander der drei in der Bildungsarbeit tätigen Vereine bzw. Initiativen bei. Ein Gedenkstättenkonzept, wie schon 2010 im Rahmen der mühsam erstrittenen Gedenktafel für die Proraer Bausoldaten gefordert, fehlt. Auch für das geplante Bildungszentrum müsste längst ein Konzept vorliegen, denn ohne Konzept keine Förderungen. Die nun auch vonseiten des Landkreises Vorpommern-Rügen geforderte Zusammenarbeit mit mir bezüglich der Erstellung des Raumkonzeptes wird vonseiten des Herrn Schmidt ignoriert. In den bestehenden Konstellationen sehe ich kein Fundament für ein modernes, alle Phasen der Entwicklung des Ortes gerecht werdendes Bildungszentrum. Die Initiative wird daher zum kommenden Jahr ihr mehr als zehn Jahre währendes Engagement zugunsten dieser Einrichtung einstellen.

Abschließend stellt sich dennoch die Frage, ob das Amt eines Direktors der Landeszentrale für politische Bildung nicht auf maximal 5-10 Jahre begrenzt sein sollte. Insbesondere, wenn sich Beschwerden über Ausgrenzungen, Steuerung nach politischem Gutdünken etc. wie in diesem Falle häufen. Zudem ist die Förderpraxis zu hinterfragen, insbesondere die weithin allein im Verantwortungsbereich des Direktors der Landeszentrale für politische Bildung liegende Entscheidung über die zu fördernden Projekte. Seit vielen Jahren schon ist die Klüngelei zwischen Prora-Zentrum und der Landeszentrale Gegenstand des Anstoßes, was sich mit den Förderungen in diese Richtung belegen lässt. Hingegen hat die Initiative DenkMALProra, die die Aufarbeitung der Geschichte nachweislich vorangetrieben hat, nicht bzw. in verschwindend geringem Maße von der öffentlichen Förderung profitiert; das Virtuelle Museum Proraer Bausoldaten gar nicht. (...) Die fördernden und geförderten Institutionen wurden in den vergangenen Jahren nicht müde, sich gegenseitig auf die Schulter zu klopfen. Dabei wird die Forschungsleistung des Verfassers missachtet, wissenschaftliche Analysen, etwa der die Sichtweise auf die Anlage verändernde Aufsatz ‚Auferstanden aus KdF-Ruinen. Der stalinistische Kasernengroßbau Prora und seine heutige Rezeption' ignoriert. Zuletzt nun lehnte Herr Schmidt einen Antrag zum Zwecke der Neugestaltung des Virtuellen Museums Proraer Bausoldaten/ DenkMALProra ohne hinreichende Gründe ab. Und dies nach jahrelangem unentgeltlichen Zusammentragen der Dokumente in dieser die Aufarbeitung erschwerenden Erinnerungskultur; diese wurde ebenfalls sachlich dokumentiert. Der Antrag wurde unter Beratung eines seiner Mitarbeiter vorbereitet. Auch diesmal geht es offenkundig um Verhinderung!

Herr Schmidt stellt nun nach dem oben erwähnten Rundschreiben (und nach Ablauf der Einspruchsfrist (!)) die Behauptung auf, die Absage bereits Anfang Juli per Post geschickt zu haben. Post geht normalerweise nicht verloren. Wie passt das alles zu einer Institution, die gemeinnütziges Engagement und Teilhabe an demokratischen Gestaltungsprozessen fördern will?!

Prora ist ein leuchtendes Beispiel der weithin nicht vorhandenen Repräsentanz ostdeutscher Erfahrungen im kommunikativen und kulturellen Gedächtnis unseres Landes. Ich fordere Sie hiermit auf, den Dingen, insbesondere auch den einseitigen Förderungen, auf den Grund zu gehen und Maßnahmen zu ergreifen, die die zielgerichtete Entwicklung des Bildungszentrums Prora unter maßgeblicher Beteiligung der ehemaligen Proraer Bausoldaten garantieren. Bitte werden Sie als Kuratorium tätig, den Machenschaften in der Landeszentrale für politische Bildung M-V ein Ende zu setzen."[85]

Eine Antwort auf das Schreiben gab es wie erwähnt nicht.

2020, ein Jahr nach dem Verkauf von Block V, geriet das geplante Bildungszentrum wiederum in die Schlagzeilen. Getan hatte sich bis dahin gar nichts. Angeblich aber zeichnete sich ab, dass die mittlerweile zusammengetragenen 7 Millionen Euro noch immer nicht ausreichen würden. Während sich *Bund und Land auf weitere jeweils 3,45 Millionen Euro einigten*, also nun 13,7 Millionen vorhanden waren (fast so viel, wie der gesamte Bau der Jugendherberge gekostet hatte), nahm sich das Land nach zehn Jahren Augenwischerei tatsächlich der Aufgabe an, das Bildungszentrum zu entwickeln. Nun, endgültig in die Pflicht genommen, verdrehte die Landregierung ihre jahrelange Untätigkeit, indem sie auf ihrer später geschalteten Website zum geplanten Bildungs- und Dokumentationszentrum „langjährige Bemühungen" vorgab, der Erinnerungsarbeit in Prora eine tragfähige Perspektive geben zu wollen. Für die Initiative DenkMALProra eigentlich kein Grund zum Jubel. Denn langjährige Bemühungen seitens des Landes gab es bislang nur in eine Richtung: die Erinnerungsarbeit zu*un*gunsten der wahren geschichtlichen Rolle des Großkomplexes Prora und deren Verfechter zu steuern.

Dennoch: Endlich schien es voranzugehen! Am *16. März* **2021** stimmte das Landeskabinett dem *Erwerb des Gebäudeteils* „Kamm 7 und Liegehalle" sowie deren anschließenden Sanierung durch das Land Mecklenburg-Vorpommern zu. Am *21. April 2021 beschloss der Landtag den Kauf.* „Ein bedeutender Tag für die Erinnerungskultur", heißt es dazu auf der Website der Landeszentrale für politische Bildung: „Damit kann in Prora ein Bildungs- und Dokumentationszentrum errichtet werden. Der Kaufpreis beträgt 1 Euro zuzüglich Notarkosten. Für die Sanierung stellen Land und Bund jeweils 6,85 Millionen Euro zur Verfügung."[86]

Ein aus diesem Anlass herausgegebenes *Statement von DenkMALProra* mit den bekannten Hinweisen wurde vonseiten der SPD-Fraktion des Landtages mit einer Wertschätzung der „engagiert aktiven Vereine" beantwortet, was die Ignoranz gegenüber DenkMALProra nochmals unterstrich. Zudem sei unstrittig, dass alle Phasen der Geschichte eine Rolle spielen werden am künftigen „modernen und attraktiven Lernort".[87]

Im *Mai 2021* nahm eine *Projektarbeitsgruppe*, bestehend aus dem „Ministerium für Wissenschaft, Kultur, Bundes- und Europaangelegenheiten"/der Landeszentrale für politische Bildung M-V sowie dem Finanzministerium, der Staatlichen Bau- und Liegenschaftsverwaltung Schwerin und dem Landesamt für Kultur und Denkmalpflege ihre Arbeit auf. Das Bekenntnis: Auf fünf Etagen sollen jeweils rund 350 Quadratmeter Nutzfläche für Ausstellungen, Bibliothek/Mediathek, Seminar- und Büroräume geschaffen werden.[88]

Beflügelt von diesen Entwicklungen veranstaltete der neugegründete Dachverein Bildungs- und Dokumentationszentrum am *1. Juni 2021* eine digitale Podiumsdiskussion: „Erinnerungsort Prora heute – Herausforderungen an einen angemessenen Umgang." Natürlich wird auch bei dieser Veranstaltung so getan, als gäbe es DenkMALProra nicht. Auf der einschlägigen Plattform kommentierte der Autor das *„Expertengespräch"* *zum geplanten Bildungszentrum:*

„Auf youtube zu sehen ist die Runde der ‚Prora-Experten', die – handverlesen durch die Landeszentrale für politische Bildung bzw. den beiden Vereine vor Ort – ins Gespräch kamen. Nicht genehme Sichtweisen werden nach wie vor ausgegrenzt. So geht es nicht: Ist an sich schon überraschend, dass ein Konzept für die geplante Ausstellung bis heute nicht vorhanden ist, so schockiert doch der Wissensstand der ‚NS-Zeit-Experten' bzgl. der Geschichte *zweier* Diktaturen. Von der DDR-Zeit in Prora haben sie so gut wie keine Ahnung. Hergebetet wird der Kenntnisstand von vor 25 Jahren. Die Forschung ging jedoch weiter. Nachdem Prora knapp eine halbe Stunde lang architekturhistorisch aus der Perspektive der NS-Planungsunterlagen beleuchtet wurde, kommt endlich der ehemalige DDR-Bausoldat zu Wort, dessen auf den Punkt gebrachte Ausführungen geradezu unvereinbar mit den Ansichten der allermeisten ‚Experten' erscheinen. Der ebenfalls hinzugezogene Militärhistoriker plädiert für die Vermittlung eines Diskursrahmens, in dem die Entwicklung in der DDR mit der der Bundesrepublik ins Verhältnis gesetzt wird. Über die allgemeine Entwicklung des Militärstandortes hinaus ist wenig Konkretes zu Prora zu erfahren. Der Bürgermeister von Sassnitz, Parteifreund der ehem. Landrätin Kerstin Kassner, unterstreicht das damalige Selbstverständnis der Anlage bzw. der sich darin spiegelnden DDR und übt erfreulicherweise Kritik an den ‚KdF-Schildern' vor Ort.

Es bleibt der Eindruck: Hier steht man noch ganz am Anfang. Vermittlungsansätze, die bezüglich der DDR-Geschichte den ganz konkreten Ort und das Hineinreichen der DDR-Militarisierung in die Zivilgesellschaft einbeziehen, und zwar vor dem Hintergrund der von einer Auseinandersetzung zwischen Staat und Kirche geprägten Lebenswelt in der DDR, sind nicht erkennbar. Zudem möchte man sich wohl auf Kosten emotional berührender Vermittlungsansätze auf Ausstellungstafeln beschränken.

Notwendig wäre die Wahrnehmung der jahrelangen Recherchen seitens Denk-MALProra und eine tiefergehende, auskömmlich finanzierte Forschung zur DDR-Militärgeschichte des Ortes. Eine ausgewogene Vermittlung der Bedeutung Proras in den beiden Diktaturen ist offenbar noch immer nicht selbstverständlich und gilt es nach wie vor zu erkämpfen.[89]

Erstaunlich die Gelassenheit, mit der der Direktor der Landeszentrale für politische Bildung in dieser Angelegenheit anscheinend unbeirrt und immun gegenüber allem, was der Autor innerhalb von zwanzig Jahren immer wieder verlauten ließ, bis heute unterwegs ist.

Der Autor und Initiativegründer DenkMALProra sah sich, obgleich er 2019 eigentlich den Platz des Geschehens bereits polternd verlassen hatte, noch einmal gefordert. Und zwar gerade in dem Moment, als die neue Website DenkMALProra online gegangen war, wofür eine einmalige „Coronahilfe" seitens des Landes Hessen aquiriert werden konnte. Die Website führt heute vor Augen, was der Direktor der Landeszentrale für politische Bildung, Jochen Schmidt, zu verhindern suchte.

Nun trat Kurt Meyer, Inhaber des ehemaligen NVA-Museums in Block III, auf den Plan. Um den Bestand seines 2018 geschlossenen, allgemein sehr beliebten und gut besuchten NVA-Museums zu verkaufen, wandte er sich mit der Bitte an den Autor, diese *Sammlung an die Bildungsbeauftragten zu vermitteln.* Obgleich auch Herr Meyer die Geschichte der Bausoldaten lange Zeit ausgegrenzt hatte, ließ sich der Autor um der Sache willen „einspannen" und schickte eine erste Pressemitteilung auf den Weg, die die Bekanntmachung der neuen Website und die Bemühung um Bewahrung der Museumsinhalte bündelte. Eigentlich kein schlechter Zeitpunkt, wo doch Konzeption und Raumgestaltung des Bildungszentrums noch immer in der Schwebe lagen, wenngleich davon ausgegangen werden musste, dass sie inhaltlich dennoch von den beiden Vereinen verplant waren. Dieser Möglichkeit sollte die Idee der Erweiterung um die obere Etage der Jugendherberge Rechnung tragen. Mit Meyers original eingerichteten NVA-Zimmern hätte sie ein Highlight des Bildungszentrums werden können – nach einem didaktisch einführenden Gang durch die Etagen dieses „Hauses der Geschichte". Bei all dem schien die Sammlung als Druckmittel geeignet, die DDR-Geschichte nicht, wie sich abzeichnete, zu kurz kommen zu lassen.

Dass diese erneute „Baustelle" nur noch mit einer Portion Humor zu ertragen war, ist wohl nachvollziehbar. Die Presseerklärung lautete entsprechend *„Prinz von Prora" ringt um Erbe des „König von Rügen".* Interessant sind die Informationen zu den zum Verkauf stehenden Utensilien:

„König von Rügen' wurde wegen seines autokratischen Herrschaftsstils jener genannt, der dafür sorgte, dass die KdF-Ruinen zu einer der größten Kasernen der DDR um- und ausgebaut wurden: Oberst Werner Pilz (1917-1969) (…) Als ,Prinz von Prora' wurde ganz unabhängig davon gut 35 Jahre später jener bezeichnet, der die Erinnerung an diesen Prozess, das gigantische Militärgebilde Prora und dessen Auflösung, einforderte.' Dieser Satz der jetzt online geschalteten Website www.denkmalprora.de umreißt deren inhaltlichen Schwerpunkt – die weithin vernachlässigte DDR-Geschichte von Prora: ,Von der heimlichen Aufrüstung zur friedlichen Revolution'.

Seit mehr als 10 Jahren kämpft Historiker Dr. Stefan Stadtherr Wolter (Autobiografie ,Der Prinz von Prora', 2005) mit seiner Initiative DenkMAL-Prora um die ausgewogene Vermittlung der Geschichte der historischen Anlage auf Rügen. Nun auch mit neuer Website. Viele sorgsam recherchierte Texte und seltene historische Bilder erläutern das geplante KdF-Bad, die Transformation der KdF-Ruinen zur Kaserne, deren Bedeutung im Kalten Krieg und schließlich deren Entwicklung zur heutigen Luxusimmobilie. Ein einzigartiges Wissensforum.

DenkMALProra kritisiert seit Jahren den Umgang mit den letzten authenischen DDR-Spuren im geplanten Bildungszentrum Block V: Anstatt Geschichte auch zu einem emotionalen Erlebnis werden zu lassen, in dem möglichst alle Sinne angesprochen werden, etwa durch authentische bauliche Zeugnisse und museale Ausstattung, soll diese offenbar überwiegend abstrakt vermittelt werden.

Letzte Spuren der Nutzungsgeschichte zu zerstören zugunsten einer Bildungseinrichtung, die sich überwiegend auf bunte Ausstellungstafeln beschränken möchte, wäre ein Armutszeugnis der Erinnerungskultur. Geschichte sollte, wo immer möglich, anschaulich vermittelt werden und emotional berühren können. Touristen suchen vor Ort das Erlebnis der Authentizität; alles andere können sie ebenso digital erfahren.

Wer Wissen hat, kann mitreden!
Wer die museale Ausstattung hat, hat die Besucherströme

Rückenwind kommt vonseiten der ehemaligen KulturKunststatt. Bis 2018 betrieb sie unter anderem das beliebte und mit rund 120.000 Besuchern im Jahr überaus vielbesuchte KdF- und NVA-Museum in Block III. Die bis dahin gut erhaltenen Kasernenräume mussten weichen, 2500 qm Ausstellungsfläche wurden eingelagert: Die rund 30 originalgetreu eingerichteten Stuben aus der Kasernennutzungszeit und etwa 10 Zimmer, die über das geplante KdF-Bad informieren, stehen nun zum Verkauf. Der Besitzerin M. Meyer liegt daran, die einzigartige, im Verkauf nicht teilbare Sammlung von 22.000 Einzelutensilien auf Rügen zu belassen; originale Raumausstattungen wie Med.Punkt, Küche, Bibliothek, Bekleidungs-Ausrüstungskammer bis hin zu Soldatenstuben und Stabszimmer. Angebote liegen bereits aus Sachsen und Brandenburg vor.

DenkMALProra und die Besitzerin der Sammlung sehen geeignete Möglichkeiten einer künftigen musealen Darstellung in der seit 10 Jahren leer stehenden oberen Etage der Jugendherberge Prora – über drei Lichthöfe hinweg und direkt angebunden an das geplante Bildungszentrum. Die Etage wurde 2010 entkernt, obgleich die Verwendung der Räume nicht gesichert war. In der von der Geschichte entfremdeten Jugendherberge werden die Jugendlichen bis heute nicht ausreichend informiert. DenkMALProra plädiert dafür, in den rekonstruierten Räumen des einstigen Fallschirmjäger- und späteren Bausoldatenflures, in Anschluss an das geplante Bildungszentrum, Wesen und Wirken der NVA einerseits und der unabhängigen Friedensbewegung in der DDR andererseits zu veranschaulichen – mittels eines zeitgemäßen didaktischen Konzepts.

Die Planungen für das neue Bildungszentrum Prora stehen auch nach vielen Jahren noch immer am Anfang. Gelder für die geplante Dauerausstellung müssen ohnehin zusätzlich zu der von Bund und Land beschlossenen Baufinanzierung eingeworben werden. Eine Denkerweiterung ist vonnöten! Das Angebot gilt auch für die Proraer Privatinvestoren, die Touristen ein attraktives Angebot zur Geschichte des Ortes machen sollten. Nach Abzug des Dokumentationszentrums aus Block III interessieren sie sich möglicherweise für eine Ausstellung mit Schwerpunkt ‚KdF' in Prora-Ost. Nicht zuletzt sollten der Landkreis Vorpommern-Rügen und insbesondere Binz Interesse an den letzten Proraer Hinterlassenschaften haben. Vieles aus der jüngeren Geschichte ging bereits unwiederbringlich verloren. Gegebenenfalls könnte ein Prora-Konsortium die Ausstellung kaufen und im Falle eines nur anteiligen Bedarfes unter sich aufteilen. Für eine niedrige sechsstellige Summe würden die mehr als ein Dutzend LKW-Ladungen des Museums zurück nach Prora rollen. Dr. Stefan Stadtherr Wolter."[90]

Die an etwa sechzig Presseagenturen versendete Presseerklärung wurde lediglich von der lokalen Ostsee-Zeitung sowie dem Rügenblitz aufgegriffen. Weil sich in einem großen E-Mail-Verteilerkreis (persönlich angesprochen unter anderen der neue Dachverein, die beiden Vereine und der Landesverband des DJH) trotz Darstellung des Sachverhaltes in der Ostsee-Zeitung nichts bewegt hat – ausgenommen ein *positives Echo* seitens des *Tourismusverbandes Rügen,* der diese Idee unterstützte – machte sich eine *erneute Petition* notwendig. Darin hieß es bezüglich des „Filetstückes" der einstigen „KulturKunststatt Prora" das heißt der authentischen Räume, die „vielen Ostdeutschen einen Ort kollektiven Erinnerns" boten und nun „aufgrund der Luxussanierung des Kolosses schließen" mussten:

„Auch im bereits beschlossenen Bildungszentrum wäre die Schau auf zwei Etagen möglich. Wo einst die DDR-Fallschirmjägertruppe ins Leben gerufen wurde und später die DDR-Bausoldaten untergebracht waren, könnten Wirken und Wesen der Armee der DDR einerseits und die Entwicklung der unabhängigen Friedensbewegung andererseits veranschaulicht werden – mittels eines zeitgemäßen didaktischen Konzepts. Gelder für die Dauerausstellung des Bildungszentrums müssen ohnehin zusätzlich zu der von Bund und Land bereits beschlossenen Baufinanzierung eingeworben werden."[91]

Die Petition, die eine Alternative für die seit zehn Jahren leerstehenden Räume in der oberen Etage der Jugendherberge aufzeigte (vom Landesverband des DJH postwendend abgelehnt), erzielte innerhalb von zwei Tagen 300 Unterzeichner, nach 18 Tagen 1.000 und nach fast vier Wochen 2.100 Unterschriften! Im August fordert der Landkreis Vorpommern-Rügen die Unterlagen an. Zu all dem trug die zuverlässige Berichterstattung der Ostsee-Zeitung sowie ein *Offener Brief an den Kreis Vorpommern-Rügen* bei, eingeleitet mit dem Satz von Konfuzius *„Erzähle mir Deine Geschichte und ich vergesse sie, zeige mir Deine Geschichte und ich werde mich erinnern" (Konfuzius)* . Er soll stellvertrend für mehr als ein Dutzend Briefe, die in verschiedene Richtungen geschickt wurden, auszugsweise wiedergegeben werden:[92]

„Prora wurde nach der politischen Wende einseitig bewertet und unter Missachtung seiner DDR-Geschichte entwickelt. Der Ort widerspiegelte einst die Geschichte der Ostdeutschen, die Geschichte des Kalten Krieges; die

Auseinandersetzung zwischen Ost und West. Nach der anhaltenden Phase des Plünderns und Zerstörens der ehemaligen Großkaserne (weithin ohne Dokumentationen von offizieller Seite!) verkörpern nur diese letzten original ausgestatteten Räume noch heute die Geschehnisse. Hier gilt es seitens der Politik etwas gutzumachen! Warum steht in erster Linie der Landkreis Vorpommern-Rügen in der Pflicht, hier im Sinne des Gemeinwohls und der Bildung tätig zu werden?

Unsere Initiative bemühte sich bereits vor fünf Jahren per Petition um den Erhalt eines Stücks Authentizität von Block V. Das trieb die Prozesse maßgeblich voran, in deren Folge sich die beiden vor Ort tätigen Vereine zum Dachverband des ‚Bildungs- und Dokumentationszentrum Prora‘ zusammenschlossen. Die Initiative DenkMALProra wurde ausgegrenzt und ‚vergessen‘. Nicht vergessen ist die damalige Forderung, der sich mehr als 16.000 Menschen anschlossen, den Verkauf des geschichtsträchtigen Blocks V an einen privaten Investor nicht zum Auffüllen der Haushaltskasse des Landkreises zu benutzen, sondern zumindest ein Teil des Geldes in den Abschnitt des gemeinnützigen Bildungs und Dokumentationszentrums und in die Voraussetzung einer sich selbst tragenden kleinen Kunst- und Kulturmeile zu investieren. Im März 2017 lautete die Forderung, ‚nur die südlichsten vier Aufgänge zu privatisieren und das Geld in die Sanierung des Mittelteils der Anlage zu stecken.‘ Das Unternehmen Bauart kaufte schließlich doch sieben statt vier Lichthöfe. Über die Verkaufssumme wurde Stillschweigen gewahrt. Da der Verkauf von Block IV dem Bund mehr als eine Million Euro einbrachte, dürfte der Verkaufserlös für den Landkreis mindestens im höheren sechsstelligen Bereich gelegen haben – das Doppelte der jetzt zur Debatte stehenden Summe für die Ausstattungsstücke des historischen Gebäudes. Sollte dem so sein, könnte es als eine moralische Pflicht betrachtet werden, nun tätig zu werden und dem aus dem Volk vorgetragenen Willen zu entsprechen.

Obgleich das Angebot der letzten Musealien Proras seit sechs Wochen öffentlich bekannt ist, sind keinerlei Aktivitäten zu deren Erwerb erkennbar geworden. Vorgeschlagen wurde beispielsweise die im Rahmen des Konversionsmanagements möglichen Förderungen zu prüfen. Alle Möglichkeiten sind in Betracht zu ziehen. Es sollte für alle Verantwortlichen selbstverständlich sein, dieses Bildungs- und Touristenangebot nicht aus der Region davonziehen zu lassen. Werden Sie bitte aktiv und erwerben Sie den Bestand, der JETZT zu sichern ist, unabhängig davon, in welchem Umfang es momentan machbar erscheint, die Musealien (die nur zusammenhängend veräußert werden) zu präsentieren.“

Zudem erinnerte das Schreiben daran, dass der „derzeitige Zuschnitt auf die Bildungsarbeit (überwiegend mit Jugendlichen) nur im Zusammenspiel mit der Jugendherberge funktioniert, die jedoch nicht, wie ursprünglich angenommen, ganzjährig wirtschaftlich erfolgreich ist. Eine zusätzliche museale Ausstattung des Zentrums sichere einen breiteren Touristenstrom zu Block V und verhindere letztlich die infrastrukturelle

Verödung dieses Teils der Anlage. Zudem sei „abzusehen, dass die realen geschichtlichen Abläufe an diesem Ort einen höheren Stellenwert erlangen werden":

„Zeitzeugen der DDR-Geschichte von Prora sollten ein Recht darauf haben, sich mit ihren Biographien an diesem Ort wiederzufinden. Kinder, Enkel und Urenkel sollten die Geschichte unverstellt erfahren. Dazu sind JETZT die richtigen Weichen zu stellen. Es ist bedenklich genug, dass die beiden vor Ort agierenden Vereine, die mit Dokumentationstätigkeiten der realen Abläufe an diesem Ort ohnehin wenig in Erscheinung getreten sind, sich nun auch nicht um den Ankauf dieser im Wert steigenden historischen Kostbarkeiten scheren. Das unerwartete Angebot sollte nicht als Bürde, sondern als erfreuliche Chance und Bereicherung wahrgenommen werden. Bitte handeln Sie weitsichtig und sichern Sie diese letzten Dokumente!"

Was überregional in den Medien folgte, ähnelte den Vorgängen in den Jahren zuvor. Es mutet an, als schaue auf die Prora-Thematiken ein unsichtbarer Dritter, der die Dinge *ins Abseits steuern* hilft. Jedenfalls schienen BILD und dpa die Hände gebunden über die Petition zu berichten, nachdem sich die Redakteure zunächst offen für einen Bericht zeigten. In Aussicht gestellte Beiträge, die größere Kreise hätten erreichen können, wurden ad acta gelegt.

Die Medien schienen es nun eher darauf angelegt zu haben, Verwirrung zu stiften. So berichtete dpa ausgerechnet jetzt vom „NVA-Museum", dem neuen Technikmuseum in Prora, das mit dem drohenden Verlust von Dokumenten und Dokumentationen gar nichts zu tun hat, doch geeignet schien für das Signal: In Prora ist alles in bester Ordnung! Und der Nordkurier berichtete nun, wo die Presse dringend benötigt wurde, über das Vorkommen von Glattnattern im „ehemaligen KdF-Bad". Nahezu jeder Absatz dieses Beitrages begann mit der einseitigen historischen Zuweisung „KdF-Bad".

Öffentliche Verlautbarungen des Autors wurden entweder nur von der Lokalredaktion der Ostsee-Zeitung aufgegriffen oder er selbst durfte sie zu einem Leserbrief im Anzeigenblatt Rügen-Blitz zusammenfassen, was er dankbar für jeden sich bietenden Strohhalm tat. Lichtblicke waren schließlich noch die Beiträge in der Schweriner Volkszeitung und dem norddeutschen Magazin Moin. Ansonsten wurde bezüglich dieser Erinnerunsproblematik deutschlandweit NICHTS transportiert! Was wird nicht sonst bei jeder sich bietenden Gelegenheit aus Prora, dem „KdF-Bad", berichtet!

So hatten die Verantwortlichen ein leichtes Spiel, sich aus der Affäre zu ziehen. Obgleich Landrat Dr. Kerth laut einem von ihm unterschriebenen Brief (25.11.2021) mit dem Verkäufer nur noch „offen gebliebene Fragen" zu klären beabsichtigte, die gesetzte Jahresfrist aber verstreichen ließ, entzog er sich Anfang des neuen Jahres dem Geschehen. Immerhin dankte der Landkreis Vorpommern-Rügen für das „beharrliche Engagement" und wünschte „viel Erfolg", so, als sei dies das Privatvergnügen der Petitionssteller. Wurden die Verantwortlichen des Kreises auf Kurs gebracht? Auf Kurs gebracht wirkte zumindest der neue Parlamentarische Staatssekretär für Vorpommern Heiko Miraß, der diese Angelegenheit im Januar 2022 als Vermittler an die Landesregierung übernahm. Hatte er die Musealien noch im Sommer 2021 als eine Chance für das geplante Bildungszentrum Prora wertgeschätzt, so schien er diese Sache nun eher abwickeln statt vermitteln zu wollen. In einem ersten ausführlichen Telefonat hatte er sich äußerst aufgeschlossen und verständnisvoll gezeigt; nun mied er den direkten Kontakt. Aus der Ostsee-Zeitung war von ihm zu erfahren, dass sich das Land M-V nicht in der Pflicht sehe, diesen Bestand zu erwerben.

Obgleich Kurt Meyer die Frist für die Übernahme seiner kostenpflichtig eingelagerten Sammlung verlängerte und die Summe inzwischen auf 120.000 Euro halbiert hatte, lehnte im Frühjahr 2022 auch die Landeszentrale für politische Bildung diese Musealien kategorisch ab – trotz Wissens um die drohende Vernichtung des Bestandes. Ein Gespräch des Direktors der Landeszentrale mit dem Verkäufer, mühsam eingefordert, sowie eine flüchtige, vom NDR in Szene gesetzte Besichtigung der zum Verkauf stehenden Utensilien, erbrachten kein anderes Ergebnis als dieses: Einzelne, wenige Stücke (die Sammlung konnte auf der Schnelle gar nicht begutachtet werden), würde man übernehmen, das große Ganze jedoch nicht. Den musealen Kasernenstuben, einst mit Zeitzeugen aus Restbeständen eingerichtetet, darinter wertvolle Lehrkabinetten der Militärtechnischen Schule über Küchenutensilien bis hin zu einem Zimmer des rekonstruierten Med.Punktes, darüber hinaus eine Fülle an zu sichtenden Fotografien und Materialien, standen alle Verantwortlichen leidenschaftslos gegenüber.

Wie ging das an den Bedürfnissen der Touristen vorbei![93] Und wie „blutete" schon Ende 2021 das Historikerherz des Autors, als selbst die Chefinnen der beiden Vereine (sie meldeten sich erst nach Wochen zu Wort), dieser einzigartigen und letzten musealen DDR-NVA-Sammlung verständnislos gegenüberstanden. Hätte sie nicht in einem wissenschaftlichen Projekt erfasst, ausgewertet und in wesentlichen Bestandteilen gesichert werden müssen? Stattdessen wurde auch dort in Kauf genommen, dass dieser Bestand, der bis zu hunderttausend Besucher pro Jahr ins Museum gelockt hatte, geschreddert wird!

Bei dieser Missachtung verwundert es nicht, dass nicht einmal eine Schenkung des Bestandes ans Land Aussicht auf Erfolg versprach. Dass es am Ende anders kam und Teile der Sammlung noch heute in Mukran lagern, ist privatem Engagement zu danken. Doch für Prora sind die

authentischen Zimmer verloren. Dass der NDR das Ende dieser Bemühungen (das wohl endgültige AUS für einen emotional berührende Ge-
schichtsdarstellung in Prora), auch noch positiv konnotierte, bildet den
Tiefpunkt dieser Geschichte. Scheinbar aus der Luft gegriffen nannte
er 2023 als Termin für den Baustart einer „teilweise musealen Einrichtung" in Prora, wobei sich Herr Schmidt überzeugt vom Gelingen des
nach modernsten Standards entstehenden Bildungszentrums gab.[94] Ein
Luftschloss, das weder der Geschichte des einstigen „Königs von Rügen"
(NVA) noch des „Prinzen von Prora" (Bausoldaten) gerecht werden wird.
Erinnert sei daran, dasss wertvolle Sammlungen aus Prora bereits verlus-
tig gingen, worunter jene des 2006 geschlossenen Prora-Museums (ebenfalls einst Block III), die größte gewesen ist.

Wenngleich 35 Jahre nach der Friedlichen Revolution so gut wie nichts
Authentisches mehr an die einst über tausend DDR-Stuben der Anlage
erinnert, scheint der Autor doch zumindest bewusstseinsbildend gewirkt
zu haben: Trotz dem Verlust einzigartiger Dokumente *wächst die Akzeptanz* für Proras „doppelte Geschichte". Die neue Website der „Binzer
Bucht" (seit 2021), bei der der Autor wortgestaltend ein klein wenig
eingreifen konnte, sowie jüngste Verlautbarungen über den Ort, etwa im
Urlaubermagazin á la Rügen, scheinen das zu bestätigen.

2020 und 2021 erhielt der Autor zum „Tag der Deutschen Einheit"
bzw. zum „Tag der Friedlichen Revolution" die Gelegenheit zu einem
Interview in der Ostsee-Zeitung unter den Titeln „Historiker wünscht sich
geschichtspolitische Wende in der Bewertung von Prora" und „Warum
das Denkmal mehr ist, als das ‚Nazi-Bad'". Im Dezember 2022, inzwischen hatte die Landeszentrale für politische Bildung ihre neue Website
zum künftigen Bildungs- und Dokumentationszentrum eingerichtet,
auf der keine der Zeitzeugeninitiativen vorkommt, zumindest aber der
Gemeinschaftsraum der Bausoldaten mit der Rügenkarte gezeigt wird,
brachte die Schweriner Volkszeitung einen ganzseitigen Beitrag über den
Autor. Wenngleich das Zeitzeugenerleben stärker in den Fokus gerückt
wurde, konnte auch als Historiker WICHTIGES gesagt werden:

„Ich wünsche mir, dass das vom Land geplante Bildungszentrum in Block V
ein ausgewogenes Geschichtsbild vermittelt. Dennoch steht zu befürchten,
dass das schon allein aus tourismusstrategischen Gründen auch in Zukunft
nicht der Fall sein wird. Die Hinterlassenschaften des NVA-Museums wären
geeignet gewesen, anschaulich und emotional berührend diese bedeutende ‚zweite Geschichte' von Prora zu erzählen. Jeglicher Konzeptvorschlag
wurde abgelehnt und es wurde in Kauf genommen, dass auch dieser letzte
große museale Bestand zur DDR-Geschichte abhanden kommt. Neben der
Geschichte der NVA beinhaltet die Geschichte der Bausoldaten auch ein
bedeutendes Stück Kirchengeschichte. Ich wünschte mir, dass sich neben
Repräsentanten der Mitteldeutschen Kirche , die sich schon geäußer haben,

auch die Nordkirche zu dieser Geschichte bekennt und sich in die Prozesse des entstehenden Bildungszentrums einschaltet. Die heutigen Landesbischöfe von Mitteldeutschland und Sachsen waren ehemalige Bausoldaten, zum Teil sogar in Prora. Sie sollten gehört werden."[95]

Bietet nicht die Geschichte der Glaubenserfahrungen der Bausoldaten am Ort der heutigen Jugendherberge eine Chance, ein Stück christliche Kirche in die Welt zu tragen? Diesen Gedanken auf einer Tagung der Bausoldaten vorzubringen gab es allerdings keine Chance mehr. Dass der Autor nicht mehr eingeladen wurde, mag daran liegen, dass deren Vorbereitung wesentlich von dem Bausoldatennetzwerk mitbestimmt wurde, das sich weithin unkritisch hatte in Prora einbinden lassen. Weil DenkMALProra vor Ort keinen Schritt vorankam, suchte der Autor den sogenannten *„Förderkreis Proraer Bausoldaten" zu mehr Engagement zu mobilisieren*. Das Schreiben an die Teilnehmer der Bausoldatentagung 2019 führte bestehende Defizite vor Augen:

„Sehr geehrter Herr Landesbischof Kramer, liebe Teilnehmerinnen und Teilnehmer der Bausoldatentagung am 4.-6. Oktober 2019, dem notwendigen Austausch der Reflexionen von Vergangenheit und Gegenwart wünsche ich gutes Gelingen. Mögen sich frische Kraftquellen auch für das geplante Bildungszentrum am ehemaligen Militärstandort Prora/Rügen erschließen, wie es seitens der Initiative DenkMALProra seit zehn Jahren gefordert wird! Den offiziellen Verlautbarungen zufolge soll mit dessen Bau in Kürze begonnen werden. Denk-MAL-Prora e.V. und in der Folge der Förderkreis Bausoldaten Prora e.V. gaben zahlreiche Impulse, die Geschichte der DDR an diesem Platz nicht hinter den Seebaddarstellungen versinken zu lassen. Es gilt, diese Anregungen nicht verpuffen zu lassen, sondern in dieser entscheidenden Phase mit neuem Engagement aufzuladen. *Daher appelliere ich, den Förderkreis Bausoldaten Prora e.V. mit mehr Leben zu füllen.* Nur so wird das Zentrum den Geschehnissen in der DDR gerecht, die auch aus kirchengeschichtlicher und friedensethischer Perspektive bedeutsam sind. Nach wie vor spielt die Geschichte des Kalten Krieges eine dem geplanten Seebad untergeordnete Rolle. Aber es gibt Lichtblicke, wesentlich auch ein Erfolg meines wissenschaftlichen Plädoyers ‚Auferstanden aus KdF-Ruinen. Der stalinistische Kasernengroßbau Prora und seine heutige Rezeption' sowie einer Petition: Geplant ist ein Bildungszentrum (sechs Etagen umfassend) im Lichthof neben der Jugendherberge. Zwei Lichthöfe und die dazugehörigen Treppenhäuser sollen nicht der ‚Ästhetik' und Formensprache des geplanten Seebades anheimfallen (sämtliche Bebauungspläne legen ansonsten das einst geplante KdF-Seebad zugrunde), sondern diese Abschnitte im graubraunen DDR-Putz belassen bleiben. Einige DDR-zeitliche Teile der Ausstattung wurden angeblich zusätzlich in die Denkmalliste eingetragen. Zudem konnte die Absichtserklärung abgerungen werden, eine Etage des Zentrums den DDR-Bausoldaten zu widmen, gekennzeichnet durch einen weithin erhalten gebliebenen Klubraum mit Wandzeichnung eines Bausoldaten aus den Jahren 1985/86. Die Geschichte wurde ehrenamtlich recherchiert. Für diese Etage, die es in der Kasernenstruktur herzustellen gilt, hat DenkMALProra außerdem authentische Türen (die letzten in der gesamten Anlage!) seitens der Bauherren von Block III sicherstellen lassen. Auf diese letztere Maßnahme gibt es seitens der Beteiligten keine Reaktion.

Wie vielleicht bekannt ist, wird der Verfasser dieses Schreibens für seine Bemühungen, die offenbar den politischen und tourismusstrategischen Ambitionen entgegentreten, vor Ort als persona non grata behandelt. Eine Zusammenarbeit schließen die Beteiligten aus, was kürzlich nochmals so bekräftigt wurde. Wie weit die Missachtung seitens der Politik (und weithin auch der Medien) trägt, zeigt sich an der jetzigen Tagung, die DenkMALProra und dem ihm vorausgehenden so wichtigen Virtuellen Museum Proraer Bausoldaten (großer Dank gilt Tobias Bemmann!) kein Forum bot. Dabei müsste die erinnerungspolitische Arbeit vor Ort inzwischen allen bewusst gemacht haben, wie mühsam es vor zehn Jahren gewesen ist, das Thema ‚Militärgeschichte' und ‚Bausoldaten' zu verankern. Dank etlicher Unterstützer setzte im Jahr 2010 eine Erinnerungstafel ein wichtiges Signal und war der Auftakt für das politische Bekenntnis zur „doppelten Geschichte."

Der offene Brief möchte auf den steinigen, nicht zu Ende gegangenen Weg aufmerksam machen. Auch eine noch so kleine Dokumentation der Geschichte in den Räumen der Jugendherberge wurde trotz anderweitiger Zusagen bislang nicht umgesetzt. Die vor Ort jahrelang geforderte Kommunikation am ‚Runden Tisch' findet nicht statt. Hingegen arbeitet DenkMALProra inzwischen erfolgreich mit privaten Investoren in Prora-Ost zusammen. Von dort ausgehend ist inzwischen auch am ehesten die notwendige geschichtspolitische Wende zu erwarten.

Die Aktivitäten in Bezug auf Block V mitsamt der betriebenen Plattform stellt Denk-MAL-Prora im Jahr 2020 ein. Ihr ‚Vermächtnis' tritt die Initiative somit an den ‚Förderkreis Bausoldaten Prora' ab, dem Mut zu wünschen ist, sich deutlicher als bisher in die Vorgänge einzuschalten und anhaltende Missstände offen zu benennen. Angesichts der schwierigen Situation in Prora ist es in meinen Augen sinnvoll, das geplante Bildungszentrum als ein auch kirchliches Anliegen noch deutlicher herauszustellen, wozu ich Sie, sehr geehrter Herr Landesbischof, lieber Friedrich Kramer, nachdrücklich ermuntern möchte. Die Tagung in den Räumen der Evangelischen Akademie Sachsen-Anhalt ist ein positives Signal. Bei Rückfragen stehe ich nach wie vor zur Verfügung. Informationen unter www.denk-mal-prora.de."[96]

Im Jahr 2020, als sich bezüglich der Aktivitäten des Förderkreises noch immer nichts geändert hatte, sorgte eine nachgeschobene Mail mit der Kritik, der Förderkreis gehöre doch längst zum Blendwerk vor Ort, welches der notwendigen „Stimme der Kritik" die Autorität nehme, für Unverständnis. Obgleich einzelne Vereinsmitglieder gar anzweifelten, ob es den Verein überhaupt noch gibt, sah der harte Kern keinen Handlungsbedarf. Nicht einmal hinsichtlich der Tatsache, dass Prora-Zentrum seit

Jahren schon einen großen Teil der Zeitzeugenliteratur (vom Autor kein einziges Buch) nicht mehr anbot. Es galt einzusehen, dass sich die Angesprochenen offenbar mit der mageren Ausstellung begnügten, in der sie selber vorkamen.

Es war tatsächlich an der Zeit, diesen Platz zu verlassen. Ein Gedanke, der reifte, nachdem 2018 die Absage einer Mitwirkung im neugegründeten Dachverein hingenommen und 2019 obendrein erkannt werden musste, wie wenig die Landeszentrale für politische Bildung die Aufarbeitungen zur Geschichte beziehungsweise die immensen Dokumentationen wertschätzt (Virtuelles Museum Proraer Bausoldaten/Tobias Bemmann, www.denk-mal-prora.de). Selbst die Kostenübernahme der Reinigung der Gedenktafel wurde abgelehnt. Lediglich der Musealiensammlung von Prora wegen hatte sich der Autor noch einmal zurückrufen lassen. Selbst wenn die äußere Hülle des geplanten Bildungszentrums finanziell und materiell gesichert schien, stellte die Absage an diese Musealien nun doch den *letzten großen Knall* dar, der an der Ernsthaftigkeit eines Zentrums zur komplexen Proraer Geschichte zweifeln lassen musste. Es bot sich an, dies auch der scheidenden Bundeskanzlerin in einem Offenen Brief mit auf den Weg zu geben, schon allein wegen *deren* Prora-Geschichte – „Prora und sein kolossaler Schatten über Ihrer Amtszeit, Frau Bundeskanzlerin!"[97]

„Sehr geehrte Frau Bundeskanzlerin Merkel – den Anfang Ihrer politischen Karriere markiert Ihre Wahl zur CDU-Direktkandidatin in einem kolossalen Gebäude, das damals die DDR-Aura deutlich präsent hielt. In den Jahren Ihrer Kanzlerinnenschaft wurde die spätere Bundesimmobilie, bauliches Zeugnis zweier Diktaturen, vollständig privatisiert, einseitig zum ‚ehemaligen KdF-Bad' erklärt und unter diesem Vorzeichen luxussaniert. Engagement für die Geschichte der Ostdeutschen und letztlich der deutsch-deutschen Geschichte haben Sie in Ihrem Wahlkreis nicht erkennen lassen. Zeitgleich zu Ihrem Abgang droht nun der letzte Knall mit vollständiger Verpuffung der DDR-Kasernengeschichte!
Aussitzen, Dinge weithin ihrem Selbstlauf überlassen – das sind Attribute Ihrer Kanzlerinnenschaft, zu der sich natürlich auch Rühmliches sagen ließe. Doch bei allem Respekt: Ein gewichtiger Ort Ihrer eigenen Biografie kündet von Ihrem Versagen, sich mit Ihrem Herkommen für die Geschichte der „Ostdeutschen" einzubringen – als ehemalige DDR-Bürgerin im Allgemeinen sowie als Pfarrerstocher im Besonderen. Erstaunlich wenig trugen Sie dazu bei, ostdeutschen Erfahrungen einen Diskussionsrahmen zu geben oder mehr noch, die Geschichte der DDR als einen Teil der Geschichte des heutigen Deutschlands zu begreifen. Sie wollten ‚Deutschland dienen' und haben Ihren eigenen Landsleuten oftmals einen Bärendienst erwiesen. Das ist ein bitteres Fazit. Ich beziehe mich mit meiner ‚These' auf einen Ort, auf dem ich über die Dauer Ihrer gesamten Kanzlerschaft hinweg gezwungenermaßen ‚Feld-

forschung' betrieben habe: Prora auf der Insel Rügen, einst einer der bedeutendsten Militärstandorte der DDR. Ausgebildet wurden dort unter anderem Militärmusiker, wie sie Ihnen bald beim Großen Zapfenstreich den Anfang Ihrer Bundestagskarriere in Erinnerung rufen könnten: Etwa, wie Sie mit viel Glück in der einstigen Kaserne das Direktmandat Ihres Wahlkreises gewannen (1990). Oder aber, als Sie sich gut zehn Jahre später, auf dem Jugendfestival ‚Prora 03‘, zum Thema ‚Politik und Medien‘ äußerten. Ausgerechnet. Denn die damals initiierte Jugendherberge in Block V wurde 2011 mit einer erschreckenden Medienkampagne eröffnet: Nachdem trotz massiver Einsprüche die Geschichte der Waffenverweigerer (Bausoldaten) mit maßgeblichen Mitteln des Bundes und der EU wegsaniert worden war, war es für Politik und Medien ein Leichtes, diesen Abschnitt des ‚Kolosses von Rügen‘ fast unisono zum effektvolleren ‚düsteren Nazi-Bad‘ zu erklären. Die Transformation des einst geplanten KdF- Bades zu einer der frühesten und größten Kasernen der DDR – einem Bollwerk im Kalten Krieg – blieb im Verborgenen. Der dpa-Themendienst behauptete damals gar, das Gebäude hätte seit der Nazizeit leer gestanden. Anschließend besang der damalige Herbergsleiter auf Facebook ‚seinen‘ Block als ‚ostzonale Wellnessanlage‘, in der ‚wir mit ganz viel Hingabe (...) einen Ort geschaffen (haben), der andere ganz schön alt aussehen lässt, in dem wir altes einfach schön aussehen lassen‘. – Zaghaft wurde aufgrund des Insistierens von DenkMALProra mit der Aufbereitung der Bausoldatengeschichte begonnen. Doch ohne Einbeziehung jener, die die Ernstnahme der gesamten Militärgeschichte eingefordert hatten. Überlassen blieb es weiterhin der Akrobatik eines ehemaligen Insassen der Totalen Institution, wie sich Prora den ehemaligen Bausoldaten präsentierte, die Aufarbeitung des gesamten Ortes voranzutreiben. Mühsamst konnte das Gespräch mit einer Vielzahl anderer ehemaliger Einheiten geführt und dadurch zusätzliche denkmalpflegerische Unterschutzstellungen für die differenziert zu betrachtende DDR-Geschichte erreicht werden.

Anlässlich der Eröffnung des Naturerbezentrums Rügen, weithin auf dem ehemaligen Militärgelände von Prora (2013), erinnerte ich Sie in einem offenen Brief an den ausstehenden Aufbau eines Bildungszentrums zur ‚doppelten Vergangenheit‘ bei der Jugendherberge als ‚nationale Aufgabe‘. (...) Was die Indoktrinierung und Militarisierung der Gesellschaft im Kalten Krieg insbesondere für die Pfarrhäuser, Christen und Andersdenkende bedeutete, die sich ihr nicht beugen wollten, ist Ihnen bekannt.

Seit rund 15 Jahren steht die politische, jedoch bislang erfolgreich ausgesessene Willensbekundung im Raum, neben der Jugendherberge ein Bildungszentrum zur ‚doppelten Geschichte‘ von Prora zu errichten. Nachdem dank unserer Initiative mühsam allerletzte Kasernenräume bewahrt werden konnten, die in der ansonsten nach KdF-Plänen sanierten Anlage letzte Spuren der DDR-Biografien zeigt, dreht sich alles im Kreise. Nie in all Ihren Jahren als Kanzlerin haben Sie hingesehen oder eingegriffen, obgleich die CDU im Landkreis stets die stärkste Kraft war – im Gegenteil: Unter Ihrem Parteifreund Ralf Drescher wurde mit Block V auch noch das letzte Stück der einstigen Bundesimmobilie Prora privatisiert (2019). Der Verbleib eines winzigen Teiles in öffentlicher Hand musste per Petition erkämpft und im Nachhinein ausgehandelt werden. Daran waren zuletzt einige SPD-Politiker beteiligt, die sich unter ausschließlicher Würdigung der vor Ort agierenden Vereine – DenkMALProra wurde bereits 2010 ausgegrenzt und arbeitet seither als Initiative weiter – sattsam in Szene setzten. Konkrete Pläne liegen indessen bis heute nicht vor.

Zuletzt nun steht der Verkauf der privat zusammengetragenen allerletzten Relikte der einstigen Kaserne zur Disposition. Dies, nachdem nicht nur fast alle Spuren der Nutzungsgeschichte des Kolosses verschwanden, sondern aufgrund politischer Entscheidungen überdies die komplette Sammlung des einstigen Museums Prora (2006) sowie das Inventar des DDR-Bausoldatenversorgers in Mukran (2012). Wichtige historische Sammlungen zu Block V, sowohl aus der Geschichte der Fallschirmjäger als auch der Bausoldaten, gingen der Missachtung der Bildungsbeauftragten in Prora wegen verloren oder wurden lahmgelegt. Nachdem es während Ihrer Kanzlerinnenschaft kaum ein Halten im Ausverkauf der Geschichte gab, verkörpern die Utensilien nun die allerletzte Chance, den bewahrten leeren Räumen neben dem ‚KdF-Bad‘ auch endlich das Kasernenflair museal zurückgeben zu können. 2.500 Menschen sprachen sich binnen kurzer Zeit dafür aus. Ein Signal der Ernstnahme wäre vonnöten!

Sehr geehrte Frau Merkel, wie Sie wissen, werden heutzutage Wolfsburg und der Volkswagen nicht unmittelbar und in erster Linie mit dem KdF-Wagen in Verbindung gebracht. Wie beim Palast der Republik war es zulasten ostdeutscher Biografien jedoch allzu bequem, sich bei der Prora-Anlage allein auf die Vorgängergeschichte zurückzubesinnen. Sie und Ihre bundesunmittelbaren Einrichtungen und Stiftungen haben nicht dazu beigetragen, die in der Wahrnehmung der DDR gespaltenen Ostdeutschen ins Gespräch zu bringen und die Ost-Biografien dem ehemaligen ‚Westen‘ zu vermitteln. Natürlich ist das System der damnatio memoriae komplex. – Mit Bundespräsident Joachim Gauck hatten wir zeitweilig sogar einen zweiten Vertreter aus ‚ostdeutschem‘ kirchlichem Hause an der Spitze des Staates, der auf meine Briefe genauso wenig reagierte wie Sie. Die Fehlbesetzung der Landeszentrale für politische Bildung (Schwerin) über all die Jahre hinweg sei ebenfalls erwähnt. – Mit meinem heutigen Wissen um die Verschleierungstaktiken im Nachwendedeutschland hätte ich 2006 nicht derart in unsere Demokratie vertrauend den Kampf um Geschichte und Partizipation beginnen können. Seither verstehe ich, dass sich Menschen fremd in diesem Land fühlen. Ich erlebte die Ignoranz politischer Instanzen, die Missachtung gemeinnütziger Initiativen, die Unterdrückung wissenschaftlich begründeter Ansichten. Ich erlebe, wie Stimmen aus dem Volk übergangen und die Verdrehung von Tatsachen hingenommen wird. Und ich nehme wahr, wie eine weithin unfaire Berichterstattung es ermöglicht, die Geschichte der Ostdeutschen bzw. das Bemühen in die Nische zu schieben bzw. vergessen zu machen.

Als Pfarrerstochter ist Ihnen ‚Berufung‘ nicht fremd. Ich habe mir den verschlungenen Pfad nicht ausgesucht und denke, in Prora nicht nur als Bausoldat „gedient“, sondern während der Jahre Ihrer Kanzlerinnenschaft Deutschland ein Stück seiner Geschichte bewahrt zu haben. Mit Ihrem politischen Karrierestart ausgerechnet in Prora hätte alles anders kommen können. Nun aber, trotz des Mühens inzwischen einiger Initiativen, stehen wir vor einem erinnerungspolitischen Scherbenhaufen. Winzige Splitter, „Zeitsplitter", sind momentan das Wenige, was in Prora noch von der deutsch-deutschen Geschichte kündet. Die Geschichte von Menschen lässt sich nicht mit einem Putztuch wegpolieren. Glanz und Glamour des in Ihrer Kanzlerinnenschaft entstandenen Seebades werfen einen kolossalen Schatten."

Immerhin: Im Gegensatz zu 2010 wo das Bildungszentrum lediglich eine Finte von Landeszentrale und Landrätin gewesen war, wurden nun Nägel mit Köpfen gemacht: Die Staatliche Bau- und Liegenschaftsverwaltung Schwerin wurde mit einem *baufachlichen Gutachten* beauftragt. Überraschenderweise aber stand selbst noch im Frühjahr **2022** das inhaltliche Konzept des Bildungszentrums nicht fest. Erst jetzt sollten die Aktivitäten so richtig losgehen – mit zwei *Workshops*, zu denen sich die Landeszentrale für politische Bildung und der Dachverein Bildungs- und Dokumentationszentrum Prora e. V. zusammenfanden, um mit Unterstützung der „Fakultät Gestaltung" der Hochschule Wismar sowie der Staatlichen Bau- und Liegenschaftsverwaltung Schwerin und dem Landesamt für Kultur und Denkmalpflege einen Raumbedarfsplan zu erarbeiten. Hätte nicht aufgrund der jahrelangen Vorarbeiten und ebenso langen und deutlichen Forderungen nach Einbeziehung in die Konzeptionserstellung auch DenkMALProra geladen werden müssen? In einem dritten Workshop „begrüßten die genannten Akteure Vertreter*innen der Gemeinde Ostseebad Binz, des Landesverbands M-V des Deutschen Jugendherbergswerks und den Investor der benachbarten Liegenschaft zu einem Austausch." Auch zwei Staatssekretärinnen waren zu Gast, um sich über den aktuellen Sachstand des Projekts zu unterrichten.[98]

Ebenfalls mit Unterstützung der Hochschule Wismar wurde in Vorbereitung der Auftragsvergabe mit dem *„Erzählfaden für das zukünftige Gestaltungskonzept"* begonnen. Doch wird es bekanntlich noch zwei Jahre später keinerlei Ausschreibung geben.

Im Sommer 2022 begaben sich Vertreter des Dachvereins Prora, der Hochschule Wismar und der Landeszentrale für politische Bildung auf Reisen – und zwar nach Berlin, dem offiziellen Sitz von DenkMALProra. Natürlich verschwendete daran niemand auch nur einen Gedanken.

Um sich mit verschiedenen Ausstellungsgestaltungen an historischen Orten auseinanderzusetzen und für spezifische Fragestellungen zu sensibilisieren, statteten die genannten Vertreter verschiedenen Lern- und Erinnerungsorten einen Besuch ab: dem Dokumentationszentrum NS Zwangsarbeit Schöneweide, dem Museum Berlin-Karlshorst und dem Anne-Frank-Zentrum Berlin.[99] Wie viele Ideen haben sich im Kopf des Gründers der Initiative gedreht – von den ersten Willensbekundungen zum Aufbau eines Bildungszentrums an (2007). Der Ausgangspunkt das Buch „Der Prinz von Prora". Von den deutschen Medien und der Gesellschaft weithin unbemerkt, wurde es zum Gegenstand einer Analyse im Buch „Comrades in arms" (Tom Smith), nachdem diese Autobiografie bereits 2016 in den „Oxford German Studies" untersucht worden war.

Am *8. September 2022* präsentierte die Staatliche Bau- und Liegenschaftsverwaltung (SBL) ihre *Befunde anhand der restauratorischen und bauhistorischen Untersuchung*, die „Impulse zur Einbeziehung in die Ausstellungsgestaltung geben können", wie es folgerichtig heißt.[100] Tatsächlich dürften die Ergebnisse auf den „Erzählfaden" bzw. das zukünftige Gestaltungskonzept Auswirkungen haben. „Nach mehr als 30 Jahren Leerstand erfolgten mit dem Jahresbeginn 2022 die ersten Untersuchungen am und im Gebäude zur Erstellung eines sogenannten ‚K1-Gutachtens'", heißt es seitens des Staatlichen Bau- und Liegenschaftsamt Schwerin bezüglich der Bewertung des Gebäudezustandes. Nachdem die Untersuchungen im Februar 2023 abgeschlossen waren, ließ die SBL in einer ausführlichen Darstellung zu Block V, der 1936 bis 1939 durch die Firma HochTief errichtet wurde und 1945 an die sowjetische Militärführung gegangen war, verlauten:[101]

„Die Liegehalle weist durch die nachträglich eingebauten Innenwände die klare Struktur eines Kasernenbaus auf. Alle drei Gebäudeteile wurden in Massivbauweise errichtet. Die ursprüngliche Tragkonstruktion der Liegehalle wird durch eine Stahlbetonskelettbauweise definiert, bei der Teile später mit dem Nutzungsausbau durch Mauerwerk verschlossen wurden.
Dagegen wurden bauzeitlich das Bettenhaus und der Kamm als Mischkonstruktion aus Mauerwerk und Stahlbetonbauteilen errichtet. Folgende Untersuchungen wurden für eine aussagefähige Bewertungsanalyse durchgeführt:

*   Bestandsvermessung
*   Restauratorische Untersuchungen
*   Untersuchungen zur Bau- und Nutzungsgeschichte
*   Untersuchungen zu Schäden am und im Gebäude
*   Untersuchungen zu Schadstoffen
*   Baugrunduntersuchungen
*   Untersuchungen zur Bestandsstatik inkl. experimenteller Tragsicherheitsbewertung
*   Untersuchungen zu Artenvorkommen

(...) Entsprechend den durchgeführten bauhistorischen Untersuchungen steht der betrachtete Gebäudeabschnitt seit 1991 ungenutzt leer. Die bauliche Struktur des Gebäudes mit den Einzelstuben in den Geschossen der Liegehalle und den gemeinschaftlichen sanitären Einrichtungen im Kamm 7 bildet die Nutzung des Gebäudes als Kaserne bis heute ab. Die Ergebnisse der restauratorischen Untersuchungen bestätigen die Befunde der Bauforschung. Sie sind verschiedenen Zeitabschnitten zuzuordnen und fragmentarisch im gesamten Gebäude über die Geschosse verteilt, teilweise überlagern sich mehrere Zeitebenen. Es konnten fünf Bauphasen herausgestellt werden. Beim Durchschreiten des Gebäudes kann die Historie anhand der teilweise erhaltenen Wand- und Deckenfassungen, Tapeten, bildlichen Darstellungen und erhaltener Ausstattung wahrgenommen werden. Aufgrund der erhaltenen Befunde können Raumfunktionen zugeordnet und Wohn- und Lebensbedingungen während der Kasernennutzung nachvollzogen werden."

Bauphasen und Nutzung Komplex Prora

Bauphase 1	bis 1939 Erbauungszeit "KdF-Bad"
Bauphase 2	1945 bis 1956 Nutzung Sowjetarmee
Bauphase 3	nach 1956 bis ca. 1982 Erste Nutzungsphase NVA-Fallschirmspringer
Bauphase 4	ca. 1982 bis 1990 Zweite Nutzungsphase NVA-Bausoldaten
Bauphase 5	nach 1990 Leerstand

Beachtenswert ist die Erkenntnis, dass jede Umbauphase mit einer kompletten Durchgestaltung des Gebäudes einhergeht. Hervorzuheben ist vor allem die Gestaltung der Wandflächen der 2. Bauphase (Nutzung durch die Sowjetarmee). Die farbigen Anstriche mit Walzdekor im Treppenhaus oder im ehemaligen Speisesaal des 1. Obergeschosses stellen über das erwartete Maß hinaus erhaltenswerte Befunde dar. Der im Treppenhaus befundete Schriftzug: (...) – nicht rauchen! - ist der Nutzung durch die Sowjetarmee eindeutig zuzuordnen. Zu jener Zeit wurde das Gebäude in seiner Großflächigkeit genutzt, da der Stubenausbau erst später erfolgte. Mit der Bauphase 3 wurden Raumanlagen für die 1. Nutzungsphase NVA – Fallschirmjäger - für die Kasernennutzung im 2. bis 4. Obergeschoss errichtet, gleichzeitig befand sich der Speisesaal im 1. Obergeschoss und die Judohalle im 5. Obergeschoss.

Mit der 2. Nutzungsphase NVA (Bauphase 4) erfolgte die Unterbringung der Bausoldaten in der nördlichen Liegehalle, was zur Aufgabe der Judohalle infolge zusätzlicher Stubeneinbauten im 5. Obergeschoss führte.

Die Offiziersbereiche und Amtsstuben wurden im 2. Obergeschoss eingerichtet und waren überwiegend mit Tapeten ausgestattet.

Im 1. Obergeschoss wurden nunmehr Unterrichtsräume geschaffen. Der Speisesaal wurde in einen anderen Blockabschnitt verlegt. Mit der Nutzungsaufgabe nach 1990 (Bauphase 5) wurde das leerstehende Gebäude als offener Gestaltungsort vereinnahmt. Auch diese Zeitzeugnisse haben sich bis heute erhalten und stellen den Zeitgeist der Umbruchepoche dar.

Mit der zukünftigen Nutzung als Ausstellungsgebäude erfährt das Objekt eine Nutzungsänderung, die eine erhöhte Nutzlastanforderung als bisher bedingt. Zur Verifizierung des rechnerischen Nachweises der Plattenbalkendecken im Bereich der Liegehalle wurden Belastungsversuche im Sinne einer experimentellen Tragsicherheitsbewertung nach Richtlinie des Deutschen Ausschusses für Stahlbeton (DAfStb) durchgeführt. Diese sind Grundlage für die sich nun anschließenden Planungen."

Trotz dieses Befundes, wozu immerhin auch der Nachweis zur Vorrichtung der geplanten Strahler für die Liegehalle gehörte, warb auch die Staatliche Bau- und Liegenschaftsverwaltung zum *„Tag des Offenen*

Denkmals mit dem „Ehemaligen Kraft durch Freude (KDF) – Seebad Rügen in Prora, Liegehalle, Block 5, Kamm 7 (neben der Jugendherberge in Prora)" – ausgerechnet unter dem Motto "Wahr-Zeichen. Zeitzeugen der Geschichte". Das Dokumentationszentrum Prora, das die Führungen vor Ort begleitete, stellte es gar so dar: „Dieser ansonsten nicht zugängliche Bauabschnitt ist noch unsaniert und weist historische Spuren aus der bauzeitlichen NS-Zeit und den Nachnutzungen zu DDR-Zeiten bis heute auf, die es zu entdecken gilt." Wurden nicht *fünf Bauphasen* festgestellt? Was soll der Begriff „Nachnutzung". Noch immer wird suggeriert, es habe das fertige KdF-Seebad jemals gegeben.[102]

So geht der *Fake* weiter: Diese trotz sachlichem Befundbericht tendenziösen Vorgaben ermunterten die Ostsee-Zeitung zur bekannten Einseitigkeit: „Hier wollten die Nazis Liegen aufstellen: Besucher erhalten seltenen Einblick in ‚KdF-Bau' auf Rügen". Von den bauhistorischen Funden und den letzten sichtbaren Stuben, darunter jene der DDR-Bausoldaten, kein einziges Wort: „Am 8. September steht die ‚Liegehalle' im Block V im Fokus, dem nördlichsten intakten ‚Bettenhaus' des Gebäudekomplexes in Prora."[103] Was wird mit „intakt" gemeint sein? Die erste Bauphase ganz sicherlich nicht; vielmehr doch der DDR-Ausbau, der aus den Ruinen eine bewohnbare Anlage schuf.

Die unklaren Darstellungen decken sich mit der weithin dilettantischen Führung über das Gelände, wie sie der Autor im Herbst **2023** erleben musste – inkognito, was nicht schwer fiel angesichts des geringen Bekanntheitsgrades des Autors vor Ort! Fragen zur Nachkriegsgeschichte (bis auf die der DDR-Bausoldaten) vermochte der Mitarbeiter des Prora-Zentrum e. V. nicht zu beantworten, etwa bezüglich der einstigen Unterkunft der russischen Soldaten nach 1945. Dabei standen die Besucher auf dem einst exterritorialen Gelände, in dem die russischen Besatzer über zehn Jahre hinweg streng abgeschirmt schalteten und walteten – und von hier aus den Aufbau der Kasernierten Volkspolizei/NVA steuerten. Das Buch „Sehnsuchtssonate" (2017) führt es vor Augen. Doch die Bücher des Autors schienen weithin unbekannt zu sein. Ein erschütterndes staatlich geschürtes Nebeneinander!

Währenddessen trafen sich die am *Stricken des „Erzählfadens"* für das geplante Bildungszentrum Beteiligten noch einmal, um sich einen „abschließenden Überblick über die Exponate und wissenschaftlichen Desiderate" zu verschaffen und sich mit der Landeskonservatorin zu den restauratorischen Befunden abzustimmen, wie die Website des Bildungs- und Dokumentationszentrums aufklärt. Die bisherigen Ergebnisse wurden demnach im Ministerium der Beauftragten des Bundes für Kultur und Medien vorgestellt.

Seitdem herrscht Schweigen. Haben die „neuen" Erkenntnisse der Baugeschichte das Konzept durcheinandergebracht, sodass eben doch die

Geschichte von Prora ganz anders als geplant, weniger fokussiert auf die KdF-Planungsgeschichte, erzählt werden muss? Welche „Exponate" wird man gesichtet haben außer jene der KdF-Ausstellung im Dokumentationszentrum Prora? Und: Hat sich das Prora-Zentrum, nachdem es die Forschung der Militärgeschichte und speziell dieses Platzes, weithin vernachlässigt und ignoriert hat, nun aus der Verantwortung gestohlen?

Die überraschende Insolvenz eines der beiden im Dachverein arbeitenden Vereine und das wieder aufflammende Interesse der Öffentlichkeit hatte **2024** eine *Aktualisierung des Webauftritts zum BUD* zur Folge.

Erst jetzt wurden die Ereignisse seit dem Jahr 2022 nachgetragen. Vom Dachverband ist zuletzt keine Rede mehr. Dafür abschließend von einem Beratungstermin zwischen dem Staatlichen Bau- und Liegenschaftsamt Schwerin, dem Landesamt für Kultur- und Denkmalpflege und der Landeszentrale für politische Bildung Mecklenburg-Vorpommern: „Die Beteiligten verständigen sich darauf", heißt es nach Bekanntwerden der Insolvenz, „dass zur Lösung der Aufgabenstellung – Instandsetzung des Gebäudes und Ausstellungsplanung – unter Einbeziehung der restauratorischen Befunde eine iterative Vorgehensweise im Planungsverfahren befürwortet wird."[104]

So weit, so unklar. Im anhaltend zur Schau gestellten Optimismus, der umso demokratieschädlicher ist, je unhaltbarer er sich erweisen wird, heißt es in der Presse: *„Wir stehen ohne Wenn und Aber zu dem Projekt'*, sagt Staatssekretär Miraß für die Landesregierung. Über weitere Schritte werde beraten."[105] Während aufgrund des ausgebliebenen Engagements von Prora-Zentrum noch immer Grundlagenforschung zum Militärstandort betrieben werden muss, konnte die jüngste restauratorische Untersuchung auf die jahrelangen Bemühungen des Gründers der Initiative DenkMALProra zurückgreifen. Jedenfalls wurde ihm das hinter vorgehaltener Hand so zugetragen.

Mit welch größerem Respekt wurde dieser Gebäudeabschnitt begutachtet, als wie wir das bei der Sanierung der übrigen Blöcke erlebt haben! Und welch ein Unterschied in der Herangehensweise im Vergleich zum Jahr 2010, als das Bildungszentrum wahllos zwei Etagen innerhalb des noch zu entwickelnden Bauabschnittes (im Gespräch war damals ein großer Veranstaltungssaal über zwei Etagen hinweg für die Jugendherberge) einnehmen sollte. Ob sich die Vorleistungen des DenkMALProra allerdings auch dem Buch über die jüngste restauratorische Untersuchung entnehmen lassen werden, mit dem die Landeszentrale für politische Bildung nun laut ihrer Website einen Journalisten beauftragt hat, darf bezweifelt werden. Möglicherweise geht es bei der Herausgabe des geplanten Bandes darum, dem wartenden Volk überhaupt etwas Vorzeigbares vorlegen zu können.

Ausblick

Dass das Bildungszentrum Prora in der geplanten Größe zustande kommt, muss bezweifelt werden. 2026 sollte es nun endlich eröffnet werden, doch existieren Ende 2024 noch keinerlei Ausschreibungen. Die mittlerweile in die Jahre gekommene Betriebsstudie (2018) unterbreitete eine Reihe ganz konkreter Vorschläge, die rasch umgesetzt werden sollten, darunter die zeitnahe (!) Ernennung eines wissenschaftlichen Leiters, da „bisher kein inhaltliches Konzept vorliegt" (sic!) sowie die Aufstellung eines wissenschaftlichen Mitarbeiterstabes. Nichts in dieser Richtung ist geschehen.[106]

Zu befürchten ist außerdem, dass von einem rekonstruierten und museal hergerichteten Kasernengang am Ende doch abgesehen werden soll. Dieser aber wäre zwingend notwendig, möchte man von der „Kaserne Prora" noch einen Eindruck vermitteln – über die Bausoldateneinheit hinaus. Ursprünglich gab es weit mehr als hundert Soldatenflure in der Anlage. Die Betriebsstudie sieht einen solchen Gang, wie der Autor erst spät erfuhr, jedenfalls nicht vor, weshalb er sich nach Einsichtnahme (Juni 2021) mit einem Ergänzungsantrag an das Landesdenkmalamt in Schwerin wandte. Mit genau den Forderungen, die seit Jahren im Raum stehen und deren Erfüllung Prora-Zentrum e.V. im Jahr 2011 bereits zugesagt hatte (vgl. S. 93).[107] Offenbar aber hat man sich über zwanzig Jahre hinweg kaum weiterbewegt und möchte sich auf bunte Ausstellungstafeln beschränken. Dem häufig geäußerten Einwand des Autors, dass dies absurd sei an einem originalen Schauplatz, Lernerfolge sich besser durch die Ansprache von Emotionen erreichen ließen, wird von den Verantwortlichen mit dem Argument des „Überwältigungsverbotes" in der politischen Bildung beantwortet. Im Übrigen ist zu befürchten, dass die Bausoldatengeschichte als eine „Facette" des „KdF-Baus" verniedlicht, ja die Militärgeschichte von Prora in Gänze nicht tiefergehend, Block für Block, erläutert werden soll. Doch erwartet man diese Aufklärung nicht an einem historischen Ort? Die angestrebte Wohlfühlatmosphäre im geplanten Bildungszentrum wäre so ahistorisch wie das Flair der bereits sanierten Blöcke.

Käme das als „moderner, attraktiver Lernort" und „Begegnungszentrum" beschriebene Bildungszentrum zustande, würde es sich schon aufgrund des Defizites an originaler Substanz finanziell nicht tragen. Eine letzte Chance, mehr zu bieten als auch über eine digitale Plattform möglich wäre, mag in den jüngsten restauratorischen Befunden liegen. Doch zu vieles wurde versäumt – sowohl hinsichtlich des *Umfeldes* als auch der *„musealen Einrichtung"*. Da man das Museum der Kulturkunststatt hat ziehen lassen, existieren kaum noch Exponate, die einen höheren Eintrittspreis rechtfertigen würden. Möglicherweise mangelt es an Anschauungsstücken sogar nicht nur aus der DDR-Zeit, sondern auch aus der KdF-Geschichte. Schließlich wurde der diesbezügliche Bestand der KulturKunststatt ebenfalls abgelehnt – mit Stimme der Leiterin des Dokumentationszentrums, das möglicherweise Konkurrenz fürchtete.

Zweifel sind angebracht: Inzwischen ist das Dokumentationszentrum Prora mit seiner umfangreichen KdF-Austellung nicht mehr zwingend darauf angewiesen, in diese Randlage von Prora umzusiedeln. Erstens zeichnet sich ab, dass es seinen angestammten Platz bei Block III nicht so bald verlassen muss – im Gegenteil, die Investoren scheinen diese Einrichtung in dem ansonsten „totsanierten" Gelände mittlerweile zu begrüßen. Zweitens bestehen in „Prora Neue Mitte" Gedankenspiele, in den leerstehenden Panzerhallen gegenüber des Restaurants „Dutch" ebenfalls eine museale Einrichtung zu etablieren. Unter Umständen könnte sich das Dokumentationszentrum auch dort einbringen.

Während zudem das Dokumentationszentrum von Binz aus bequem zu Fuß erreichbar ist, liegt Block V relativ weit entfernt. Nun wird der südliche Teil des Blocks auch noch so entwickelt, dass dort keine Feriengäste, also ein wechselndes Publikum, zu erwarten ist, sondern stattdessen langweilige Wohnungen entstehen. Wäre den Vorstellungen des Autors Gehör geschenkt worden, wäre der Block ein echter „Hingucker": Für diesen letzten sanierungsfähigen Block in Randlage hatte die Chance bestanden, ihn die drei Phasen der Geschichte widerspiegeln zu lassen. Und zwar, wie erwähnt, die drei Höfe der „KdF-Jugendherberge" im Norden als Spiegel der ursprünglichen Planung, die angrenzenden Höfe als Spiegel des einstigen DDR-Antlitzes und am südlichen Ende ein Toleranz und Vielfalt verkörpernder, in die Zukunft transformierter Abschnitt, an dem sich Architekten hätten austoben können. Was hätte dieses Gebäude von sich aus für Besucher angelockt, selbst als einfacher Wohnblock!

Zudem: Die Einrichtung einer zwei, drei Höfe umfassenden Pufferzone zwischen der Jugendherberge im Norden und dem Bereich Wohnen im Süden hätte die Verlegung des Zeltplatzes mit der damit verbundenen unökologischen „Waldumwandlung" obsolet gemacht. Wie passt dieses Ansinnen überhaupt zur „Umweltherberge", die diese Jugendherberge sein möchte! Außerdem wäre der ehemalige Appellplatz in Umrissen erkennbar geblieben. Stattdessen lässt man nun hier, wiederum entgegen den Ambitionen der Zeitzeugen, Gras und Gebüsch über die Geschichte wachsen.

Von den *Besucherzahlen* der einstigen KulturKunststatt, das sich selbst zu finanzieren vermochte, über dessen Erfahrungen die politisch Verantwortlichen aber arrogant hinweggingen, wird man weit entfernt bleiben. Notwendig wären laut Betriebsstudie um die 120.000 Gäste im Jahr. Prora-Zentrum hatte angeblich um die 30.000 und das Dokumentationszentrum in Prora um die 80.000 Gäste im Jahr; die KulturKunststatt bis zu 100.000 Besucher. Wie nur will man diese Zahlen bei so wenig Substanz erreichen?

Schauen wir auf die fast zwanzig Jahre während Geschichte des Kampfes um eine gerechte Erinnerungskultur zurück, so offenbart sich eine grenzenlose Respektlosigkeit jenen Menschen gegenüber, die beabsichtigten, in Teilhabe/Partizipation gestaltend mit einzugreifen. Ob die Landesregierung die von den genannten Strippenziehern verursachte unglückliche Angelegenheit nun bis zur Landtagswahl 2026 aussitzen wird?

Der dargestellte Vorgang ist ein Beispiel, wie sich *innerhalb der Demokratie kleine autoritäre Zellen aufblähen, die über Jahre und Jahrzehnte hinweg schalten und walten können, wie es ihnen behagt*, während, wie etwa am Kuratorium der Landeszentrale deutlich wurde, kein wirkliches regulierendes Korrektiv entgegentritt. Wie gut hätte Prora ein Wechsel im Direktorensessel der Landeszentrale getan!

Weder in der Politik, noch seitens der Kirche, noch bei den Medien konnte in all den Jahren ein wirksames Korrektiv gefunden werden. Wenige Ausnahmen der Berichterstattung[108] ragen wie Leuchtsignale aus dem „Mainstream". Wie oft kamen „Experten" zu Wort, die sich mit der Seele des Ortes nie wirklich auseinandergesetzt haben!

Angenommen, das Dokumentationszentrum bliebe in Prora-Ost und das im Moment anscheinend alle überfordernde Bildungszentrum käme nicht zustande: Möglich wäre noch immer, wie seit fünfzehn Jahren empfohlen, die DDR-Geschichte auf den Gängen der Jugendherberge zu dokumentieren. Und auch auf der noch immer leeren Etage im 5. OG der Jugendherberge ließen sich Räume in die Bildungsarbeit integrieren. Ebenso in jenem Gang, der sich mit dem schützenswerten einstigen Gemeinschaftszimmer der Bausoldaten im 3. OG direkt an die Jugendherberge, Wand an Wand, anschließt. Und sei es nur dieses weithin authentisch gebliebene Zimmer, das ohne weiteres so wie damals zugänglich gemacht werden könnte. Der übrige Abschnitt müsste unter Auflagen anderweitig genutzt werden. Auf die äußere Gestaltung wie in der Bauausschreibung gefordert, sollte all das keinen Einfluss haben.

Und nicht zuletzt der einstige Kontrolldurchlass ließe sich mit seinen erhalten gebliebenen Arrestzellen museal herrichten. Der Autor regte gegenüber dem Landesbischof der Evangelischen Kirche Mitteldeutschlands an, mit Unterstützung kirchlicher Bildungsträger dort eine Informationsstelle zum praktizierten Pazifismus einzurichten.[109] Doch leider, das weiß der Autor selbst, ist die Kirche mit Rückbauprozessen befasst und trotz jahrelanger Bemühungen konnte die Nordkirche für dieses Thema nicht sensibilisiert werden – warum auch immer. Ohnehin ist nach dem Weg- beziehungsweise Glattbügeln der Zeitzeugeninitiativen mit keiner größeren Beteiligung ehemaliger Bausoldaten mehr zu rechnen.

Diese große Chance wurde 2010, als sich Prora-Zentrum e.V. wie ein Keil zwischen die Zeitzeugen trieb, vertan. Die jüngsten Betroffenen waren, als sie die Erinnerungsarbeit in Prora mitgestalten wollten, im noch frischen Alter von Ende 30. Mittlerweile sind diese Jüngsten knapp 60. Etliche sind bereits gestorben. Es ist ein nicht wieder gut zu machender Schaden. Noch dazu wird die Geschichte der Gewaltlosigkeit in diesen Tagen mehr denn je hinterfragt; die Früchte von damals kamen nicht zur vollen Reife.

Selbst der Autor wird nun weise genug sein, jeglichen „Kampf" vor Ort einzustellen. Nach der Rekapitulierung all der Geschehnisse und der mehr als hundert Schreiben und Erklärungen fiel ihm ein in Prora gängiger Spruch wieder ein, der in diesem ihm stetig fremder gewordenen Deutschland noch immer Gültigkeit zu haben scheint: „Gehe nie zu Deinem Fürst, wenn Du nicht gerufen wirst!" Und das in einer „Demokratie"!

Profitiert haben von den Entwicklungen der vergangenen 35 Jahre nicht jene, die unter Zwang in Prora tätig gewesen sind. Zeitzeugen, so musste vielfach beobachtet werden, wurden mit ihrem *Brennen* für die Geschichte verachtet und dort, wo es sich anbot, ausgenutzt. Als einen Höhepunkt der Geschmacklosigkeit empfand es der Autor, als ehemalige Bausoldaten zu Putzarbeiten rund ums Prora-Zentrum herangezogen wurden. Zeitzeugen zur DDR-Geschichte, so eine bittere Erkenntnis, werden oftmals missachtet, während die der NS-Geschichte hofiert werden. Was hätte ein "Pimpf von Prora" für Karriere machen können, würde es ihn geben!

Vom Verkauf des Blocks V haben der Landkreis Vorpommern-Rügen und der Landesverband des DJH profitiert. In ebenjener Zeit, als das Prora-Zentrum Insolvenz angemeldet hat, entstand eine Surfschule für 270.000 Euro auf dem ehemaligen Schießplatz. Woher das Geld stammte, thematisieren die Medien nicht. Doch eine Szene ist dem NDR unbeabsichtigt gut gelungen: Ausgerechnet in der Ruine des ehemaligen Versorgers der Bausoldaten, der bis 2012 noch viele Spuren seiner Geschichte und zahlreiche Ausstattungsstücke aufwies, jedoch entgegen aller Bemühungen weder bewahrt noch dokumentiert wurde, „begutachtet" Herr Schmidt die abgelehnten NVA-Musealien. Es ist *sein* „Müllhaufen der Geschichte".

Aber auch für den „Prinzen von Prora" bündelt sich in Prora/Mukran all das Elend, das er über zwei politische Systeme an dieser Stelle erleben musste. Es ist wie ein Treppenwitz der Geschichte, dass er heruntergepurzelt und in die Nische oder den Untergrund verbannt wurde (ja, auch in der „freiheitlichen Demokratie" gibt es das), um für ein Stück Gerechtigkeit zu kämpfen. Wie zu hören war: Kürzlich stellte eine sächsische Akademikerin beim Land Hessen ein Antrag auf das Bundesverdienstkreuz für dieses Schaffen zwischen allen Stühlen, insbesondere aber die umfangreiche Website DenkMALProra und der damit verknüpften Bildungsarbeit. Gut ein Jahr darauf wurde dieser beherzten Frau ein Schreiben aus der Staatskanzlei M-V zugestellt, an die dieser Antrag „zuständigkeitshalber" weitergeleitet worden war. Zum Bedauern seien nach „sorgfältiger Prüfung" die Voraussetzungen für diese Auszeichnung nicht erfüllt. Wen wunderts?

Falls es das höhere Ziel gewesen sein sollte, die DDR-Geschichte des Kolosses auszumerzen, dann ist das den jetzt in Rente gegangenen Chefinnen des Prora-Zentrums trotz allen Entgegenstemmens gut gelungen. Bezüglich des ausbleibenden Bildungszentrums warf die Fraktion Bürger für Vorpommern-Rügen/Freie Wähler/Für Rügen im Kreistag Vorpommern-Rügen der Landesregierung nun Wortbruch vor und forderte eine zügige Umsetzung des Landtagsbeschlusses.[110] Aber was will man umsetzen?!

Der neue Straßennamen „Alte Wache" am geschützten ehemaligen Kontrolldurchlass vor Block IV und die Tatsache, dass die Gedenktafel, finanziert von ehemaligen Bausoldaten und Sympathisanten, ins Buch „Orte des Erinnerns an die Friedliche Revolution", herausgegeben von der Stiftung Aufarbeitung der SED-Diktatur", aufgenommen wurde, inspirierte zu einer letzten Idee für das Gelände rund um Block V. Wie wäre es mit einem Namenszusatz für die so blass klingende „Fünfte Straße"? Ist es nicht jene Straße, auf der Uwe Rühle (und nicht nur er) seine oppositionellen Gedanken hinausgeschmuggelt hat und die zur Gedenktafel der Bausoldaten führt, andererseits die jungen ehemaligen Bausoldaten mit einem großen Veränderungswillen und erlernten Formen der Gewaltlosigkeit in die verschiedenen Ecken der Republik zurückführte? Wäre die Zusatzbezeichnung *„Straße der Friedlichen Revolution"* nicht ein gerade heute so wichtiges Signal, sich mit dieser Geschichte, die zur Entmilitarisierung der Insel Rügen führte, doch noch einmal intensiver zu befassen? Was von den Vorschlägen des Autors (darunter die Idee eines Geschichtsrundganges mittels virtueller Brille) eines Tages doch noch umgesetzt werden wird – wer weiß! Bei all dem blieb es bei dem Bild, das der Autor vor zwanzig Jahren gezeichnet hat: Hinterm Horizont allein.

Bd. 1 KdF und Kaserne. (Un)sichtbare DDR-Geschiche in der Jugendherberge Prora, 2011

Bd. 2 Geheime Aufzeichnungen eines Bausoldaten, 2011

Bd. 3 Asche aufs Haupt!, 2012

Bd. 4 Kreuzfahrt vor dem Krieg, 2013

Bd. 5 Prora Block V, TH 4, 2013

Bd. 6 Pastorenkinder im Weltkrieg, 2014

Anmerkungen zum Exkurs:

1   NDR 10.5.2024 (Bericht Martina RATHKE)

2   NDR 2.4.2024

3   Ebd.

4   Zeitgeschichte regional, 13. und 14. Jg. 2009 und 2010 und Stefan WOLTER, Asche aufs Haupt, 2012, abrufbar unter: http://www.denk-mal-prora.de/html/die_initiative.html

5   Vgl. die Presseerklärung zum Workshop in Sassnitz, mit weiteren Einwänden gegen diese „Alibi"-Veranstaltung: http://www.denk-mal-prora.de/091216presseerklrg_workshop1.pdf
Presseerklärungen etc. werden hier stets OHNE ANMERKUNGEN *abgedruckt!*

6   Vgl. WOLTER, Asche aufs Haupt, 2012, S. 129 f.

7   Wie Anm. 4

8   Vgl. Jürgen ROSTOCK: Ein Beitrag zur Diskussion um das Begegnungszentrum Prora, in; Zeitgeschichte regional 14. Jg., 2010, S. 70

9   WOLTER, Asche aufs Haupt, 2012, S. 167.

10   Zum Vorgang vgl. WOLTER, Asche aufs Haupt!, S. 120 f. und Orte des Erinnerns an die Friedliche Revolution, hrsg. von Anna Kaminsky, Berlin 2024, S. 93 f.

11   Nadine LOWIN: Die Rekonstruktion der biographischen Entwicklung eines NVA-Bausoldaten. Masterarbeit an der Universität Mainz. 2012.

12   Zit. nach Augsburger Allgemeine 29.7.2011

13   Zit. nach Frankfurter Allgemeine Zeitung 5.7.2011, hier und im Folgenden vgl. WOLTER, Asche aufs Haupt!, 2012, S. 139 f.

14   Ostsee-Zeitung, 27.4.2012

15   Ordnungspolizisten übten in Prora den Völkermord, Welt online 27.6.2012

16   Zur Auseinandersetzung mit den Geländerundgängen von Prora-Zentrum (2013) vgl. auf der Website Proraer Bausoldaten: http://www.denk-mal-prora.de/Ergebnis_des_politischen_und_medialen_Diktats_der_ErinnerungIVa.pdf

17   Das Geheimnis eines Bausoldaten, LVZ 18.8.12 und Chrismon November 2012, http://www.denk-mal-prora.de/Chrismon.pdf

18   Bausoldaten wollen sich in Erinnerungsarbeiten einbringen, Ostsee-Zeitung 17.11.2012, http://www.proraer-bausoldaten.de/OZ_17-11-2012.pdf

19   Nadine SCHREMPEL: Bausoldaten in der DDR-Ein Gesetz befolgen und dafür lebenslänglich bestraft werden?! http://www.proraer-bausoldaten.de/Nadine_Schrempel-_Bausoldaten_in_der_DDR-_Ein_Gesetz_befolgen_und_dafur_lebenslanglich_bestraft_werden.pdf, S. 4

20   WOLTER, Asche aufs Haupt!", 2012, S. 115 f. http://www.denk-mal-prora.de/Ascheaufs-Haupt2012.pdf

21   Ebd. S. 231 Vgl. auch das entlarvende (verhallte) Rundschreiben an Bundespräsident Joachim Gauck und Vertreter an Politik, Medien und Kirche http://www.denk-mal-prora.de/Bildungspotenzialeprora.pdf, abgedruckt in: Schriftenreihe Denk-MAL-Prora, Bd. 6: Stefan WOLTER, Pastorenkinder im Weltkrieg, 2014.

22   Wolfgang REPKE: Prora, Block V, TH 4, hrsg. von Stefan WOLTER, mit einer ersten umfangreichen wissenschaftlichen Einleitung zur Geschichte von Block V. Vgl. dazu http://www.denk-mal-prora.de/GeschichteProra-BlockV.pdf; Gastvorlesung in Mainz: 11. Juli 2013

23   Schreiben 22.5.2013, zit nach: http://www.denk-mal-prora.de/Brief_an_Bundeskanzlerin.pdf; Vgl. DDR-Bausoldat fordert Bildungszentrum zu Militärstandort auf Rügen. epd-Pressemeldung, 22. Mai 2013.

24   Zit.nach https://www.kirche-mv.de/nachrichten/2014/juni/prora-zeigt-ausstellung-zu-ddr-bausoldaten, 18.6.2014, abgerufen 19.11.24

25   Schreiben vom 4.12.2014, zit. nach http://www.denk-mal-prora.de/PreisverleihungProra-Zentrum.pdf

26   Vgl. Welt (dpa), 24.8.2014; auch Ostsee-Zeitung vom 23.8.14: http://www.proraer-bausolda-ten.de/ZeitsplitterbeginnenmitBlickinArrestzelle.pdf

27   Presseerklärung vom 24.8.2014, http://www.denk-mal-prora.de/2014_07_30_PM_Zeitsplit-ter_neu.pdf

28   Das Monster am Meer: https://www.srf.ch/kultur/gesellschaft-religion/das-monster-am-meer-wohnen-im-alten-nazi-hotelkomplex, abgerufen am 19.11.24

29   Vgl. Göttinger Tageblatt: http://www.proraer-bausoldaten.de/ErzahlcafeinGottingen.pdf

30   Schreiben vom 13.3.2013, zit.nach http://www.denk-mal-prora.de/Schwerter_zu_Pflugscha-ren_.

31   Der Tagesspiegel vom 10.8.2014, https://www.tagesspiegel.de/kultur/auf-rugen-wird-das-monster-am-meer-saniert-2614537.html, abgerufen am 19.11.24

32   Vgl.http://www.denk-mal-prora.de/2014-11-08-Denk-MAL-ProraDenkmalschutz.pdf

33   Zit. nach http://www.denk-mal-prora.de/2015-01-12-Gutachten_aus_dem_Landesamt_fur_Kultur1.pdf, 12.1.2015

34   Zit. nach Drucksache 6/5330 6. Wahlperiode 10.05.2016

35   Schreiben 18.3.2015, zit. nach http://www.denk-mal-prora.de/ForderungProra-Zentrum.pdf. Darin heißt es: „Überhaupt sollte sich die Frage stellen, warum Prora-Zentrum in all den Jahren nicht ebenso wie das Dokumentationszentrum Prora oder die Kulturkunststatt in der Lage war, aus eigenem Antrieb und Idealismus heraus eine Dauerausstellung aufzubauen. Ehemalige Bausoldaten hätten das längst in die Hand genommen – hätte man ihnen freie Hand gelassen."

36   Schreiben vom 15.5.24. zit. nach http://www.denk-mal-prora.de/NS-Grossbauten.pdf

37   Offener Brief vom 15.9.24, http://www.denk-mal-prora.de/OffenerBriefProra2015-.pdf

38   Schreiben an Landrat Drescher vom 31.1.2016, zit. nach http://www.denk-mal-prora.de/LandratDrescher.pdf

39   Ostsee-Zeitung 16.1.2016, zit, nach http://www.proraer-bausoldaten.de/OZ_30-01-16.pdf Dass sich der Landkreis an die Entscheidungen der LpB aus dem Jahr 2010 nicht gebunden fühlte, bestätigte die Antwort auf eine Kleine Anfrage vom 10.05. 2016, Drucksache 6/5330

40   https://prora-zentrum.de/, abgerufen am 19.11.24

41   Petition vom 3.4.2016, https://www.change.org/p/prora-stopp-des-ausverkaufs-der-geschich-te-prora-braucht-kultur

42   Presseerklärung zur Petitionsübergabe vom 19.4.2016 http://www.denk-mal-prora.de/Pres-seerklarung-Petitionsubergabe.pdf

43   Schreiben an den Ausschuss für Bildung, Wissenschaft und Kultur vom 1.3.2016, zit nach http://www.denk-mal-prora.de/Bildungsausschuss.docx.pdf. Während eines Gespräches erfuhr der Autor, dass auch die Kritik an der Titelvergabe „Seebad" ernsthaft debattiert werde (Bindungen an Bedingungen), die der Autor aus historischen Gründen ablehnte. Vgl. Schreiben vom 16.2.2016: http://www.denk-mal-prora.de/SeebadProra.pdf

44   Ostsee-Zeitung, 16.1. 2017

45   Schreiben vom 24.5.2016, zit. nach http://www.denk-mal-prora.de/2016-05-24-Erganzungs-antrag1.pdf

46   Ebd.

47   Schreiben vom 4.5.2017, in dem auch auf den Arresttrakt Block III verwiesen wird.

48   Sendung vom 23.3.2016, https://www1.wdr.de/radio/wdr5/sendungen/zeitzeichen/kdf-see-bad-prora

49   Rügenblitz 3.1.2016, zit, nach http://www.proraer-bausoldaten.de/Rugenblitz-.pdf

50   Stefan STADTHERR WOLTER Der „Stalinistische Kasernengroßbau Prora und seine heu-tige Rezeption, in: Alles Platte, hrs. vom Landesamt für Kultur und Denkmalpflege, 2018, S. 158-174: http://www.denk-mal-prora.de/Wolter_AllesPlatte_U7.pdf

51   Ostsee-Zeitung 26.1.2017, zit, nach http://www.proraer-bausoldaten.de/OZ_26-01-2017.pdf

52 MDR Kulturnachrichten http://www.denk-mal-prora.de/MDR_Kultur_Kompakt_-_Prora-Petition.mp3: Presseerklärung zur reaktivierten Prora-Petition 6.3.17: http://www.denk-mal-prora.de/Petition.pdf

53 Vgl. Schreiben vom 21.3.2017. http://www.denk-mal-prora.de/SchreibenInsulaRugia__2_.pdf

54 Vgl. Schreiben an die Kreistagsmitglieder vom 21.3.2017 http://www.denk-mal-prora.de/SchreibenLandkreis.pdf; Pressemitteilung vom 21.3.2017 http://www.denk-mal-prora.de/PresseerklarungLandkreis-.pdf

55 Schreiben an dpa vom 26. September 2017.

56 Zu den beiden Schreiben vgl. http://www.denk-mal-prora.de/UnberucksichtigteSchreiben_10-01-2019.pdf

57 Siehe die vielfache KdF-Berichterstattung aus dem In- und Ausland unter http://www.denk-mal-prora.de/html/pinnwand.html (Medienkritik)

58 Buchumschlag: Zur Berichterstattung darüber vgl. etwa Nordkurier 27.6.2018 http://www.denk-mal-prora.de/NK_147_20180627_HZ_HP_19_01.pdf

59 Presseerklärung 7.6.2017; Blitz am Sonntag 11.6.2017 http://www.denk-mal-prora.de/Prora4.pdf

60 Schreiben vom 12.7.2017

61 Zur ausnahmsweise reichlichen Berichterstattung siehe die Presseseite; zum Wandbild außerdem: http://www.denk-mal-prora.de/Wandbild.pdf

62 OZ 10.10.2017, http://www.denk-mal-prora.de/WandbildSchule1.pdf

63 Antrag vom 12.7.2017, zit. nch http://www.denk-mal-prora.de/2017-07-12-Denkmalpflege.pdf

64 Ebd.

65 Zit. nach http://www.denk-mal-prora.de/PresseerklarungDenk-MAL-Prora1.pdf

66 Schreiben vom 14.2.2018, zit. nach http://www.denk-mal-prora.de/Ausgrenzung.pdf

67 Zit. nach http://www.denk-mal-prora.de/Ausgrenzung.pdf, Februar 2018

68 Nordkurier, 23.1.2018

69 OZ 23.1.1018

70 Zit. nach http://www.denk-mal-prora.de/LeserbriefOZ.pdf

71 Nordkurier 12.3.2018, zit. nach https://www.nordkurier.de/regional/mecklenburg-vorpommern/block-5-von-prora-kann-verkauft-werden-1210029, abgerufen 24.11.2024

72 Zit. nach https://www.lk-vr.de/media/custom/2152_4279_1.PDF?1525824001, 10.4.2018, S. 8

73 Zit. nach http://www.denk-mal-prora.de/StrassenschilderProra.pdf

74 Zit. nach http://www.denk-mal-prora.de/2021-12-03_AufrufgegendieGeschichtsvergessenheit.pdf

75 Vgl. 16.7.2018 und 17.8.2018; https://www.tag24.de/nachrichten/prora-ostsee-ausgerechnet-am-todestag-rudolf-hess-hitlers-ferienanlage-auf-ruegen-jetzt-erholungsort-733688, abgerufen am 24.11.2014

76 Schreiben vom 10. September 2018. Zit. nach http://www.denk-mal-prora.de/2018-09-10_BildungszentrumProra.pdf

77 OZ, 26.12.2018

78 Zit. nach https://www.deutschlandfunkkultur.de/ns-bau-an-der-ostsee-wie-luxus-wohnungen-in-prora-die-100.html, (Alex Hennigs) abgerufen am 24.11. 2024; zur MZ vgl: https://www.mz.de/panorama/prora-auf-rugen-elf-spannende-fakten-zum-kdf-bad-bei-binz-1469859, 15.1.2019, abgerufen am 24.11.2024.

79 Zit. nach https://prora-zentrum.de/02-04-2019-erinnerungsort-prora-vom-geplanten-kdf-seebad-zur-wohlfuehloase/, abgerufen am 24.11.2024

80   Ebd.

81   Schreiben vom 20.2.2019, http://www.denk-mal-prora.de/2019-02-20_SchreibenanLandrat-Kerth1.pdf

82   Schreiben vom 4.2.2019, http://www.denk-mal-prora.de/2019-04-04_Antwortschreiben.pdf

83   Schreiben vom 9.8.2019, zit. nach http://www.denk-mal-prora.de/2019-08-09_Schreiben-Ministerprasidentin.pdf 84   Schreiben vom 9.8.2019, zit, nach www.denk-mal-prora.de

85   Schreiben vom 30.9.2019, zit. nach http://www.denk-mal-prora.de/2019-10-01_SchreibenKuratoriumLpB.pdf

86   Zit. nach https://politik-mv.de/2021/04/15/prora-als-lernort-land-kann-gebaeudeteil-im-block-v-kaufen/ mit Buchtipp bezüglich dem Miniführer von Martin Kaule „Prora", abgerufen am 24.11.2024.

87   Schreiben von Thomas Krüger vom 30.4. 2021, Archiv DenkMALProra.

88   Vgl. die Website https://www.lpb-mv.de/projekte/bud-prora/, abgerufen am 24.11.2024

89   Zit. nach http://www.denk-mal-prora.de/html/prora-aktuell.html

90   Schreiben vom 21.06.2021, http://www.denk-mal-prora.de/2021-07-05_Pressemitteilung-Website.pdf

91   Petition vom 19.7.21, zit. nach https://www.change.org/p/dr-angela-merkel-nva-und-kdf-museum-prora-f%C3%BCr-immer-verloren-bewahrt-das-erbe-in-historischen-r%C3%A4umen Siehe dort die Aktualisierung bzgl. der Berichterstattungen und Behördenschreiben.

92   Schreiben vom 9.8.2021, zit. nach http://www.denk-mal-prora.de/2021-08-10_Offener-BriefMusealien.pdf

93   Vgl. http://www.denk-mal-prora.de/2022-01-16_MusealienProra22.pdf

94   Zu den Reaktionen siehe die Aktualisierung der Petition wie Anm. 91

95   SVZ   2.12.2022,   http://www.denk-mal-prora.de/2022-12-02_Schweriner_Volkszeitung_Stefan_Wolter.pdf 96   Schreiben vom 30.9.2019; zit. nach http://www.denk-mal-prora.de/2019-10-01_Schrei benBausoldatentagung.pdf

97   Schreiben vom 20.09.21, zit. nach http://www.denk-mal-prora.de/2021-09-24OffenerBrief-BundeskanzlerinMerkel.pd

98   Vgl. die Website https://www.lpb-mv.de/projekte/bud-prora/, abgerufen am 24.11.2024

99   Ebd.

100   Ebd.

101   Gutachten vom 17.7.23, zit. nach https://www.sbl-mv.de/sanierung-prora+2400+1055994, aufgerufen am 24.11.2024.

102   Vgl.   https://www.sbl-mv.de/tag-des-offenen-denkmals-2024-unter-dem-motto-wahr-zeichen-zeitzeugen-der-geschichte+2400+1059405 und https://www.gedenkstaettenforum.de/aktuelles/veranstaltungen/details/wahr-zeichen-zeitzeugen-der-geschichte-1, abgerufen am 24.11.2024.

103   OZ 7.9.24

104   Vgl. die Website https://www.lpb-mv.de/projekte/bud-prora/, abgerufen am 24.11.2024

105   NDR 16.7.24

106   Betriebsstudie Bildungs- und Dokumentationszentrum Prora September 2018, S. 34 f.

107   Schreiben vom 16.6.21, zit. nach http://www.denk-mal-prora.de/2021-07-05_Antrag-Denkmalschutz2021.pdf

108   Zuletzt vgl. Bettina Röder, Bausoldaten in der DDR. Wenn Schwerter zu Spaten werden. Sie haben Geschichte geschrieben. Doch das einzige Museum, das an sie erinnert, schließt. Warum 60 Jahre Bausoldaten nicht in Vergessenheit geraten dürfen, in die Kirche, 28.8.24

109   Mail vom 10.5.24

110   Bericht NDR 16.7.2024. https://www.ndr.de/nachrichten/mecklenburg-vorpommern/Prora-Zentrum-auf-Ruegen-wird-teurer-als-bislang-erwartet,mvregiogreifswald498.html, abgerufen am 24.11.24

Anhang

Sehr geehrter Herr Schmidt,

Ihre Ignoranz zwingt mich dazu, in einem größeren - jedoch bislang auf das Bildungsministerium beschränkten - Personenkreis, einige Fragwürdigkeiten aufzuwerfen. Diese betreffen sowohl Ihren Umgang mit dem Themenkreis „DDR-Geschichte des Kolosses Prora" als auch den Umgang mit meiner Person – und zwar sowohl als Zeitzeuge, der im SED-Regime Stellung bezogen und Nachteile in Kauf genommen hat, als auch als promovierter Historiker, der sich wie kein anderer seit mehr als zehn Jahren mit der DDR-Geschichte des historischen Ortes Prora auf Rügen befasst und auseinandergesetzt hat. Nichtsdestotrotz reagieren Sie seit Jahren nicht auf Schreiben oder Statements; ich erinnere nur an den Antrag vom 12.7.2017 betr. Denkmalschutz in Prora sowie nun die Nichtbearbeitung meines Antrages vom 20.2.2019 betr. Sicherung des Virtuellen Museums Proraer Bausoldaten/DenkMALProra. Auch meine diesbezügliche Nachfrage vom 19.6.2019 per Mail, die Nichtbearbeitung des Antrags betreffend, haben Sie mit Stillschweigen beantwortet.

Die ohne öffentliche Gelder aufgebaute Informationsplattform zu Block V macht vor allem deshalb Sinn, weil es das seit mehr als zehn Jahren in Aussicht gestellte Bildungszentrum bis heute nicht gibt. Bezüglich der Vermittlung der politischen Bildung im Bereich Block V nehmen Sie eine Schlüsselrolle ein. Sie lenken die Arbeit des Prora-Zentrum e.V. durch Finanzspritzen mit und nehmen in Kauf, dass Zeitzeugen und die komplexe Geschichte des Kalten Krieges eine untergeordnete Rolle spielen – und ich darüber hinaus als Historiker ausgeschaltet bleibe. Für die historische und politische Bildung direkt im Gebäude der Jugendherberge setzten Sie sich zu keinem Zeitpunkt erkennbar ein.

Vor Ihren Augen wurde aus einem wichtigen Lernort der Geschichte eine gesichtslose, nach KdF-Plänen gestaltete Jugendherberge. Die Eröffnung der Jugendherberge Prora (2011) setzte das tourismusstrategische und politischem Interesse verpflichtete Ausblenden der erinnerungswürdigen unabhängigen Friedensbewegung in der DDR in Szene. Sie wissen am besten, wem Sie Ihre Dienste erweisen.

Ihre anhaltende Ignoranz passt ins Bild, mich als Zeitzeugen und Wissenschaftler zu demütigen und zuzulassen, dass die Bildungsarbeit Prora vorgeblich ohne mich auskommt, während meine Erkenntnisse in Wahrheit seit Jahren verwertet und nach eigenem Gutdünken, dort, wo es vermeintlich passt, einbezogen werden. Statt mir Respekt, geschweige denn Anerkennung zu zollen, werde ich auch von den beiden Vereinen vor Ort seit Jahren herabgewürdigt. Die Schwierigkeiten kennen Sie, denn Sie haben aktiv dazu beigetragen und decken bzw. beflügeln seit mehr als einem Jahrzehnt diesen Umgang - insbesondere seitens Prora-Zentrum. Das kurzsichtige Gebaren wird auf längere Sicht allen Beteiligten schaden, da meine kontinuierliche Arbeit die Erinnerungskultur längst geprägt hat und weiterhin prägen wird:.

Ich bin es, der

• seit 2006 die politische Akzeptanz der „doppelten Vergangenheit" des Kolosses von Prora erfolgreich eingefordert hat und gegen Widerstände, die von Kreis über Land bis zur Bundesebene reichten, eine Gedenktafel für die Proraer Bausoldaten (2010) etablieren konnte,

• gegen enorme Widerstände, die Sie bestens kennen, den gesamten Ort Prora nach seiner Nutzungs- und Transformationsgeschichte erforscht, die Ergebnisse dokumentiert und die Geschichte der DDR publiziert hat.

• auf die Geschichtsklitterung vor Ort immer wieder hinweisen muss – sei es mit Kritik an den Straßenschildern "ehemaliges KdF-Bad" oder im Rahmen der Bereinigung des Geländes rund um die Jugendherberge von den letzten Relikten des Kalten Krieges, die die Nutzungsgeschichte des Ortes erklären können.

• seit fast 15 Jahren auf die Notwendigkeit hinweist, im Gelände Block V Relikte aus DDR-Zeiten für die Bildungsarbeit zu schützen, während die von Ihnen unterstützten Vereine Geschichtsspuren zerstören ließen.

• Relikte - wiederum gegen Widerstände - in die Denkmalliste eintragen ließ.

• gegen Widerstände das DDR-Gebäude des Kontrolldurchlasses vor Block IV vor der kompletten Entsorgung nebst Denkmalensemble „Otto Winzer" bewahrte (Denkmalschutz 2012); es musste nahezu originalgetreu wieder aufgebaut werden (2018).

• in Prora-Ost das Wandbild „Wehrbereitschaft der Jugend" von Klaus Rößler mit engagierten Helfern (niemand davon in der Bildungsarbeit Prora tätig) und eigenen Händen abtrug (2017), das wegen anhaltender politischer Widerstände im Gelände Block V nun bei Block II im kommenden Jahr wiedererrichtet wird – als Auftakt einer Freiluftausstellung.

• mit dem Aufsatz „Der stalinistische Kasernengroßbau und seine heutige Rezeption" (Links-Verlag, 2018) weitere Impulse gab, wie mit dem im Landkreis Vorpommern-Rügen verbliebenen Stück von Block V umzugehen ist, für den nicht zuletzt seitens einer Petition mit 16.000 Unterzeichnern ein Stück Authentizität eingefordert wurde.

Ich bin es jedoch, den es als Historiker vor Ort offiziell nicht gibt. Der weder zum Fachbeirat des Prora-Zentrums noch für das Gremium des Dachverbandes Bildungs- und Dokumentationszentrum Prora zugelassen wurde. Dessen Bücher bei Block V so gut wie nicht verkauft werden; die zuletzt nun auch aus der Jugendherberge verdrängt wurden, mit dem Argument, die Jugend würde sich dafür eben nicht interessieren - warum wohl? Dessen Bücher (zwei davon mit einer geringen finanziellen Förderung seitens der LpB Schwerin herausgegeben) nicht auf der Homepage der LpB eingestellt geschweige denn beworben werden.

Sie sind es, der

• es dem Verein Denk-MAL-Prora vor zehn Jahren unmöglich machte, vor Ort Fuß zu fassen, obgleich wir interessante Bildungskonzepte erstellten und diese mit der (auf politischen Druck dann ebenfalls zurückgeruderten) damaligen Vorstandsvorsitzenden des DJH umsetzen wollten.

• es vor der Auswahl des Vereins Prora-Zentrum als Bildungsträger bei Block V (2010) versäumt hat, die wiederholt geforderten und im Prozedere des Interessenbekundungsverfahrens vorgesehenen Gespäche mit den Initiativen am Runden Tisch zu führen (die Wahl auf Prora-Zentrum fiel durch ein nur zur Hälfte besetztes Kuratorium in knapp ausfallender zweiter Abstimmung).

• den Fachbeirat des Prora-Zentrum e.V. ohne mich besetzen ließ. Das einstige Vorhaben, den Beirat alle vier Jahre neu zu besetzen bzw. zu wählen, wurde nie verwirklicht.

• keinen Wert auf die Mitarbeit der Initiative DenkMALProra und des Virtuellen Museums Proraer Bausoldaten bei der Erstellung der Wanderausstellung „Proraer Bausoldaten" legte, obgleich ehrenamtlich über Jahre hinweg Dokumente gesammelt wurden und die Ausstellung von dieser Seite jahrelang eingefordert wurde.

• mit in der Jury saß, welche die vonseiten der Stiftung Aufarbeitung SED-Diktatur auskömmlich finanzierte genannte Ausstellung anlässlich des Preisausschreibens „25 Jahre Mauerfall: Geschichte erinnern - Gegenwart gestalten", prämierte.

• es geschafft hat, die um den Ort sich mühenden ehemaligen Bausoldaten zu spalten.

• auf den ich immer wieder verwiesen werde, wenn es um die Inhaltsvermittlung vor Ort geht – mit dem Ergebnis, dass die DDR-Geschichte in ihrer Dimension flach gehalten wird oder gar nicht mehr vorkommt

• auf den ich im Vorfeld der geplanten Anbringung der Gedenktafel (2010) von der Bundesstiftung Aufarbeitung SED-Diktatur verwiesen wurde, mit der Begründung, dass Sie ein Gedenkstättenkonzept für das Gelände Prora, Block V, erarbeiten. Es liegt bis heute nicht vor. Als der Zeitplatzleiter Ahnfeld 2010 zusammen mit Denk-MAL-Prora e.V. eine Geschichtsausstellung plante, wurde dieses Engagement ebenfalls mit dem Argument ausgebremst, die inhaltliche Vermittlung obliege der LpB Schwerin. Beim geplanten Bildungszentrum sind nun wiederum Sie für das Raumkonzept sowie zusammen mit den vor Ort agierenden Vereinen für die inhaltliche Ausrichtung zuständig. Ein Konzept gibt es bis heute nicht. Auf ein Schreiben vom Landkreis Vorpommern-Rügen (4.4.19), in dem Sie zur Zusammenarbeit mit mir aufgefordert werden, reagieren Sie nicht. Im Gegensatz zu den beiden Vereinen lege ich Wert auf Authentizität, d.h. auf die letzten originalen Spuren der Nutzungsgeschichte Proras, die die Geschichte wirklich erfahrbar machen. Das können bunte Ausstellungstafeln nicht leisten. Leider sah die von Ihnen protegierte Vorsitzende des Prora-Zentrum e.V., Kerstin Kassner als ehemalige Landrätin keine Veranlassung, den letzten Abschnitt der Bausoldatenkaserne zu schützen. Im Gegenteil. Dieser Abschnitt wurde dem Vandalismus überlassen, sodass er so verheerend aussieht wie kein anderer der ehemaligen Großkaserne jemals aussah. Der Wiederaufbau des KDL-Gebäudes vor Block IV ist ein Vorgeschmack, wie mit einer Etage im künftigen Bildungszentrum umzugehen sein wird.

Ich hätte meine Arbeit, wie gewünscht, längst aufgegeben, wenn ich nicht Hoffnungsträger wäre für viele, die in Prora Unrecht erlitten haben oder die die Geschichte der DDR nicht komplett getilgt sehen wollen. Sie sehen nur jene, mit denen Sie zusammenarbeiten, etwa die wenigen ehemaligen Bausoldaten, die für jeden Strohhalm dankbar sind und ihre Forderungen bezüglich des Bildungsortes immer weiter zurückschraubten. Sie sehen nicht die viele Unzufriedenen, die mir begegnen, die sich zurückgezogen haben und im Verlust ihrer Identität und Geschichte (weit über die ehemaligen Bausoldaten hinaus) mit sich und der Bundesrepublik Deutschland hadern. Ein Phänomen, das sehr viele Ostdeutsche betrifft – über die mit Prora verbundene Problematik hinaus.

Die von DenkMALProra geforderte konsequente Aufarbeitung der Geschichte haben Sie aus politischen und tourismusstrategischen Gründen im Sinne des geschichtsklitternden Bildes vom „ehemaligen KdF-Bad" erfolgreich behindert. Das schadete der Geschichte der hinter den Grenzen Mecklenburg-Vorpommerns normalerweise geachteten ehemaligen Bausoldaten. Ihr Umgang mit mir führt die Ziele der Landeszentrale für Politische Bildung, insbesondere deren Eintreten für Partizipation an demokratischen Gestaltungsprozessen, ad absurdum. Ihr Gefälligkeitsagieren bzw. Nichtagieren wirft ein trübes Licht auf die Landeszentrale, was viele engagierte Mitarbeiterinnen und Mitarbeiter nicht verdient haben. Inzwischen sind es die Investoren – und damit der private Sektor – die das durch einseitige Darstellungen verzerrte Prora-Bild vieler Besucher („Prora-Lüge") korrigieren. Auch Sie werden im kommenden Jahr eine Einladung zur Eröffnung erhalten. Sie werden sich dann anschauen können, was Sie bei Block V erfolgreich verhindert haben – und bezüglich des Internetauftrittes zu verhindern suchen.

Ich erwarte eine öffentliche Anerkennung meiner fast anderthalb Jahrzehnte andauernden gemeinnützigen Arbeit am Thema Prora und damit verbunden meine Rehabilitierung für das mir zugefügte Unrecht und persönliche Leid durch Ihre betriebene Politik der Ausgrenzung und Unterdrückung. Zugleich erwarte ich einen positiven Zuwendungsbescheid hinsichtlich der geplanten Neuausrichtung unserer wichtigen und einzigartigen Dokumentensammlung zur Geschichte des Ortes Prora. Die gemeinnützige Arbeit im Sinn des Bewahrens der Geschichte der Ostdeutschen und der politischen Bildung kostete mich in den vergangenen 1½ Jahrzehnten bis zu 100.000 Euro. Wie zu sehen ist, war das kein Privatvergnügen, sondern dem staatlichen und behördlichen Versagen geschuldet.

Mit freundlichen Grüßen, Dr. Stefan Stadtherr Wolter

Antrag auf Umbenennung/Zusatzbenennung: Fünfte Straße (Prora) in „Straße der Friedlichen Revolution"

Büdingen, 02.10.24

Sehr geehrte Damen und Herren,

angesichts der jüngsten Entwicklungen rund um Block V (Insolvenz des Bildungsträgers Prora-Zentrum/Umbau des südlichen Blockabschnitts zu Wohnungen) und der zunehmenden „Entgeschichtlichung" dieses Ortes, bedarf es innovativer Projekte, welche die über die nationalsozialistische Ursprungsgeschichte hinausgehende Entwicklung des Geländes im Bewusstsein halten. Das ist umso wichtiger, als es sich um Ereignisse handelt, die zur Wegbereitung der friedlichen Vereinigung der beiden deutschen Staaten beitrugen. Hier ist insbesondere an die größte Einheit der DDR-Bausoldaten zu erinnern, die am Platz der heutigen Jugendherberge stationiert waren und deren Kasernenräume zu »Brutstätten oppositioneller Gedanken« und »zur Teststrecke für den aufrechten Gang« wurden, wie es der Historiker und DDR-Oppositionelle Bernd Eisenfeld (1941-2010) formuliert hat. 1984 konnte im Anschluss an die Kommunalwahl, bei der die Bausoldaten ihre Nein-Stimmen in einem Wahllokal im „Objekt" Prora abgaben, das veröffentlichte Ergebnis widerlegt werden. Die Staatsführung vertuschte diesen einmaligen Vorgang, der als Vorreiter der Aufdeckung des Wahlbetrugs 1989 und der Demokratiebestrebungen in jenem Jahr gilt. Für das Jahr 1986 ist das friedliche Widersetzen gegen das Gelöbnis auf den SED-Staat belegt. Ein Vorgang, auf den eine bislang wenig beachtete Gedenktafel an der Mehrzweckhalle der Jugendherberge aufmerksam macht. Zahlreiche Zeitzeugenberichte schildern die grundsätzliche gewaltfreie Einstellung der Bausoldaten, die zu Wegbereitern der Friedlichen Revolution wurden. Der größten Einheit der DDR-Bausoldaten wurde seitens der Kommune Binz bislang nicht die Würdigung zuteil, die schon vor zehn Jahren etwa die Bausoldaten am zweitgrößten Standort – Merseburg – erfahren durften. Im Gegenteil, die Erinnerung an diesen Teil der Geschichte musste über Jahre hinweg mühsam eingefordert werden.

Um dem Gelände nichts von seiner heutigen Unbeschwertheit zu nehmen, geht der Antragsteller davon aus, dass eine „Straße der Bausoldaten" auf wenig Gegenliebe vor Ort stoßen würde. „Straße der Friedlichen Revolution", die auch als Namenszusatz zur „Fünften Straße" (Beispiel Berliner Hauptbahnhof /Lehrter Bahnhof) geführt werden könnte, fokussiert den positiven Ausgang der DDR-Geschichte und impliziert weitere Ereignisse dieses Platzes, etwa die 1989 von der innerdeutschen Grenze nach Prora verlegten Soldaten, die sich in diesem Gelände weigerten, das Gebäude der Reservistenausbildung (südliche Hälfte von Block V) zu beziehen. Nicht zuletzt lässt sich auch an die Fallschirmjäger denken, deren bedeutendes Bataillon in Block V aufgestellt wurde und dort zwanzig Jahre verblieb. Bei den Demonstrationen 1989 kamen ihre Waffen nicht zum Einsatz.

So sei mit dieser Straßenbezeichnung an den glücklichen Ausgang der Geschehnisse erinnert; für die Herbergsbesucher eine Motivation, sich auch mit der jüngeren Geschichte dieses Ortes zu befassen. Mit dem ehemaligen

Wachhäuschen (Kontrolldurchlass), steht ein Gebäude vor Augen, das ehemalige Bausoldaten eigenhändig zu errichten hatten. Um die Sichtbarkeit der Arrestzellen wie auch um deren Denkmalschutz nach der politischen Wende musste jahrelang gekämpft werden. Da das inzwischen denkmalgeschützte Gebäude als eines der letzten DDR-zeitlichen Bauwerke in weitgehend originaler Bausubstanz erhalten geblieben ist (Fußboden, Fenster, insbesondere Fenster für die Passdurchreiche unter der Holzverkleidung aus dem Jahr 2008), ist es auch künftig schonend zu behandeln und in einem seiner Geschichte angemessenen Umgang zu verwenden. Unter Denkmalschutz steht auch der von Bausoldaten unter Repressalien gegossene Plattenplatz vor dem Gebäude. Nicht zuletzt wurden auf dieser „Straße der Friedlichen Revolution" jene Schriftstücke hinausgeschmuggelt, aus denen Uwe Rühle im Anschluss sein „Geheimes Tagebuch" verfasste. Das Buch, erschienen 2011 als Band 2 der Schriftenreihe Denk-mal-Prora, scheint die weitgehende Gewaltlosigkeit des Umbruchs im Jahr 1989 vorwegzunehmen:

„Langsam steigerte sich die Stimmung in der Kompanie in eine gefährliche Richtung. Ohnmacht und Wut über die Willkür und Unverfrorenheit, mit der hier geherrscht wurde, trugen in hohem Maße dazu bei. (…) Und dann geschah es. Irgendwer hatte die Initiative aufgegriffen und eine gemeinsame Aktion ausgelöst. Die Türen gingen auf, und nach und nach, teils zögernd, teils festen Schrittes traten alle Bausoldaten auf den Gang, um in stiller Andacht dort zu verharren. Einige hielten brennende Kerzen in den Händen, andere beteten still. Ja, sie waren eine Gemeinschaft. Charaktere unterschiedlichster Art: Kluge und weniger Kluge, Anspruchsvolle und Bescheidene, Starke und Schwache, aber doch in so vielen Punkten einig." (Uwe Rühle)

Mit freundlichen Grüßen...

Ostsee-Zeitung zum 9.11.24

„Blick von Block V auf den sanierten Block IV, 2014 und 2024. Jahrzehntelang bildeten diese beiden Abschnitte eine organisatorische Einheit (und tun es jetzt wieder durch die Firma Bauart). Zwischen 1956 und 1980 ereigneten sich an diesem Platz etliche Todesfälle. Viele traumatisierte Zeitzeugen betraten Prora nie wieder oder aber der Ort zog sie magisch an. Erinnerungstouristen!

Die Behörden interessierte nach 1990 die abgewickelte DDR-Vergangenheit nicht. Spuren wurden getilgt, das „KdF-Bad aufgemöbelt" (OZ, 15.4.2014) Die Erinnerungs- und Gedenkstättenarbeit versagte, im Sinne der Vermarktung. Fast wäre sie dadurch vergessen worden: die Kaserne am einst verbotenen Strand.

Gegen den Willen eines großen Teils des Volkes ging auch Block V in die Vermarktung. Das bedeutet nicht nur den Verlust eines Stückes Aura, die viele Menschen bewegt und zuletzt auf verschiedene Weise inspiriert hat; sie geht auch auf Kosten der Natur, die sich in dreißig Jahren hier ihr eigenes Biotop geschaffen hatte. Die jahrelang erhoffte umfängliche Aufarbeitung der Geschichte wird möglicherweise nicht mehr stattfinden.

Block IV

Strahlende Gipfel umwölkt von Geschichte

„Die intensive Auseinandersetzung mit dem Ort und dessen Geschichte (...) bilden die Grundlage der Entwicklungsplanung für Block IV von Binz-Prora", werden die Investoren des Blocks auf der Website einer ihrer Partner zitiert.[1] Begeben wir uns auf Spurensuche nach den Ergebnissen dieser Auseinandersetzung.

In der Tat: Wer sich auf dem riesigen Areal des sogenannten Blocks IV umsieht, wird rasch fündig. Am augenfälligsten sind wohl die in ihrer Grundstruktur erhalten gebliebenen *Panzerhallen*, die bis auf jene am linken Rand der heutigen Marktpromenade den modernen Ansprüchen entsprechend entkernt wurden. Kaum ein Besucher der sogenannten „Neuen Mitte" wird das Restaurant „Dutch" und den „Bücherzirkus" übersehen, in denen die schiere Hallenlänge und die interessante Deckenkonstruktion an die Zeit des Kalten Krieges erinnern.

Wer auf der heutigen Marktpromenade gen Nordstrand zum „Appartementhaus Mariandl" spaziert, dem könnte links die erwähnte, noch weithin unangetastet gebliebene, im Originaldekor (der keineswegs stört) belassene Panzerhalle auffallen, in deren Verlängerung eine kleine *Tribüne* von der einstigen politischen Bedeutung dieses Geländes zeugt (Abb. S. 218 und 232). „Künden" wäre zu viel gesagt, denn keine der genannten Relikte werden (trotz vielfacher Anregungen) erläutert und in den zeithistorischen Kontext gesetzt. Das gilt auch für das etwas abseits gelegene einstige *Wachgebäude nebst Denkmal* des Namensgebers der Hochschule für „ausländische Militärkader", die 1980 in Block IV Einzug gehalten hatte – Otto Winzer. Oder aber für die ebenfalls erhalten gebliebenen *NVA-Fahrzeughallen* nebst dem Torso der geplanten nördlichen Festplatzrandbebauung des KdF-Seebades, gelegen vor dem „Hotel" Mariandl (rechts der Vierten Straße kurz vor deren Einmündung in die Straße Nordstrand, Abb. S. 240 oben). Der KdF-Torso (hier stimmt der Begriff) führt eindrücklich vor Augen, wie es um die Anlage vor der Wiederaufmauerung von fünf Blöcken zur Kaserne bestellt war. Zeugen der DDR-Vergangenheit sind zudem das erhalten gebliebene ehemalige *Wachgebäude* an der einstigen Einfahrt ins Gelände (Abb. S. 240 unten links), nicht zu vergessen das anschließende neue „NVA-Museum" sowie die alte *Reparaturhalle* rechts am Eingang in die Vierte Straße (Abb. S. 242). Also es gibt noch „DDR-Relikte" auf diesem Gelände, das nach 1990 von der Natur weithin zurückerobert wurde und in dem vor zehn Jahren der wild gewachsene Wald weiterer Versiegelung von Fläche für Parkplätze, aber auch zwecks Flanierfläche, weichen musste. Historisch brisant: Von hier rückten die Panzer 1961 nach Berlin ab – zum Mauerbau. Die durch weiße Farbgebung und architektonische Raffinessen (genial die Verbindung der beiden Panzerhallen durch eine Glaskonstruktion zur Aufnahme der beliebten Sandskulpturenausstellung, Abb. S. 232 Mitte) kreierte Leichtigkeit passt im Grunde nicht zu dem einst repressiven Gelände. Aber das gilt auch für den modernisierten Block IV, der so gar keine DDR-zeitlichen Spuren mehr aufzuweisen hat. Umso mehr gab es hier für DenkMALProra zu tun.

Das Innenleben des Blocks ist bis auf manch gegossenen Beton aus Nazi-Zeiten komplett modernisiert. In den nördlichen Hausabschnitten 410-406 steht das dauergenutzte Wohnen im Vordergrund, wobei die „Häuser" 405 und 404 heute dem Betreuten Wohnen mit seniorengerechten Wohnungen sowie Wohneinheiten mit ambulanter 24 h Pflege nebst Tagespflege vorbehalten sind. Die Häuser 403 bis 402 bilden wiederum Wohnabschnitte, gefolgt vom spektakulären „Mariandl" mit seinem hotelähnlichen Service. Eigenartig im Wortsinn: 900 Kilometer nördlich der Alpen zieht sich das alpine Motto wie ein roter Faden über fünf Stockwerke, auf denen sich die 128 Ferienwohnungen verteilen. Jedes Obergeschoss trägt den Namen eines Berggipfels in den Alpen, etwa Gerlosplatte, Hochkrimml, Jochschwitz und Kreuzjoch. Per Lift (Fahrstuhl) mit Pistenplan gelangt man auf die „Gipfel" hinauf. Eine Berghütte allerdings macht gern auf ihre Entstehung und Entwicklung aufmerksam. Das fehlt hier in Gänze und wäre dringend nachzuholen. Immerhin wies der Block, der den nördlichen Riegel der KdF-Hotelblöcke flankiert hätte, eine differenzierte DDR-Geschichte auf, die ihn gar international bekannt machte. Ehe dieses mächtige Gebäude, das erst in der DDR sein

Gesicht erhalten hatte, zur Offiziershochschule mit internationalem Rang wurde, waren knapp 25 Jahre lang Kampfeinheiten dort stationiert. Tausend Menschen sind allein in dieser Zeit ein- und ausgegangen, unzählige Tage „abgedient" worden. In vielen Biografien muss das Thema Prora noch heute eine Rolle spielen – tief vergraben, häufig verdrängt. Zeitzeugenberichte existieren im Vergleich zu den Bausoldaten nur wenige. Vor allem im berüchtigten MSR-29 brannten sich für manch einen diese Monate in die Erinnerung: Ein Zeitzeuge (vgl. S. 111) schrieb:

„Allein in meiner Zeit sind zum Beispiel massenhaft Übungen/Alarme schief gegangen, weil die SPWs (Schützenpanzerwagen) Panne hatten, weil ein Panzer bei Bahnverladung vom Waggon kippte und ausbrannte (aber keine Verletzten), weil die Sackis falsche Losungsworte ausgegeben hatten und und und.."[2].

Auf der heutigen Marktpromenade herrschte vor einem halben Jahrhundert ein reges Militärtreiben. Panzer rollten auf und ab (vgl. Abb. S. 220). Wünschenswert wäre der Erhalt originaler Details gewesen, etwa das bis vor wenige Jahre erhalten gebliebene Tor zwischen Block IV und dem Panzerpark. Vgl. Zeitzeugenbericht S. 238 f.

*„„Wachsam und Gefechtsbereit zu jeder Zeit.' Wir deuteten das um in ‚schlaf-
sam & geschlechtsbereit zu jeder Zeit'"*

„Der Tag war gekommen, an dem ich wie andere junge Wehrpflichtige auch, zur ‚Fahne' einrücken musste", erzählt Wiedja M. auf der
Plattform Denk-MAL-Prora über die Jahre 1969/70:

„Mit Beklemmungen, tausend Gedanken und Heimweh nach Hause, setzte ich mich in den Zug. Der brachte mich von Stralsund über
Bergen nach Lietzow a.R. Dort angekommen, wurden wir von den
Uniformierten abgeholt und ab ging es mit der Kleinbahn nach Prora.
Das bekannte Niemandsland. Alles militärisches Sperrgebiet - war auch
nicht zu übersehen. Mit dem Gepäck in der Hand marschierten wir (schon)
im Gleichschritt, angeführt von einem Unteroffizier, in Richtung Kaserne.
Begrüßt wurden wir ‚Neulinge' von den EK's (Entlassungskandidaten),
die laut brüllend aus den Fenstern dieser großen, gewaltigen Bauten ihre
Späße über uns ‚ergossen'. Deren Schadenfreude war deutlich zu spüren.
Alleine schon der große Gebäudekomplex jagte einem den Schauer über
den Rücken: Hoch, grau in grau und eine langgezogene Front. Alles war
ungewohnt, neu und sehr bedrückend für uns. Die Wochen waren rasch
vorbei, denn die Grundausbildung war zunehmend hart und so mancher
‚Baum von Kerl' fiel bei diesen Strapazen aus den Stiefeln. Der Ruf in der
DDR war somit berechtigt: „Prora, das Land, wo die Sonne nie lacht...[3]

Nach der sechswöchigen Grundausbildung wurde Wiedja M. in der
Offiziersküche eingesetzt, die Verpflegung war simpel:

„die Versorgungsschwierigkeiten machten auch bei der NVA nicht Halt.
Das Frühstück war immer dasselbe: Auf einem Plasteteller mit Alu-Besteck
waren diese Angebote vorgegeben: Spiegelei mit Brot, Rührei mit Brot und
Wurstplatte. Die Wurstsorten: Jagd-, Tee-, Rotwurst, Butter, Tee oder Kaffee.
Fertig. Mittagsgerichte waren nicht sehr abwechslungsreich - auch nur zwei
Sorten. Kalkulationen, Einkauf, wurden vom Versorgungsunteroffizier oder
Stabsfeldwebel erledigt."[4]

Schauen wir uns im Gelände um und lassen uns darüber aufklären,
beginnend mit der Gliederung des Blockes und seiner einstigen
Infrastruktur. Eine Armeesiedlung in einem Gebäude!

Die Größe dieser im Stalinismus aus Ruinen auferstandenen Kaserne blieb nicht ohne Wirkung, ganz gleich welcher Rang in der
Hierarchie der NVA.

Panzerregiment 8:
Parade in Prora mit der Fla-SFL und T34 vor Block IV.
Regimentskommandeur Müller liebte militärische Darstellungen. Über diese Zeit in Prora wissen wir wenig. Das Regiment, das als Teil der 8. MSD 1961 zum Mauerbau nach Berlin ausrückte, hatte mehrere Dutzend Panzer im Bestand.

Gliederung Block IV
(Infrastruktur)

Die schiere Größe des im Grundgerüst Block V ähnelnden Gebäudes gestattete auch hier die komplette Unterbringung zahlreicher, für den Betrieb notwendiger Einrichtungen, wie Stabsräume, Bekleidungskammern, Speisesäle, Küche und Med.Punkt. Sie waren unter den Soldatenunterkünften beziehungsweise späteren Ausbildungskabinetten etabliert. Und zwar größtenteils an denselben Orten des Kasernenblocks, dessen Belegung wechselte, durch:

+ das Panzerregiment 8 (1956–1964),
+ das MSR-29 (1965–1980) und
+ der Offiziershochschule (1981–1990).

Am südlichen Ende von Block IV (erster Hof, heute Haus 400) befand sich im Parterre und im 1. OG der Med.Punkt mit Behandlungs- und Krankenzimmern. Es war dies die erste Station der eingezogenen Rekruten.

Im zweiten Hof von Süden (1. OG) befand sich ein *Laden mit Kantine*. „Eigentlich eine gute Sache", wie sich der ehemalige Grundwehrdienstleistende Bernd S. erinnert [5]:

„es gab da Imbiss und zivile Klamotten für Kinder und Damen die man ‚draußen' gar nicht sah. Die Offiziere kauften alle da ein. War ja so was wie ein Exquisit. Es gab auch viele Bücher, an die draußen nicht ranzukommen war. Alkohol stand da auch reichlich in den Regalen, aber nicht für uns Wehrpflichtigen. Wir konnten da aber auch Bekleidung- und Ausrüstungsgegenstände kaufen, z.B. wenn man Koppel, Feldflasche, Schulterstücke, Kragenbinden, Socken und ähnliches brauchte…

Ansonsten war hier die *Nachrichtenkompanie* des MSR-29 untergebracht. Die beiden oberen Stockwerke bildeten damals das in zwei Zeitzeugenberichten erwähnte *Ledigenwohnheim*. Dort, wo junge Offiziere und Offiziersanwärter untergebracht waren, lebten ab 1980 Mosambikaner und Kongolesen. Es ist dies der Bereich des heutigen Mariandl. Im angrenzenden, jüngst geschaffenen Wohnbereich zwischen den Häusern 402 und 403, befand sich Parterre der Speise-

Oben: Der Abschnitt des heutigen „Mariandl", im Jahr 2011 und 2024. Unten befand sich der Med.Punkt, in der ersten Etage ein Labor. Im 2.-4. OG, Ausbildungskabinette, darüber die Soldatenstuben.

Unten: Der mittlere Teil von Block IV vor und nach der Sanierung. Blick in den Speisenempfang und Küche nach der Abwicklung des Militärs.

saal der Offiziere, mit der dazugehörigen Küche (403 bis 404). Etwa auf dieser Höhe lag auch der Stab, der sich im 1. OG nach links und rechts vom Treppenhaus erstreckte sowie die Regiments BA-Kammer im Untergeschoss. Bernd S. erinnert sich:

„Da wurde die Bettwäsche und Unterwäsche kompanieweise getauscht. Alle zwei Wochen etwa. Da sind wir mit 5-6 Mann hin, haben den halben Tag da herumgehangen, bis man dran war. Man lungerte auf der in Bettbezügen befindlichen Schmutzwäsche und stellte sich schlafend. Da die ganzen Stabsoffiziere da auch durchmussten, kam es oft vor, dass die dann ‚Achtung‘ brüllten und wir uns dann hochpäppelten. Eigentlich hätte man da selbst zackig aufstehen müssen und ‚Männchen bauen‘. Vielen Offizieren war das aber egal, die ließen uns ruhen. In dieser Regiments -‘BA-Kammer‘ lagerte alles, was so in einer Kaserne benötigt wurde: Uniformen, Zelte, Kochgeschirre, eben alles was der Soldat so im Schrank hatte oder mit sich rumschleppte. Außer Waffen, Munition, Treibstoffe, Fahrzeuge und Verpflegung. Der Bettwäsche/Unterwäschetausch war da auch. Von dort aus wurde auch die Reinigung der Sachen organisiert. Ich und andere Soldaten meiner Kompanie wurden da öfters angefordert. Sind dann per LKW in die Wäscherei nach Sellin gefahren um die Bett/Unterwäsche zu ent- und beladen. Mit den Uniformen ging es bis nach Greifswald. Das waren schon Tageseinsätze, runter von der Insel. Manchmal wurden wir auch zur Aussonderung angefordert. Da wurde alles unbrauchbar gemacht, was nicht mehr gebraucht wurde. Kam dann auf die Kippe.“[6]

Es folgte die Zentralküche (407 bis 408), die für alle Einheiten des MSR kochte. Daran schlossen sich die Speiseräume für die Manschaften vom 2. und 3. Mot. Schützenbataillon sowie für die Spezialkompanien an: Bernd S. erinnert sich an die Küche:

„Im Treppenhaus vor der Küche lag die (Kartoffel)-Schälküche. Da waren wir oft im Einsatz, irgendwie war da meine 3. MSK (Bilder S. 110) immer dran. Meistens ging es nachmittags los, solange bis die Beton-Bottiche vor uns voll waren mit den geschälten Kartoffeln, da wurde es schon mal Abend.“[7]

Der nördliche Teil des Blocks endete im Parterre mit dem Speiseraum für die Unteroffiziere. Auch einen zivilen Friseur gab es dort.

In den oberen Etagen des Blocks waren die Kompanien beherbergt: Etwa in der Mitte des Blocks das 2. Motorisierte Bataillon (MSB) mit den Kompanien (MSK) 4, 5 und 6 und daran anschließend das 3. MSB mit den Kompanien 7, 8 und 9 (Reservistenkompanie).

Im allerletzten Hof vor Block V waren die erwähnten knapp ein Dutzend Gästezimmer platziert:

„Es gab etwa 5 Zimmer mit Seeblick, die immer so 4-6 Betten hatten. Auf der Regimentsseite waren es noch 3 Zimmer wenn ich mich recht entsinne, die etwas kleiner waren bzw. weniger Betten hatten (2-3 Betten) und für die höherrangigen Offiziere waren. Die Seezimmer waren nicht tapeziert, die anderen ja (so beige/ockerfarben). Die Ausstattung war recht spartanisch, also nichts zum ‚Wohlfühlen‘. War eben nur für kurzweilige Übernachtungen. Die Betten wurden alle weiß bezogen mit guten Daunenkissen. Manchmal wurden auch ein paar Blümchen auf den Tisch gestellt, um den tristen Raum wenigstens etwas ‚aufzuhübschen‘. Soweit ich mich erinnere war einmal der damalige Kommandeur der 8. Motschützen-Division, zu denen das MSR-29 gehörte, zu Gast. Oberst Bethmann glaube ich, der auf der Karriereleiter noch nach oben stieg.“[8]

Zur Zeit des Wiedja M. existierte das heute unter Denkmalschutz stehende KDL-Wachgebäude (Abb. S. 227) noch nicht. Stattdessen nutzte man einen Besucherraum im Block. So gab es Mitte der 1970er Jahre einige bauliche Veränderungen im Gelände, während im Gefechtspark, hinabreichend bis auf die gegenüberliegende Seite des Bahnhofes Prora-Nord (heute Gewerbegebiet), die Panzer modernisiert wurden. „Die Panzerbesatzungen waren meist mit Wartung und Pflege und auch mit „Trockenübungen“ vor den Panzerhallen befasst: Motoren laufen lassen, Auf- und Abmunitionieren. Immer sah man die bei Kettenwechseln.“[9]

> **Wiedja M. berichtet über seine Entlassung aus dem MSR-29**
>
> *„Im Oktober rückte meine Entlassung näher - ich war mittlerweile zum Gefreiten befördert und somit auch ‚stolzer EK‘, der fleißig und regelmäßig sein Bandmaß aktualisierte. Und die ‚EK-Kugel‘ musste natürlich auch von mir über den großen langen Flur gerollt werden. Die Wochenenden waren meist mit Musik aus dem Radio (Deutscher Soldatensender 935) und recht viel Alkohol ausgefüllt, da kaum ein Offizier in den Objekten (außer der Wachhabende) zu sehen war. Der Tag der Entlassung war genauso spannend wie die Einberufung. Es wurden Adressen ausgetauscht, hier und da noch heimlich ‚ein Schluck‘ und dann standen auch schon einige NVA-LKWs auf der Regimentsstraße. Aufgerufen, je nach Stadt und Richtung, bestiegen wir mit Gejole die Ladefläche und so fuhren wir wieder dem Zivilleben entgegen.“[10]*

Umbau zur Offiziershochschule für ausländische Militärkader

Nach dem Abzug des Regiments änderten sich Bestimmung und Bewohner des Gebäudes. Aufgrund etlicher Abkommen der DDR mit verbündeten Ländern etablierte sich im Block die Offiziershochschule für ausländische Kader. Im Vorfeld wurden die größten Bauarbeiten seit den Zeiten des Umbaus des KdF-Hotel-Torsos zur Kaserne getätigt. So entstand aus einer gewöhnlichen Kaserne mit zweifelhaftem Ruf eine recht moderne Hochschule mit internationalem Renommee. Ehe nach der politischen Wende auch diese ins Kreuzfeuer der Kritik geriet – etwa als „Hort einer Terroristenausbildung" – entfaltete sich zehn Jahre lang ein gleichermaßen militärisch strenges, wie auch buntes und zum Teil sogar kurioses Leben hinter Stacheldraht. Jugendliche aus 16 Nationen wurden ab 1980 in Block IV ausgebildet, doch, wie sich später herausstellte, waren nicht alle aus freien Stücken gekommen, um das Kriegshandwerk zu erlernen. Manch Bauernsohn wurde in Afrika „einfach von der Straße weg" nach Prora in die „Mohrenschule" verbracht, wie die Einrichtung bald hinter vorgehaltener Hand von den Einheimischen bezeichnet wurde. Der Jüngste war erst 15 Jahre alt.[102] Nicht wenige müssen Heimweh gehabt haben, einige in Interessens- und Gewissenskonflikte geraten sein. Auch hier hat sich der Blick zu öffnen: über das Bild des „Täters", der unter Umständen heute aufseiten der Taliban kämpft, hinaus – auf den Menschen, aus dem die Gesellschaften dort wie hier einen Krieger werden ließen. Beschweigen der Geschichte, wie lange Zeit geschehen, ist keine Option. Erst in jüngster Zeit haben sich Historiker und Medien der wahren Geschichte von Block IV zugewandt. Und zu wünschen bleibt, dass die jetzigen Bauherren den einstigen Kontrolldurchlass nebst Otto-Winzer-Denkmal in eine kritische Schau zur Gesamtgeschichte des Geländes einbeziehen. Die Bundesanstalt für Immobilienaufgaben hätte das gesamte Ensemble am liebsten getilgt. So, wie sie es mit der gesamten DDR-Geschichte vor Ort geschehen ließ. Gegenüber der Unteren Denkmalbehörde heißt es aufgrund des Antrags von DenkMALProra:

„Nicht verständlich ist es, wie man aus einer Skulptur eines ehem. DDR-Außenministers und einem maroden Gebäude einen wesentlichen Zeugniswert der Militärgeschichte der DDR und der Geschichte des Kalten Krieges (...) begründen kann. (...) Mit der Aufnahme des Kontrolldurchlasses der ehem. Offiziershochschule in die Denkmalschutzliste und den Erhalt einer fragwürdigen Skulptur erwirken Sie eine Verherrlichung der DDR-Zeit. Mit einer demokratischen Geschichtsbewältigung hat das nun wahrlich nichts zu tun. (...) In der ehemaligen Offiziershochschule ‚Otto Winzer‘ wurden von 1981 bis 1989 auch ausländische Militärs und Kämpfer der Befreiungsbewegungen in Afrika ausgebildet. Sie stammten alle aus Ländern, wo derzeit das Volk für Freiheit und Demokratie kämpft und viel menschliches Leid durchmacht. Das Militär in Libyen, Syrien, Südjemen und Algerien hat viele Tote zu verantworten. Die Bürgerkriege in Angola und Mosambik waren endlos und für die Bevölkerung kaum ohne Ergebnis und vom Leid getragen. Die ehem. in Prora ausgebildeten Offiziere stehen überwiegend derzeit auf der Seite der Diktatoren (...) Einer Eintragung des Kontrolldurchlasses mit Begrenzungsmauer und Gedenkstäte in die Denkmalliste widerspreche (sic!) ausdrücklich."[11]

Da stellt sich doch die Frage, warum der Bund im Umkehrschluss die Verherrlichung des KdF-Bades in Kauf nimmt. In diesen Tagen wird das Seebad wegen Denkmalauflagen mit Steuervergünstigungen vollendet. Schon allein wegen der politisch und medial forcierten Einseitigkeit der Bewertung sind dauerhafte Erkennungszeichen aus der Nutzungsgeschichte wünschenswert.

Außer den erwähnten Ländern stammten die ausländischen Studierenden aus Simbabwe, Sambia, der Volksrepublik Kongo, Nicaragua, Kuba, Tansania, Jemenitische arabische Republik, Afghanistan, Nordkorea, Laos, Vietnam, Kampuchea sowie aus der Palästinensischen Befreiungsorganisation (PLO). Interessant: Für jedes nationale Kontingent an Militärkadern galt ein besonderer Ausbildungsbefehl. Dieser legte die Technik, Bewaffnung und Ausrüstung fest, an der die ausländischen Militärkader/AMK) auszubilden waren; alles andere unterlag jeweils der Geheimhaltung. Die DDR ließ sich die Bruderhilfe einiges kosten. Vietnam, woher das größte Kontingent kam, zahlte nur die Reisekosten. Afghanische und äthiopische Militärs etwa hatten ebenfalls Freiplätze. Andererseits brachte die Schule aber auch Devisen ins Land. Libyen und Syrien finanzierten die Teilnahme selbst.

Der Kontrolldurchlass zwischen Vergessen, Abriss und Bewahrung

Der Kontrolldurchlass (KDL) nach Abwicklung des Militärs um 1994 (oben), um 1986 (Mitte) und als denkmalgeschütztes Gebäude 2011 (Mitte rechts) sowie nach dem Teilabriss 2017. Es wurde binnen zwei Jahren wieder aufgebaut.

Im weißen Mantel, die ehemalige Großkaserne der NVA. Im Bild oben der Bereich der ehemaligen Großküche (Parterre).

Unten rechts derselbe Abschnitt zwanzig Jahre zuvor. Die Straße, neuerdings „Alte Wache" genannt, führte zum Kontrolldurchlass, der gegenüber dem originalen Denkmal wiederaufgebaut wurde.

Ein tansanischer Offizier, dessen Regierung ein Viertel der Kosten aufgebracht hatte, fühlte sich „wie im Gefängnis", weshalb er sofort in die Heimat zurückdurfte. Manche jungen Männer, die sich in der Heimat feindlich gegenüberstanden (etwa Nord- und Südjemeniten), lernten nun in ein- und demselben Gebäude. Bei der Belegung der Zimmer in den beiden oberen Etagen achtete man auf eine geeignete Zusammensetzung. Dabei sah sich die Militärführung mit manch Eigenheiten konfrontiert, womit sie nicht gerechnet hatte. Einigen Afrikanern musste die Funktionsweise eines WCs erläutert werden, andere begriffen zunächst nicht, dass nicht jedem ein, sondern *sein* Bett zustand. So galt es auf beiden Seiten mancherlei Herausforderungen zu meistern, zu denen zu allererst der Aufbau der Schule gehörte. Weder Kosten noch Mühen wurden gescheut, Lehrstühle mit den notwendigen Fachkabinetten und Hörsälen zu errichten. Neben militärischen Einrichtungen der DDR halfen zivile Hochschulen mit Lehrkräften und Materialien aus, die woanders dafür fehlten; das Militär hatte Vorrang. Wenngleich es Erfahrungen in der Ausbildung ausländischer Militärs an der benachbarten Technischen Unteroffiziersschule (heute Block III) gab, musste etliches improvisiert werden. Erschwerend kam hinzu, dass kein Lehrer der Schule sich mit den Bedingungen in Afrika auskannte. Eine gute Kooperation bestand hingegen mit Vietnam, wodurch Erkenntnisse für den asiatischen Raum abgeleitet werden konnten.

Den Aufbau der Schule organisierte zunächst ein Vorkommando aus erfahrenen Proraer Offizieren unter der Leitung des späteren Kommandeurs der Schule (bis 1986) Generalmajor Helmut Geisler. Er kannte Prora bereits aus KVP-Zeiten. „Mit sehr viel Fleiß, Hingabe und Ideenreichtum haben die Militärangehörigen und Zivilbeschäftigten kontinuierlich die Basis vervollkommnet, Lehrmodelle geschaffen und Lehrmaterialien erarbeitet", schreibt der Oberst a.D. und spätere Bürgermeister von Binz (1990-1994) Dieter Reinhardt.[12] Nach fünf Jahren waren die Berufungsvoraussetzungen zu Dozenturen und Professuren erreicht. Die Schule gab ihrerseits Aufbauhilfe in anderen Ländern, etwa in Vietnam.

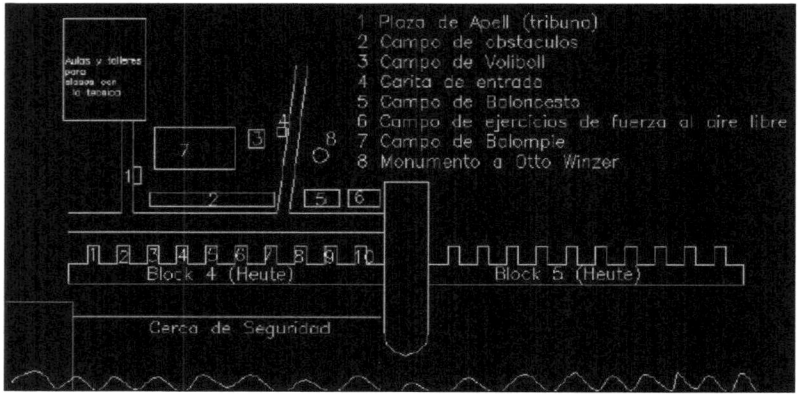

(1) Appellplatz mit Tribüne, (2) Hindernisstrecke, (3) Volleyballplatz, (4) Eingangstor, (5) Basketballplatz, (6) Platz für Kraftübungen im Freien, (7) Fußballplatz, (8) Otto-Winzer-Denkmal. (Grafik eines ehemaligen Militärschülers aus Kolumbien.)

Block IV gliederte sich nun so: Im Parterre sind die bekannten Funktionsräume verblieben, mit einigen interessanten Abweichungen. Das 1. OG beherbergte überwiegend den Verwaltungtrakt und streng gesicherte Ausrüstungskammern. Über das 2.–4. OG waren die Lehrstühle mit Fachkabinetten und Hörsälen verteilt, die beiden obersten Geschosse blieb den Soldatenstuben überlassen.

Im Bereich des heutigen „Mariandl am Meer" gab es im Parterre eine kleine, den Blicken verborgene Druckerei der Allgemeinen Verwaltung, woran sich links eine beliebte Gaststätte anschloss und rechts (heutiges Restaurant) der Med.Punkt mit einem größeren Krankensaal, Stuben und einem kleinen Saunatrakt verblieben war.

Das 1. OG verfügte im Bereich des Medizinischen Stützpunktes über ein Labor, das auf die Besonderheiten der ausländischen Gäste abgestimmte Analysen vornahm. Richtung Hof 2 lag noch immer der Buchladen im 1. OG. In den Räumen darüber lehrte die Fachrichtung (FR) *9* (Grundlagenausbildung): Mathematik, Naturwissenschaften und ingenieurtechnische Grundlagen. In den Höfen 2 und 3 waren an etwa gleicher Stelle die Räume der FR *8* (Sprachausbildung) platziert, inklusive einem gut ausgestatteten Ausbildungskabinett. Etwa in diesem Bereich logierte auch der Stab,

Wandtafeln zu „Maschinenelementen" und „Technischer Sicherstellung" zierten einst die Wände dieser Ausbildungskabinette im Hof 8, 2. OG.
25 Jahre nach der politischen Wende kündeten nur noch wenige Spuren von der Ausstattung der Hochschule, Aufnahmen 2014.

Geheimtrakt mit schmaler Tür. Das „Medienzentrum" bildete ein abgeschlossenes System (Bunker), in dem der Ernstfall erprobt wurde. Außen kündeten bis 2015 die vergitterten Fenster von dieser Besonderheit des Blocks.

Die Panzerhallen blieben erhalten; zwischen den Hallen (oben um 1994) entstand der innovative Glaspalast (Aufnahme 2024) für eine ganzjährige Sandskulpturenausstellung.

Zu den Appellen auf der Aufmarschstraße Richtung Panzerpark (am südl. Ende von Block IV) kamen das MSR-29 und später die Offiziersschüler zusammen. Geblieben ist Dank Denkmalantrag die gemauerte Tribüne.

der in der Kommandeursstube über ein sog. „rotes Telefon" in die Bundesrepublik verfügt haben soll.

Im mittleren Abschnitt, etwa in Höhe der Höfe 4–7 folgten die FR 3 (Allg. Truppenkommandeure) und 2 (Militärpädagogik und -psychologie) an, darunter (Parterre) befand sich ein hochinteressanter Geheimtrakt: ein sogenanntes Medienzentrum. Dies war ein abgeschlossenes System, in dem die FR-Leiter in Abständen einige Tage für den Ernstfall geschult wurden. Dazu wurde die Führung der OHS in Berlin instruiert. In diesem abgeriegelten Bunker gab es auch eine kleine Küche mit Speisesaal.

Ewa auf Höhe des Hofes 8 war in den mittleren Etagen der Lehrstuhl 5 (Ausbildung Artilleriekomandeure) und am nördlichen Ende die Lehrstühle 7 (Waffengatttungen und Dienste) und 4 (Panzerkommandeure) platziert. Parterre befanden sich Küche und Speisesäle. Eine Besonderheit war deren Ausstattung mit teuren Maskenbildern der Usedomer Künstlerin Susanne Kandt-Horn. Diese Werke sollten den ausländischen Studierenden Heimatgefühl verleihen. Das Gebäude verfügte über verschiedene Bereichsbibliotheken, ein sog. Länderkabinett und nicht zuletzt über Räumlichkeiten für die Fachrichtung 1: Grundlagen des Marxismus-Leninismus. Neben der Orientierung auf die breite Vermittlung mathematisch-naturwissenschaftlicher und ingenieurtechnischer Grundlagen legte man Wert auf ein hohes Maß an militärischer Körperertüchtigung.

Die Außenbasis umfasste auf dem Gelände des früheren MSR-29 Schießplätze, Sprengplätze, Plätze für chemische Abwehr und taktische Ausbildung und außerdem Fahrschulstrecken für Panzer, SPW, KFZ etc. Gekoppelt mit der beschriebenen Innenbasis, d. h. den Lehrklassen und Fachkabinetten, wurden folgende Militärkader ausgebildet[13]:

„Politoffiziere, Kommandeure von Motorisierten Schützeneinheiten, Panzerkommandeure, Artilleriekommandeure, Offiziere des waffentechnischen Dienstes, Offiziere des kfz-technischen Dienstes, Offiziere des panzertechnischen Dienstes, Offiziere des rückwärtigen Dienstes, Offiziere des chemischen Dienstes, Kommandeure von Nachrichteneinheiten, Kommandeure von Pioniereinheiten."

Kultur und Kunst sollten den Aufenthalt angenehmer gestalten.

Oben: Zeichnung der Stadtsilhouette von Stralsund an einer Wand in der Kaserne.

Mitte: eines der Kunstwerke von der Eisenacher Künstlerin Susanne Kandt-Horn.

Unten: Eine der Militärbibliotheken in Block IV.

Zur Ausbildung trugen die Kursanten die Uniform der NVA ohne Emblem; im Ausgang und im Urlaub trugen die Männer Zivil und an den Feiertagen die nationale Uniform. Alle zwei bis drei Monate erhielten die Schüler Besuch durch ihre Militärattachés oder Vertreter der Botschaften.

In positiver Erinnerung blieb vielen Einheimischen auf Rügen das alljährliche „Fest der Freundschaft" im Juni. Zwecks Austausch und der Verständigung der ausländischen Militärschüler mit der einheimischen Bevölkerung öffneten sich für diese die Tore zum Block. Es fanden Sport- und Kulturwettbewerbe statt, bei denen die verschiedenen Nationen ihre Sitten und Gebräuche vorstellten. An gastronomischen Ständen wetteiferten die Nationen um die Gunst der Besucher. Grundsätzlich jedoch hatte die Staats- und Parteiführung wenig Interesse an privatem Austausch und Begegnungen von DDR-Bürgern und Ausländern.

Land und Leute der DDR lernten die Schüler bei Exkursionen in verschiedene Betriebe der Republik kennen; auch an die Kultur wurden sie herangeführt. So nahmen sie regelmäßig an Hochschulkonzerten im „Haus der NVA" teil (einst geplant als Theatersaal des KdF-Bades, nach dem Krieg nahezu komplett neu errichtet innerhalb des Militärkomplexes): Jährlich im Oktober wurde dort ein Konzert für die ausländischen Offiziersschüler und Offiziershöheren veranstaltet, um sie an das klassische deutsche Kulturerbe heranzuführen. 1983-1986 spielte das Philharmonische Orchester Schwerin in Prora, 1987-1989 konzertierte das Philharmonische Orchester Neubrandenburg. Zur Tradition wurde es, dass die Absolventen bei Verlassen der Schule an deren Eingang, links des Denkmals für Otto Winzer, einen Baum pflanzten. Das Ende der Schule, an der knapp 1000 Offiziere ausgebildet wurden, kam plötzlich:

„Im Januar 1990 fuhren die nordkoreanischen Militärkader in den geplanten Jahresurlaub und kamen nicht wieder. Im Monat März 1990 besuchte eine Kommission der kubanischen Streitkräfte die OHS mit dem Ziel, festzustellen, ob auf Grund der veränderten Lage in der DDR, die Ausbildung der Militärkader noch möglich sei. Im Juli – August hatte ein Teil der kubanischen Militärkader den geplanten Jahresurlaub in der Heimat. Auch sie kehrten nicht zurück. Die übrigen kubanischen Militärkader wurden im August 1990 abversetzt. Anfang Oktober 1990 ist die OHS in Prora aufgelöst worden. Das Nachkommando wurde dem Kommandeur der Militärtechnischen Schule unterstellt."[14]

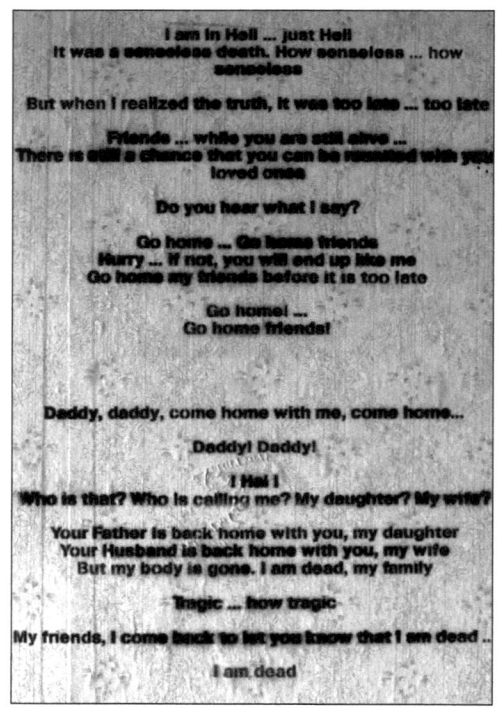

I am in Hell ... just Hell
It was a senseless death. How senseless ... how
senseless

But when I realized the truth, it was too late ... too late

Friends ... while you are still alive ...
There is still a chance that you can be reunited with you
loved ones

Do you hear what I say?

Go home ... Go home friends
Hurry ... If not, you will end up like me
Go home my friends before it is too late

Go home! ...
Go home friends!

Daddy, daddy, come home with me, come home...

Daddy! Daddy!

I Hel !
Who is that? Who is calling me? My daughter? My wife?

Your Father is back home with you, my daughter
Your Husband is back home with you, my wife
But my body is gone. I am dead, my family

Tragic ... how tragic

My friends, I come back to let you know that I am dead ..

I am dead

Spuren der Nutzung: Wandgestaltung in einem Aufenthaltsraum im Hof 6 im 5. OG der Kaserne, erhalten geblieben bis 2014.

Im Binzer Pfarrgarten trafen zwei Bausoldaten im Herbst 1986 auf den farbigen jungen Mann aus Afrika. Die ausländischen Militärs trugen im Ausgang stets zivil.

Impressionen aus dem Kasernen-Gelände Block IV

Block IV im Jahr 2013. Dreißig Jahre zuvor herrschte allsommerlich zum „Fest der Freundschaft" ein buntes Treiben im grauen Gelände.
Unten eine Beschriftung des Gebäudes aus der Zeit nach 1990 in Höhe des 2. Hofes von Norden. Inzwischen wurde der Block zu Wohnzwecken umgebaut - trivialisiert.

Grundwehrdienst in der Offiziershochschule 1988/89[15]

„Eingezogen wurde ich am 01.11.1988, zu dem Zeitpunkt war ich gerade 19 Jahre alt geworden. Eigentlich wollte ich studieren – Landtechnik, dazu musste ich einen Aufnahmeantrag für Studienbewerber ausfüllen und damit auch zum Wehrkreiskommando, damit ich dieser Zeit nicht zum Grundwehrdienst eingezogen werde. Zu meiner Überraschung sollte ich erst meinen GWD ableisten und dann studieren. Das war mir mit 19 Jahren nur recht, auch sprach mich niemand mehr auf eine dreijährige Verpflichtung an, wie es noch bei der Musterung war.

Ich kam nach Prora, dort war ich schon mal um das Jahr 1983, zum „Fest der sozialistischen Soldatenfamilie". Mein Onkel arbeitete dort als Zivilangestellter im gastronomischen Bereich im Offizierscasino (nannte man das zu dieser Zeit so?) auf dem Gelände der Militärtechnischen Schule der Landstreitkräfte „Erich Habersaath". Mit seiner Berechtigungskarte kamen wir zu dieser Zeit auch an den Strand von Prora.

Die Grundausbildung dauerte nur 4 oder max. 6 Monate, ich weiß es nicht mehr genau. Auf jeden Fall waren wir schon zu Weihnachten auf den verschiedenen Zügen. Ich kam zum I-Zug – Zimmer 5174 (vgl. S. 104 f.). Erinnerungen an die Grundausbildung habe ich kaum noch. Wir marschierten viel, über die Sturmbahn kaum, da Winter, haben geschossen (Kalaschnikow, Makarow, Panzerbuchse RPG-2 und Handgranate), bekamen politische Bildung und natürlich machten wir einen Abschlussmarsch.

Bei der politischen Bildung achtete man auch schon auf die Einstellung der Soldaten. Ein Soldat, der sich kritisch über Ausländer äußerte, wurde relativ schnell versetzt. Die Vereidigung fand im Offizierscasino der Militärtechnischen Schule der Landstreitkräfte „Erich Habersaath" statt. Die Eltern und Geschwister waren auch anwesend. Mittag essen konnten wir auf dem Gelände der OHS in der MHO-Gaststätte. Dann wurden, wie schon geschrieben die Soldaten auf die Züge aufgeteilt.

Der Alltag sah wie folgt aus: Wecken, Körperpflege und anschließendes Revierreinigen – erfolgte ausschließlich durch das erste Diensthalbjahr. Frühsport gab es nach der Aufteilung auf die Züge nicht mehr. Geschlossen, in Marschformation, sind wir dann zum Frühstück gegangen. Nach dem Frühstück dann in Marschformation zum „Park", dort in das Gebäude der *Panzerwerkstatt* (Abb. S. 242). Dort waren auch die Diensträume des I-Zug Führers und seiner Mitarbeiter. Des Weiteren befanden sich dort eine Toilette, ein Waschraum, ein Frühstücksraum und ein Raum für die Zivilmitarbeiter – alles im oberen rechten Bereich, wenn man vor dem Gebäude steht. Darunter waren eine Sattlerei, eine Tischlerei, ein Raum für die Zugführer der Panzer- und SPW-Schlosser und ein Raum, in dem das Spezialwerkzeug für SPW und Panzer lagerte, in diesem Raum kleideten wir uns auch um, wir zogen die Schwarzkombi an. Auf der linken Seite der Werkstatt kannte ich mich nicht so gut aus, dort waren die Werkstätten der Waffenmeister. Mittig im hinteren Bereich war die Schlosserei und eine Dreherei.

Ein Soldat kümmerte sich sofort um die Bestellungen zum Frühstück. Man konnte Würstchen, Salamibrötchen, Limo und Kaffee bestellen. Diese Bestellungen mussten dann telefonisch dem MHO-Laden durchgegeben und kurz vor dem Frühstück abgeholt werden, dort stand dann alles schon bereit.

Dann erfolgte der morgendliche Appell durch den Zug-Führer und jeder ging danach an seine Arbeit, sofern es welche gab oder man versuchte sich zu verkrümeln. Die Soldaten der Kfz-Werkstatt gingen hinüber in ihre Werkstatt. Ich gehörte zu den Panzerschlossern. Wir waren insgesamt 3 Soldaten, die beiden anderen waren im zweiten Diensthalbjahr.

Zur Mittagspause ging es wieder zurück zum Essenssaal. Auf dem Weg dorthin konnte man beim MHO-Buchladen oder MHO-Konsum „ausscheren". Der MHO-Buchladen war sehr gut bestückt. Dort gab es die aktuellen Neuerscheinungen, es gab Bildbände (z.B. von Kanada), Bücher von Erich Wustmann (damals sehr begehrt), Sportbücher (Fußball EM 1988), aktuelle Kassetten (z.B. Erste Allgemeine Verunsicherung) oder auch ausgefallene Bücher, wie das Altdeutsche Decamerone. Ich war dort häufig zu Gast.

Nach dem Essen ging es auf die Unterkunft und man hatte noch Zeit zu relaxen. Oft gab es zu dieser Zeit auch eine „Zwangsbeschallung" durch das eingebaute Zimmerradio mit speziellen Programmen für die Soldaten. Ausschalten oder Laut/Leise ging dann nicht, und so zogen wir das Radio aus seinem Gehäuse und man hatte Ruhe. Nach der Mittagspause ging es dann wieder zum Park – bis Feierabend. An genaue Uhrzeiten kann ich mich nicht erinnern.

Abwechslung vom normalen Tagesablauf gab es nur einmal im Frühjahr und einmal im Herbst – VNP – Vorbereitung auf die neue Nutzungsperiode, d.h. die Fahrzeuge wurden auf den Sommer- bzw. auf den Winterbetrieb vorbereitet. So wie ich mich erinnere, dauerte diese Periode eine oder zwei Wochen. Man verbrachte den ganzen Tag auf dem Park. Das Mittagessen wurde zum Aufenthaltsraum der KSA (Kompanie zur Sicherstellung der Ausbildung) geliefert. Die KSA befand sich auf der rechten Seite des Parkgeländes, wenn man vom *Tor (GOvP II)* in Richtung *Parkhauptwache* (Abb. S. 240 unten) fuhr.

Dienste hatte der I-Zug auch abzudecken. Als erstes war es der GOvP II (Gehilfe des Offiziers vom Park II). Wir „bewachten" den Eingang des Parks von der Unterkunftsseite her (Abb. S. 232 oben). Die Haupttätigkeiten waren: Öffnen und Schließen des Tores und das Notieren der Ausbildungsgruppen der ausländischen Militärangehörigen, die auf den Park gingen oder ihn verließen. Die Gruppen bestanden aus ungefähr 6–8 Personen und hatten alle eine Nummer. Oft betrat oder verließ der Chef der OHS (Generalleutnant Seefeld) das Gelände über den Park, dann musste Meldung gemacht werden. Waren alle Soldaten vom Park, konnte man zum Hauptwachgebäude an der Zufahrtsstraße gehen und dort übernachten. Wenn man Glück hatte, konnte man durchschlafen, aber manchmal wurde man vom OvP (Offizier vom Park) geweckt und musste auf dem Park Streife laufen. Danach bekam man einen halben Tag frei und musste sich erst am Nachmittag zum Dienst auf dem Park melden. Der zweite Dienst war, Schlosser vom Dienst. Nach dem Abendessen muss-

Relikte zweier politischer Systeme oben: Reste des KdF-Bades, davor NVA-Garagen für die Militärtechnik.

Einfahrt ins Gelände um 1994 und „Prora Neue Mitte" im Sommer 2024.

te man zum Hauptwachgebäude am Eingang vom Park (Abb. S. 240 unten) gehen und dort über Nacht bleiben, vor allem wenn Ausbildungen mit Fahrzeugen draußen im Gelände durchgeführt wurden. Dann mussten die Gerätschaften noch in der Nacht geputzt werden. Dazu mussten die Hallen im großen Gebäude geöffnet werden und wir mussten Putzzeug herausgeben. Wenn man Glück hatte, und es gab keine Ausbildung im Gelände und der OvP war nett, konnte man auch wieder in seine Unterkunft zurück und im eigenen Bett schlafen.

Der dritte Dienst, war Melder vom Dienst, den immer zwei Personen durchführten. Wenn es Alarm gab, wurde man nach Prora bzw. nach Bergen gefahren und musste dort nach einer vorgegebenen Liste die Militärangehörigen wecken. Eigentlich ein schöner Dienst, der nur bei Alarm Stress bedeutete. Ich war es nur einmal beim Alarm und musste, Gott sei Dank, nicht laufen.

Alle vom I-Zug und der KSA machten auch schon in der Grundausbildung Fahrschule in den Fahrzeugen, die sie später dann fahren sollten, da waren z.B. ELO, W50 und Ural. Ich absolvierte die Fahrschule für den Ural. Wir sind auf öffentlichen Straßen auf der Insel und im Gelände gefahren. Zum I-Zug gehörten nur sehr wenige Fahrzeuge. So erinnere ich mich an einen Werkstattwagen der Kfz-Werkstatt und an den Werkstattwagen für Panzer, den ich auch ab dem dritten Diensthalbjahr fuhr – PWIE (Panzer Wartungs- und Instandsetzungseinheit). Betreute man ein Fahrzeug, gab es noch extra Geld dazu.

Nach der Aufteilung auf den I-Zug konnte ich alle 3 Wochenenden Urlaub nehmen, da wir 3 Soldaten bei den Panzerschlossern waren. Man bekam Kurzurlaub (KU), freie Tage Samstag/Sonntag, VKU (verlängerter Kurzurlaub), dort gab es glaube ich noch einen Tag dazu, Ausgang nach Dienstschluss bis 24 Uhr und 06er Ausgang, Ausgang nach Dienstschluss bis 6 Uhr morgens. Sonderurlaub gab es für besondere Leistungen. Ich bekam mal einen Tag Sonderurlaub für den Einsatz während der VNP, dort reinigte ich die Luftfilter der Panzer mit Waschbenzin in einer „Waschmaschine".

Zum 7. Oktober 1989 und auch schon davor wurde es etwas unruhiger in der Kaserne. Die Gespräche in der politischen Schulung wurden etwas heißer diskutiert, meiner Meinung nach konnten wir uns ziemlich offen äußern. Im Außenbereich der Kaserne musste man zu dieser Zeit mit geladener und gesicherter Waffe die Gebäude während eines GOvP II Dienstes überprüfen. Aber es blieb alles ruhig auf der Insel. Nur meinen geplanten Urlaub am 7.10. konnte ich nicht nehmen – Urlaubssperre.

Überrascht wurden wir natürlich auch alle von der Grenzöffnung am 09.11.1989, und waren ziemlich deprimiert, dass wir nicht raus konnten. Es wurde auch nicht besser, als die Vorgesetzten nach dem Wochenende danach von ihren Fahrten in den Westen berichteten. Ich habe auch nur von einem Unteroffizier gehört, der nach seinem Urlaub nicht mehr in die Kaserne zurückkehrte. Am 9.12.1989 bin ich dann auch zum ersten Mal nach Lübeck gefahren. Wie immer nahm ich dann Silvesterurlaub, da Weihnachten für die Familienväter reserviert war. Als ich dann im Januar wieder in die

Kaserne kam, wurde auf einem Appell verkündet, dass der Grundwehrdienst auf 12 Monate verkürzt wird. Da wir nun aber schon fast 15 Monate dort waren, war für das dritte Diensthalbjahr (also für uns) Ende Januar Schluss. Ja, das sind so ein paar Erinnerungen, die mir nach 34 Jahren noch im Gedächtnis sind. (...) Dieser Koloss in seinen Dimensionen wirft schon einige Fragen auf, die auch beantwortet werden müssen. Es sollte aber auch der gesamte Zeitstrahl des ganzen Gebäudekomplexes berücksichtigt werden, also von der Entstehung, über die verschiedenen Nutzungen bis hin zum jetzigen Ergebnis. Zum Beispiel kannte ich überhaupt nicht die Bedingungen unter denen die Bausoldaten im Hafen Mukran arbeiten mussten. So etwas sollte auch sichtbar sein."

Anmerkungen Zweiter Hauptteil

1   Zit. nach https://www.slv.com/de/good-light-magazine/good-light-references/referenzprojekt-prora-mariandl-am-meer, abgerufen am 20.11.2024.

2   Zit. nach https://tokaihtotales.wordpress.com/2018/07/16/tuer-aaauuuf/, 16.7.2018, abgerufen am 20.11.2024.

3   Zit. nach http://www.denk-mal-prora.de/html/kdl.html (Bernd S.)

4   Zit. hier und im Folgenden: nach http://www.denk-mal-prora.de/Prora_--001.pdf (Wiedja M.)

5   Zit. nach http://www.denk-mal-prora.de/Block_IVSituation.pdf. (Bernd S.)

6   Zit. nach http://www.denk-mal-prora.de/Block_IVSituation.pdf (Bernd S.)

7   Zit. nach http://www.denk-mal-prora.de/ProraHausA.pdf (Wolfgang M.)

8   Ebd.

9   Zit. nach http://www.denk-mal-prora.de/Prora_--001.pdf Wiedja M.)

10 Vgl. Klaus STORKMANN: Geheime Solidarität: Militärbeziehungen und Militärhilfen der DDR in die »Dritte Welt«, Berlin 2012

11 Archiv Denk-MAL-Prora: Schreiben vom 4. Oktober 2011

12 Dieter REINHARDT: Meine Zeit: Offiziershochschule Otto Winzer, 2005, S. 22

13 Ebd., S. 26.

14 Zit, nach Generalleutnant a.D. Artur Seefeldt, NVA-Museum Prora

15 Thomas KUBALA, 2024.

Anhang: Auch die Geschichte unserer Väter

Gedanken zu Stefan Wolters Buch „Hinterm Horizont allein – Der Prinz von Prora" mit der Beschreibung einer Reise nach Binz, Prora und Mukran im Oktober 2005 (Peter Renow)

Vorbemerkung des Herausgebers:

Vor zwanzig Jahren (2005/06) sorgte das Buch „*Hinterm Horizont allein-Der Prinz von Prora*" für Aufsehen. Die autobiografische Erzählung berührte viele Jugendliche von einst und beeinflusste die Erinnerungskultur bezüglich Prora: In der Folge entstanden drei Virtuelle Museen sowie die Schriftenreihe DenkMALProra. Ein gleichnamiger Verein hatte sich aufgrund politischer Widerstände aufgelöst (vgl. WOLTER, Asche aufs Haupt!, Vom Kampf gegen das kollektive Verdrängen, 2012).

Die Reaktionen auf die Autobiografie bündelte „Der ‚Prinz von Prora' im Spiegel der Kritik" (2007). Demnach gingen im Anschluss etliche Leser selbst auf Spurensuche, so wie Peter Renow (Pseudonym), dessen einfühlsame Geschichte in dem (vergriffenen) Band abgedruckt wurde. Aus Anlass des "Jubiläums" erscheint sie hier noch einmal.

Das Buch „Hinterm Horizont allein – Der Prinz von Prora" wurde im Jahr 2012 zum Gegenstand einer Analyse an der Universität Mainz. Ausgewählt wurden vier Briefe, die mit Hilfe der Methode der objektiven Hermeneutik im Rahmen einer qualitativen Einzelfallstudie zugeführt wurden. Die Autorin kam zu dem Schluss, dass es sich bei der Bausoldatenkaserne um eine *Totale Institution* handelte. Dies zeige sich unter anderem an den Merkmalen der Einheit von Wohn- und Arbeitsstätte, des straff durchstrukturierten Tagesplans und des damit verbundenen Gehorsams, unter ständiger Androhung von Strafen. „*Die Brechung des Willens des Individuums stand im Vordergrund. (...) Die vorgenannten Inhalte der Totalen Institution weisen konkret Parallelen zu Knast, Konzentrationslagern usw. auf. Außerdem kann in diesem Zusammenhang ebenfalls von Zwangsarbeit gesprochen werden: Die Bausoldaten wurden zu Arbeiten gezwungen, die nicht entlohnt wurden.*" (Abstract zur Masterarbeit von Nadine LOWIN: „Die Rekonstruktion der biographischen Entwicklung eines NVA-Bausoldaten", 2012)

Im Jahr 2014 kam der Film „Prora" (Regisseur Stéphane Riethauser) in die Kinos, der eine zentrale Episode des Buches leicht abgewandelt ins pulikumswirksamere „KdF-Seebad" verlegte.

2016/20 wurde die Autobiografie Gegenstand einer Untersuchung an der Oxford University.

Bausoldaten und Vorgesetzte im Hof des „Versorgers Mukran", der Bausoldatenkantine, um 1986.

Der Versorger 2010 mit einer Ausstellung (hinten) zur Geschichte der Bausoldaten. Bemühungen, den authentischen Erinnerungsort zu bewahren, schlugen fehl. Unten: **Umbau des entkernten Gebäudes 2022.**

Prolog

Anfang Oktober 2005. Eine Buchhandlung in Schwerin. Ich überblicke den Tisch mit Biografien, Autobiografien und Sachbüchern zur jüngeren deutschen Geschichte. Ein Buch, abgepackt mit fester Klarsichtfolie, fällt aus dem Rahmen. „Hinterm Horizont allein - Der Prinz von Prora" lese ich auf dem Schutzumschlag und schaue auf das Bildnis eines Jünglings in NVA-Uniform. Ach nein, auf die Erinnerungen eines Soldaten habe jetzt keine Lust, denke ich und überlese zunächst den Untertitel, der da lautet „Erfahrungen eines Bausoldaten". Bausoldat? Ich mache Halt. Jäh fühle ich mich erinnert. An die eiskalten Wintertage im Januar 1987. Hans, der Kollege meines Freundes Sascha, war Bausoldat. Damals, im Januar 1987, schrieb mir Hans einen Brief, der mich erschütterte. Er schilderte seinen Arbeitsalltag in Buna, die Plackerei inmitten von Dreck und Chemie. Hans hatte mir die Charaktere der Offiziere geschildert. Ich war über die Offenheit seiner Schilderungen erschrocken. Am Ende unterschrieb er den Brief mit der Losung „Keine Gewalt!" Wenige Jahre später, als die Demonstranten der Herbstrevolution von 1989 eben jene Losung durch die Straßen riefen, erinnerte ich mich an Hans' Brief. So früh gab es also Zeichen!

Bausoldaten. Dieses Thema hatte ich fast vergessen. Ich hatte verdrängt, dass ich Mitte der achtziger Jahre mich selbst vor die Entscheidung stellte, Waffensoldat zu werden oder den Dienst mit der Waffe zu verweigern. Im Gegensatz zu einigen meiner Freunde war ich kein Christ. Ein Glaubensbekenntnis war also kein Beweggrund. Es war viel mehr meine Abscheu gegenüber dem Militär, die Gerüchte über den Drill der Offiziere, über die Schikanen der EK-Bewegung. Ich kannte den Bruder eines Klassenkameraden, der bei der NVA ums Leben kam. Unfall, Selbstmord oder Mord - das hatte man nie herausgefunden. K. soll aber schon vor seiner Einberufung gesagt haben: „Wenn ich zur Armee komme, nehme ich mir das Leben." Ich sehe immer noch das verwelkte Veilchen auf dem Tisch der Russischlehrerin liegen, das sie auf dem Friedhof gepflückt hatte. An dem Tag, als ihr ehemaliger Schüler K. beerdigt wurde - ohne Ehrensalve seiner Kameraden. Die Russischlehrerin war verwirrt. So jung und so sinnlos gestorben! Die Russischstunde fiel aus.

Ich erinnere mich an die Tage im Frühjahr und Herbst, wenn man hoffend und bangend zu den grauen Briefkästen lief. Nichts. Wieder nichts. Nichts. Wieder nichts. Solange, bis es hieß, die Einberufung wäre „durch". Dann hörte ich allmählich, wen es „erwischt" hatte: den frisch gebackenen Abiturienten aus der Siedlung, den Elektriker aus dem Nachbardorf, einen Kumpel aus der ehemals höheren Schulklasse, den Cousin eines Freundes. Noch traf die Einberufung der NVA niemanden aus meinem unmittelbaren Freundeskreis. Die Erleichterung in den Tagen danach war spürbar. Wieder ein halbes Jahr Ruhe „vor dem Sturm", so hieß es. Doch das änderte sich mit dem Jahreswechsel 1987/88, als wir neunzehn, zwanzig Jahre alt wurden.

Wie habe ich diese Spannung ausgehalten?, frage ich mich und blättere in dem vor mir liegenden Buch.

1988 wurden drei meiner engsten Freunde eingezogen. Doch Sascha und ich sprachen später niemals über seine Armeezeit. Olaf's Armeebriefe - ich habe sie nie wieder gelesen. Und Oliver? Ich erinnere mich genau an den sonnigen Augusttag, als Oliver mir sagte, er würde drei Jahre zur Armee gehen, „dann bin ich Anfang zwanzig und habe den Mist hinter mir." Ja, dachte ich, das und alles andere: deine Unbefangenheit, deine Lebensfreude, deine Freundschaften.

Wir fuhren auf seinem Moped zum See und Ollis schwarze Locken umflatterten mein Gesicht. Nicht dieses prächtige Haar, dachte ich und entschloss mich in diesem Moment, meine Haare langwachsen zu lassen. Oliver wurde im September 1988 eingezogen. Im Wirrwarr der Herbstereignisse ein Jahr später verloren wir uns aus den Augen. Zuviel eigene Konflikte galt es zu bewältigen. Ich hatte Glück. Ich wurde nicht mehr eingezogen. Weder als Waffensoldat noch als Bausoldat. Ich gehörte zu der ersten Generation ehemaliger DDR-Bürger, die Zivildienst leisten konnten. Aber um welchen Preis, geht es mir durch den Kopf. Ich habe das Gefühl, das Stefan Wolters Buch eine Antwort geben kann. Noch während ich sein Buch lese, beschließe ich, nach Prora zu fahren.

Die Fahrt nach Binz

15. Oktober 2005. Stralsund. Gleis eins. Die Regionalbahn Richtung Bergen. Von dort fuhr Stefan Wolter ab, damals im November 1986, vor fast 20 Jahren. Ich steige in den Zug. Gleich mir strömen viele Inselbesucher in die Abteile. Tagestouristen und Wochenendausflügler stellen ihre Mountain-Bikes und Rucksäcke ab. Nach dem Anfahren schaue ich forschend hinaus. Bahnhöfe, so scheint es mir, sind eine der wenigen Orte in Ostdeutschland, die noch DDR-Aura ausstrahlen. So manch grau verputztes Stellwerkhäuschen hat sich erhalten. Auf Backsteinfassaden prangt in bleicher Pracht eine Kampfparole aus alter Zeit. Hier und dort verrottet ein verbretterter Waggon der Deutschen Reichsbahn. Verrostete Schienenstränge verschwinden in Wildwuchs aus Ahorn, Weide, Birke und Goldrute. Pappeln, diese Symbolbäume des realen Sozialismus, sie fehlen auch hier nicht. Rasch in die Höhe schießend, stehen sie rank und schlank, in Reih und Glied. So, wie einst die Soldaten auf den Appellplätzen der Kasernen, die bevorzugt mit Pappeln umpflanzt wurden.

Wir nähern uns dem Rügendamm. Links leuchten die Speicher der Hansestadt Stralsund. Rechts glitzert das Wasser des Strelasund. Dänholm. Hier war mein Freund Sascha stationiert. Das war im Sommer 1988, nachdem Wolter die Insel Rügen längst verlassen hatte. Ich sehe seine erste Karte vor mir liegen. Die in Eile hingeschriebenen Sätze: „Ich stehe es schon durch. Mach Dir keine Sorgen. Schreib bitte. Dein Sascha." Und auf der Rückseite: „Hier sind alle verrückt!" Irgendwo hier in der Nähe saß Sascha auf einem Turm und bewachte die Einfahrt der Schiffe. Wie lang das her ist, geht es mir durch den Kopf. Sascha als Matrose, braungebrannt, lachend, aber mit trübem Blick. Sein sonst so volles Gesicht war schmaler geworden. Damals im Juni, als er das erste Mal KU (Kurzurlaub) hatte. Ich erinnere mich genau, wie wir unter dem knorrigen Birnbaum im Garten standen, verlegen und unsicher, die richtigen Worte zu finden.

Später einmal, als ich Sascha in der Kaserne wiederholt besuchte, wartete ich in dem kahlen Besuchszimmer am Tor. Über mir hing ein verblichenes Erich Honecker-Bild. Irgendwie schaffte es Sascha, mich in die Kaserne zu holen. Ich weiß nicht mehr, wie das möglich war. Sein Freund Michael schob Wache, vielleicht kamen wir darum ungeschoren durch. Wir saßen auf seinem Zimmer und schauten uns an. Ich hatte Angst, aber Sascha beruhigte mich, es würde nichts passieren. Und dann öffnete sich doch die Tür, ein Offizier musterte mich von oben bis unten. Dann sah er zu Sascha und sagte barsch: „Genosse N., Sie wissen, dass Besuch empfangen auf dem Zimmer verboten ist. Das hat Konsequenzen!" Sascha antwortete irgendwas. Es war eine groteske Situation. Ich musste zur Toilette und lief durch den Flur. Weite Jeansjacke, Strickpullover, lange Haare. Die Soldaten im Flur starrten mich an, als wäre ich von einem anderen Stern. Jemand rief: „Warte nur. Deine langen Haare fallen auch noch!" Offenbar ist Sascha nichts passiert. Er hatte damals bereits gut acht Monate überstanden.

In Bergen schaue ich auf das Bahnhofsgebäude. Gelber, vom Rauch geschwärzter Backstein. Schnitzwerk an der Überdachung. Eigentlich hübsch. Bergen - der Name passt. Die Gegend wirkt eher süddeutsch. Hier verspüre ich eine erste Begegnung mit dem jungen Wolter, wie ich ihn mir vorstelle. Dort drüben stahlen sich Stefan und Thomas durch die Bahnhofstür, um im Kulturhaus Bergen tanzen zu gehen. Wie wurden sie da zusammengepfiffen: Schwule können wir hier nicht gebrauchen! Aus Frust betranken sie sich mit Wermut Marke Gotano, rannten später durch den Proraer Wald, wo sie stürzten und sich endlich fanden. Oh ja, Gotano haute einem die Beine weg. Woran erinnert mich diese Geschichte? Ich denke an ein altes MTV-Video zu Kate Bush's Song „Hounds of Love". Da flüchtete Kate mit einem Gangster durch einen dunklen Wald. Sie sprangen über Gräben, von Hunden verfolgt. Später gefasst, tanzten sie einfach weiter - mit Handschellen. Und ich sehe wieder Wolfgang vor mir, an einem Augustabend 1986. Wie wir eben nach diesem Hit tanzten, in der erhitzten Discothek in Schwerin. Wolfgang zückte eine kleine Mundharmonika und versuchte den Sound zu erfassen. Ich tanzte und drehte mich so wild, weil ich wusste, dass Wolfgang die DDR bald verlassen würde.

Ich träume. Die Schaffnerin ermahnt mich. Wenn ich nach Binz reisen möchte, muss ich in Lietzow umsteigen. Ich bin aufgeregt und versuche mich in die Lage der Bausoldaten zu versetzen, die auf dieser Strecke jahrelang angekarrt worden sind. Der kleine Bahnhof unterhalb des Lietzower Schlösschens wirkt einsam. Doch auch hier scheint die Zeit stehen geblieben zu sein. So viele Gefühle strömen auf mich ein. Lietzow, Prora, der Jasmunder Bodden - diese Orte gehören auch zur Biografie meines Vaters. Anfang der 50er Jahre gehörte er zu den Kasernierten Volkspolizisten, die vor Gründung der Nationalen Volksarmee in Prora stationiert waren. Da war Vater zwanzig - so alt wie Stefan Wolter, als er 1986 nach Prora kam. Die Polizisten bauten an einer Brücke am Jasmunder Bodden. Wo genau, weiß ich nicht mehr. Ich kann Vater darüber nicht mehr befragen.

Trotz der freundlichen Oktobersonne empfinde ich Beklemmung. Ich trotte mit anderen Reisenden über das Gleis, um weiter nach Binz zu fahren. So, wie ich meinen Rucksack trage, dürften auch Wolter und die anderen ihr Gepäck geschleppt haben - in banger Erwartung und auch Furcht vor der Zukunft. Ich schaue auf den Kleinen Jasmunder Bodden und beobachte die Kormorane, die unbewegt auf den Reusen hocken. Vater erzählte, er wäre im Bodden beinahe ertrunken. Nachts, nach irgendeinem Kneipenbesuch, wäre er mit einem Boot Richtung Halbinsel Thiessow gerudert, um von dort zur Kaserne nach Prora zu laufen. Das Boot kenterte, im letzten Moment hörte jemand seine Hilfeschreie. Ein anderer Kamerad ertrank zu einem anderen Zeitpunkt tatsächlich im Bodden. Vater erzählte diese Geschichte oft, Pfeife rauchend, an dem Tisch in der Diele. Ich war noch nie in Prora, aber jetzt fühle ich mich von diesem Ort wie magisch angezogen. Ich weiß, dass Wolters Geschichte auch eine Art Brücke zu meinem toten Vater darstellt. Vater war Hauptmann der Deutschen Volkspolizei. Er unterrichtete Polizeischüler in Geschichte. Vaters Geschichte ist das eine - doch Wolter gehört zu meiner Generation. Es ist ein Kapitel, das mich selbst betrifft, und es drängt aufgearbeitet zu werden. Ende der 60er Jahre geboren, waren wir die letzten jungen Männer, die von der Nationalen Volksarmee als Soldaten oder Bausoldaten eingezogen wurden.

Rechts und links liegen Kiefernwälder mit starkem Unterwuchs. Wolter schreibt, dass dies alles bereits Sperrgebiet war. Station Prora. Ein unauffälliger Bahnhof, wäre da nicht noch immer eine große Verladerampe zu erkennen. Parallel zu den Schienen zieht sich eine Straße entlang. Dahinter werben bereits bunte Hinweisschilder für die heutige touristische Nutzung der Kaserne. Am Ende der schneisenartigen Einbahnstraßen erkenne ich Stück für Stück den „Koloss von Prora". Er scheint unendlich lang zu sein. In der Sonne blitzen Fensterreihen auf.

Ankunft in Binz. In meiner Fantasie sehe ich einige geschniegelte Bausoldaten vor mir laufen. Etwas ungelenk in der steifen Ausgangsuniform tippeln sie in Richtung Bahnhofshalle. Die Freude und erwartungsvolle Anspannung auf einen freien Sonntag ist ihnen anzusehen. Fast zwanzig Jahre ist das her, denke ich.

Mich empfängt Kurbad-Atmosphäre, gepaart mit dem anhaltenden Bauboom seit den 90er Jahren. Binz erinnert mich sogleich an Boltenhagen oder Kühlungsborn. Bebautes Hinterland mit preiswerteren Hotels und Pensionen, die repräsentative Hotelreihe an der Promenade, ein Streifen Kiefernwald, Düne, Strand, Ostsee. Ich peile die Hotelkette an der Promenade an, will ein Zimmer mit Meerblick. Meine „Literaturreise" ist es mir wert. Ich habe Glück. Gleich vorn entdecke ich das Hotel „Zur Promenade", ein Gründerzeitbau mit Veranden zum Meer.

Wenige Minuten später schaue ich über die Prorer Wiek. Das Meer ist aufgebracht, leuchtet seifengrün - wie oft an sonnigen Herbsttagen, wenn das Licht schräg in das klare Wasser dringt. Ich atme tief durch und denke an das legendäre Haus Weimar in Heiligendamm, in dem ich während meines Studiums einige Jahre gelebt habe. Ich kann Wolters Meerbezogenheit nachvollziehen. Diese Sehnsucht am Morgen und Abend, ein Stück Sonnenaufgang oder Sonnenuntergang einzufangen. Für Wolter war der Horizont, war das Meer eine Überlebenshilfe. Auch ein Verhältnis zu Gott. Aus seinen Briefen lese ich heraus, wie sehr der 19-jährige in seinen alltäglichen Naturbeobachtungen Kraft und Trost zu finden suchte. Ich überschaue ein gut Stück der Prorer Wiek und denke, dass sich dieser Bogen aus Land, Himmel und Meer tief in Wolters Gedächtnis eingebrannt haben muss.

Am Strand. Ich schaue in Richtung Seebrücke und empfinde eine erste Entdecker-Freude. Diese Perspektive habe ich doch auf einem Foto in Wolters Buch gesehen! Ja, die Bausoldaten fütterten an einem Wintertag Schwäne. Ich erkenne die Szene durch die Villen im Hintergrund, die auch auf dem Foto von 1986 zu sehen sind. Die Freude, anhand der Fotografien viele Orte wiederzufinden, hält zwei Tage an.

Alles ist voller Leben. Einige Strandwanderer waten barfuß durch das Wasser. Sonnenbebrillte Touristen liegen in den Strandkörben und bräunen sich. Väter lassen Drachen steigen. Kinder kreischen vor Vergnügen. Ein Dackel wetzt an der Wasserkante entlang und kläfft die Möwen an. Ein sorgloser sonniger Oktobertag. Überhaupt wirkt Binz wie eine Puppenstube im Freien, was im Hintergrund durch die bewaldeten Anhöhen der Granitz verstärkt wird. Ich denke an das Marlene Dietrich-Lied „Wenn die Soldaten durch die Stadt marschieren". Es ist ein Klischee, das sich mir unweigerlich aufdrängt und das Groteske des Soldatenalltages an diesem bezaubernden Ort um so mehr hervorhebt.

Prora

Prora. Zuletzt hörte ich von diesem Ort durch ein Jugendspektakel vor zwei Jahren. Mein junger Freund Andreas, dessen Schwester als Töpferin auf Rügen arbeitete, wollte mich mitnehmen. Ich lehnte ab - ich fühlte mich einfach zu alt. Aber spielte nicht auch ein ambivalentes Gefühl eine Rolle, eine unbestimmte Scheu vor der ehemaligen Kaserne Prora? Vor meinem inneren Auge sah ich ein riesiges Camp zwischen gigantischen Nazibauten, die auch von der NVA genutzt wurden. Ich glaubte, dieses Spannungsfeld gar nicht ertragen zu können.

Ich fahre ein Stück Zug und steige in Prora aus. Eine Einbahnstraße führt direkt auf einen der Kasernenblöcke zu. Suchend schaue ich mich um. Ich will die Kaserne der Bausoldaten finden. So halte ich mich eine Weile entlang der Gebäudefront zum Strand. Die Atmosphäre ist bedrückend. Jenseits rauscht und dröhnt das Meer, aber im toten Winkel der endlos langen Blöcke ist es kühl und still. Die unteren Fensterreihen sind verbrettert. Unglaublich, welche unzerstörbare Wucht dieses Gebäude immer noch ausstrahlt. Gleich mir stromern hier und dort Besucher herum. Ein Enddreißiger im Jeansanzug stochert mit dem Fuß im Sand. Der untersetzte Mann trägt Mittelscheitel und schaut gedankenverloren vor sich hin. Der Typ Mann verrät die ostdeutsche Jugend in den frühen Achtzigern. Was sucht er? Bestimmt ist er ein ehemaliger Soldat denke ich. Oder war er ein Offizier? Wir mustern uns scheu.

Ich erreiche den Trakt mit den Museen, darunter das NVA-Museum. Hier halten sich Touristen auf, fährt der „Prora-Express". Alles wirkt ein wenig schrill und improvisiert. Prora als Abenteuerspielplatz. Die NVA im Country-look. Ich fühle mich an das Filmmuseum Babelsberg erinnert. Gleichzeitig schmecke ich Bitterkeit. Was heute wie eine Filmkulisse wirkt, war noch vor fünfzehn Jahren brutale Realität. Ich spüre die Skepsis, mit der ich der bunten Militärvermarktung von heute begegne. Wolter schreibt, dass in Prora ein Stück seiner Jugend geraubt wurde, und dass ihn die Armee „vielleicht auch ein wenig zerstört hat". Es tut weh, im Vorbeigehen Sätze aufzuschnappen wie „Manchen hat die NVA ganz gut getan." Vor allem, wenn Mütter es sagen.

Dann gebe ich mir einen Ruck und denke positiv. Die Museen bieten einen ersten Ansatz zur Geschichtsaufarbeitung und sichern Arbeitsplätze. Am Infopoint des NVA-Museums frage ich einen etwa 45-jährigen Mann, wo ich den ehemaligen Trakt der Bausoldaten finde. Stimme und Haltung des Mannes scheinen mir dieses Mal mit Sicherheit den Ex-Offizier zu verraten. Dafür habe ich einen Instinkt, denn ich bin selbst im Umfeld einer Polizei-kaserne aufgewachsen. Der Mann stutzt und zieht eine Augenbraue hoch: „Die Bausoldaten? Die waren ganz vorn im Block 5 untergebracht. Nahe an Mukran, wo sie am Bau des Fährhafens eingesetzt waren."
„Und sind die Bausoldaten hier im Museum aufgeführt?", frage ich weiter.
„In einem Raum werden sie erwähnt, im Zusammenhang mit der Errichtung des Fährhafens Mukran. Aber da es uns derzeit an Personal mangelt, ist der Raum gerade nicht zu besichtigen." Ich habe das flaue Gefühl, dass der Museumsmitarbeiter nicht weiter befragt werden möchte. Oder bilde ich mir das nur ein? Bausoldat - das klingt noch immer nach Ausnahme, nach „Nicht richtig Soldat sein", nach „Staubfänger" und damit schlecht zu vermarkten.
Ich beschließe, das Museum zu einem späteren Zeitpunkt zu besichtigen und marschiere los. Auf halber Höhe umlaufe ich einen abgerundeten Hallenbau. Offenbar war hier das Regimentskino untergebracht. Heute wird die massive Halle als Discothek genutzt. Dahinter erstreckt sich ein Stück Heidelandschaft. Vermutlich war hier ein weiterer Bau für das KdF-Bad geplant, der nicht zur Ausführung kam. Möglich, dass die Brache als Truppenübungsplatz der NVA genutzt wurde.
Während ich durch den mehligen Sand trete, denke ich an Wolters Ängste. An die Ängste, die sich durch Magenkrämpfe, Kopfschmerzen, Beinezittern äußerten. Kann ich dieses Gefühl wirklich nachvollziehen? Heute sprechen

wir von psychosomatischen Schmerzen. Wenn wir Zustände nicht erfassen, nicht verarbeiten können. Wenn wir zu viel runterschlucken oder uns zu Herzen nehmen. Zweifellos war Wolter sensibel. Ich wage mir nicht vorzustellen, wie es ihm bei den Waffensoldaten ergangen wäre.

Die Kaserne Prora-Nord beginnt. Die Fotos in Wolters Buch leisten mir eine gute Orientierungshilfe. Vor mir erstreckt sich die Regimentstraße und schließlich erreiche ich die Turnhalle, in der Wolter und die anderen eingekleidet wurden. Ein Glasbaustein ist herausgebrochen, ich werfe einen Blick in die Halle, in der noch teilweise Spinde und Stühle aus der Kaserne stehen. Hinzugekommen ist billiges Mobiliar neueren Datums - offenbar Reste des Asylantenwohnheims, das bis Mitte der neunziger Jahre in Prora untergebracht war.

Ich ziehe um den Block und entdecke endlich die Fensterfront, hinter der Wolter untergebracht war. Die Fenster sind herausgebrochen und gähnen schwarz. Alles ist öde und verlassen. Und doch fällt es mir nicht schwer, die Bausoldaten hinter den Fenstern zu sehen. Mit ihren blauweißen Mitropa-Tassen oder den braunen Plastikbechern - ich hatte sie wie viele andere Alltagsgegenstände der DDR, die Wolter erwähnt, längst vergessen. Auch das Fenster, durch das bis heute die gemalte Rügenkarte im ehemaligen Klubraum zu sehen ist, finde ich. Es ist fast zum Lachen. So eine kitschige Wandbemalung bleibt also! Plötzlich spüre ich ein Gefühl stummer Empörung. Wieso ist diese verdammte Landkarte übrig geblieben? Wieso überdauern die Dinge immer, während Menschen fortgehen, sich verändern, verstummen, sterben? Nachdem sie an Orten wie diesen oft genug für's Leben beschädigt worden sind.

Ich laufe hinunter zum Strand und atme die salzige Meerluft tief ein. Die Dünen hier waren Wolters Fluchtwinkel. Hierher flüchtete er sich, wenn der Alltag in der Kompanie unerträglich wurde. Wieviele Bausoldaten haben sich hier ausgeheult? Oberhaupt stürmen Fragen auf mich ein. Wie erlebten die Bausoldaten den heißen Herbst 1989, hier in der Kaserne? Wann rückten die letzten Bausoldaten ab? Und was wird in Zukunft aus den Kasernen?

Ich muss einen der Feuersteine aufheben, die hier tausendfach herumliegen und denke an meine Erfahrungen mit Soldaten. An die „Patenkompanie" in der Kaserne Stern-Buchholz bei Schwerin, zu der wir am Tag der Nationalen Volksarmee eingeladen waren. An die „Hans-Beimler-Wettkämpfe" und das „Manöver Schneeflocke", wo wir mit Soldaten den „Marsch der Bewährung" durchführten. Granatenwerfen, Seilhangeln, Erste Hilfe auf irgendwelchen Stationsposten im so genannten Russenwald. An die Disco abends in der Schulaula, wo niemand so recht mit den Uniformierten tanzen wollte, bis sie schließlich selbst die Initiative ergriffen und sogar Breakdance tanzten.

Ich sehe noch den Blondschopf mit den lustigen blauen Augen auf der Station am Waldrand. Der bot mir ein Bockbier an, dass mich schnell umnebelte. Der Soldat genoss blinzelnd die wärmende Februarsonne. Ein anderes Mal erinnere ich einen Soldaten, der aus Stralsund kam. Der hatte keine Lust, lümmelte sich auf dem Waldboden und überließ mir die Kommandos, wenn ein neues Trüppchen Pioniere kam. Das war im Mai 1984. 1993, auf einer Überfahrt von Mukran nach Bornholm, erkannte ich diesen Soldaten wieder. Ich sprach ihn nicht an. Er wirkte so ganz anders in ziviler Kleidung: er trug Stonewash statt Einstrich-Keinstrich-Muster.

Die Anonymität von Prora ist noch immer erschreckend. Ich hatte Angst vor der Armee. Ich wollte keinen Kompromiss, mich gar für drei Jahre verpflichten, nur um einen Studienplatz zu ergattern. Als Wolfgang im Februar 1987 die DDR Richtung Hamburg verließ, als mich daraufhin die Stasi abholte und mir auf Grund meiner politischen Einstellungen ein Studienverbot aussprach, da war mir ohnehin alles egal. Das war 1988. Was wäre passiert, wenn die friedliche Revolution von 1989 nicht stattgefunden hätte? Hier in Prora wird mir eine Doppeldeutung klar. So sehr mich dieser Ort abstößt, so sehr haben mich Orte wie Prora geprägt, unfreiwillig geprägt.

Ich habe lange nach einem Buch gesucht, das die merkwürdige Endzeitstimmung in der späten DDR reflektiert. Vor allem von einem Autoren, der etwa zu meiner Altersgruppe zählt. Jana Hensels „Zonenkinder" empfand ich zu allgemeingültig und reflektierte nicht die Erfahrungen meiner Generation. Und Claudia Rusch's „Meine freie deutsche Jugend" beschreibt die DDR aus einer teilweise privilegierten Sicht. Das war nicht das, was ich suchte. Ich suchte einen möglichst authentischen Bericht über die achtziger Jahre, vielleicht in Form eines dokumentierten Tagebuches. Einen Bericht, der unsere so oft beschriebene Nischenexistenz verdeutlicht. Mit Stefan Wolters Buch wurde ich fündig. Wolter gelingt es, die Träume und Hoffnungen, die Illusionen und Brüche, die so typisch für unsere Jahrgänge sind, zu beschreiben. Vielleicht sogar unbeabsichtigt. Doch seine Armeeerfahrung steht für mich in einem weiteren Sinne für die Grenzen, auf die wir in jener Zeit zunehmend gestoßen sind und die wir schließlich überschritten haben. Wolters Erfahrungsbericht ist ein „merkwürdiges Gemisch aus Bedrückung und Idylle", wie einmal ein ostdeutscher Historiker die letzten Jahre der DDR beschrieb. Diese Stimmung habe ich selbst seit etwa 1985 Jahr für Jahr zunehmend stärker empfunden. Ich höre den Vorwurf oft: Mitte der 80er Jahre hätte noch niemand Prognosen über das baldige Ende der DDR machen können. Wolter widerlegt diese These anhand des Leipziger Individualisten Sven. Flugblätter, die den „Protest der Straße" beschworen, wurden schon 1987 durch die Kaserne heimlich gereicht. Wir sind nicht ganz unvorbereitet in das Jahr 1989 gegangen.

Ich glaube, dass unsere Generation in den späten Achtzigern bereit war zu einem zivilen Ungehorsam. Das vorangegangene Jahrzehnt hatte dazu reichlich Nährboden geboten. Da war zum einen die Musik. Punk, Wave, Pop, die ersten großen Open air-Konzerte von Weststars in Ostberlin. Das gab Selbstbewusstsein und erweiterte den Horizont. Das förderte aber auch die Wut, zum Beispiel über die eingeschränkte Reisefreiheit. Wolter beschreibt sehr anschaulich, welche Kraft die Songs von BAP, Wolf Maahn oder Udo Lindenberg gaben. Wie töricht war es von den Genossen, eine Bewegung wie Punk erst gar nicht ernst zu nehmen. Als sie es taten, war es schon zu spät. Die Achtziger mit all ihren bunten Gruppierungen waren eine geeignete Basis für Individualität und somit Anarchie gegen die Parteiparole „Vom Ich zum Wir". Und nicht zu vergessen: Die Kirche strahlte eine große Anziehungskraft auch auf Nichtchristen aus. Die Aktion „Schwerter zu Pflugscharen", die Friedensdekaden, die Jungen Gemeinden boten Freiraum für anderes Denken. Wolter belegt, dass unter den Bausoldaten zunehmend junge Männer waren, die aus oppositionellen Gründen gegen die DDR den Dienst mit der Waffe verweigerten. Ich selbst hatte diese Alternative in Betracht gezogen. Wolters letzte Frage an einen seiner Vorgesetzten am Tag der Entlassung lautete: „Werde ich Ihnen fehlen?" Diese Frage ist für mich fast ein Schlüsselsatz. Die Revolution entlässt ihre Kinder! Im Herbst 1989, als alles zusammenbrach, sprach mich ein Genosse resigniert an. Er sagte: „Bitte, bleiben sie hier und geben Sie mir eine Hoffnung, dass nicht alles umsonst war. Wenn das hier vorüber ist, haben Sie Ihre Bilder. Ich habe dann nichts mehr."

Noch einmal schaue ich auf den „Koloss" von Prora. Ich suche so etwas wie einen versöhnlichen Blick. Versuche, diesem Ort mehr als ein kaltes Erstaunen über die größenwahnsinnige Architektur abzugewinnen. Aber in mir rührt sich nichts. Dieses Gebäude wirkt abweisend. Es sieht aus, als hätte es die Augen geschlossen.

Ich treibe Richtung Binz am Strand entlang. Wanderer suchen nach Steinen oder stochern im angeschwemmten Tang nach Bernsteinen. Hier und dort sehe ich einen bunten Drachen am Himmel flattern. Ich denke an Wolters Briefe. Meine Freundin S. z. D., die Historikerin ist, schrieb mir einmal in einem Brief von 1998: „Heben Sie Ihre Briefe gut auf. Wir sind sowieso die letzte Generation, die noch Briefe schreibt." Wolter unterstreicht seinen Erfahrungsbericht mit vielen Briefen, die er fast täglich nach Hause schrieb. Mich ärgert die Freitag-Kritik (Rezension in: „der Freitag", 14.10.2005) zu Wolters Buch. Sicher bot sich der Vergleich zu Leander Haußmanns Komödie „NVA" an. Doch gerade im Hinblick auf die Briefe von Nabelschau und Erbsenzählerei zu sprechen, trifft die Botschaft des Buches nicht. NVA - das war Erbsenzählerei, das waren unzählige Briefe nach Hause. Weil es kaum ein andere Verbindung nach draußen gab. Weil Soldaten versuchten, dem tristen Kasernenalltag irgendeine individuelle Bedeutung beizumessen.

Den Abend beschließe ich im Hotel bei einem guten Rotwein. Ich schreibe Tagebuch. Nachts liege ich noch lange wach und höre durch das geöffnete Fenster das Meer rauschen. Ich denke an mein Turmzimmer im Haus Weimar, damals während des Designstudiums in Heiligendamm. Im Gegensatz zum jungen Wolter lebte ich aus freien Stücken am Meer.

Mukran

Sonntagmorgen. Ich frühstücke in aller Ruhe und genieße die Aussicht auf die Ostsee. Am frühen Vormittag fahre ich mit dem Küstenbus Binz-Sassnitz bis Dubnitz und steige aus. Ich möchte die von Wolter im Prolog beschriebenen Orte der ehemaligen Baustelle Mukran finden. Will auf Wolters Fährte bleiben. Ob es mir gelingt? Zunächst habe ich einige Schwierigkeiten, mich zu orientieren. Dort unten liegt der Terminal. Ich kenne ihn von zwei Überfahrten nach Bornholm, je im Sommer 1993 und 2003. Damals achtete ich nicht auf die Umgebung und genoss Rügens Steilküste mit den Kreidefelsen vom Meer aus. Es fällt mir schwer vorzustellen, dass das gesamte Areal einmal eine kilometerweit aufgewühlte Großbaustelle war. Plattenwege und Trampelpfade, Zäune, die Reste von Baracken - wie kann ich sie finden? Auch hier enttäuscht mich der Autor nicht, und ich beginne, mit ihm Zwiesprache zu halten.

Ich strebe dem Terminal entgegen, konzentriere mich auf das links liegende Feld und entdecke endlich einen Plattenweg, gesäumt von Sanddornsträuchern. Schließlich stoße ich auf eine halb überwucherte Gleisanlage mit Betonwartehäuschen. Es ist ein Ausläufer des ehemaligen Umladebahnhofes, der auch auf meiner älteren Rügenkarte verzeichnet ist. Ja, ich bin richtig. Diese Stelle hat Wolter beschrieben. Ich schaue auf und ahne, dass der Giebel, den ich jenseits zwischen heranwachsenden Bäumen entdecke, zu der Baracke gehören muss, in der Wolter einmal während eines Arbeitseinsatzes Unterschlupf fand - und gefroren hat. Wie wichtig sind diese scheinbar nebensächlichen Erinnerungen, wenn man sich seiner Identität vergewissern will und muss. Dieser Ort liegt beziehungslos inmitten der Mukraner Feldflur - für Wolter ist er ein Baustein für die eigene Erinnerung. „Ach, was suchst du nur an diesem dunklen Ort?" Wo habe ich diesen Satz gelesen oder gehört? Ich glaube, ich erinnere mich. Es war eine Wende-Erzählung der Mecklenburger Autorin A. K. Eine Geschichte, die irgendwo im Grenzland an der Elbe spielte. Grenzland war auch hier. Die Baustelle zu betreten war für die Außenstehende verboten.

Ich stehe einen Moment suchend auf dem schmalen, überwachsenen Bahnsteig. Mein Blick fällt auf das Schotterbett. Stellenweise sind Bohlen herausgerissen. Ich glaube es kaum: Dort liegt eine wattierte NVA-Hose. „Wie kommt die hierher?", entfährt es mir. Fast muss ich lachen über soviel Ironie. Die Hose ist völlig unversehrt. Unmöglich, dass sie vor 15 Jahren hier vergessen wurde. Ich überwinde mich und untersuche die Taschen. Ich finde nichts außer einem kleinen Stück vergilbtem Papier. Das linierte Papier kenne ich. Es gehörte zu einer Sorte Schreibheft, die es nur in der DDR zu kaufen gab. Die Hose (vielleicht gehörte sie einem Bausoldat) muss ein Original sein. Doch wie kommt sie auf die Gleise? Ich lege sie zusammen und überlasse sie weiterhin diesem unwirtlichen Ort.

Vor mir windet sich ein Feldweg, der offenbar zur Steilküste führt. Ich will den Maschendrahtzaun finden. „Irgendetwas war mit diesem Zaun", schreibt Wolter. Diesen plötzlichen Erinnerungsfilm kenne ich, dieses

Halt-Stop-Gefühl: Da war doch was, das hat mit dir selbst zu tun! Und tatsächlich, wenig später entdecke ich den Zaun und auch das windschiefe Warnschild. Das verwitterte Schild mag gerade noch als Späherposten für Krähen und Bussarde taugen, doch für Wolter war es das Zeichen eines klar umrissenen und eingeengten Lebensbezirkes. Wie auch für mich. In meiner Kindheit umgaben mich diese Warnschilder dutzendfach. Ich sehe die roten Lettern noch vor mir: Vorsicht, Betreten verboten! Lebensgefahr! Die Munitionsbunker im Wiligrader Wald, der Stacheldrahtzaun davor und der hohe Wachturm dahinter. Für einen Moment sehe ich wieder den Wachposten vor mir, der sein Gewehr angelegt hat und drohend auf mich zielt. Er schreit: „Weg vom Zaun! Wenn Du nicht verschwindest, schieße ich!" Da war ich ein Kind.

Zwischen Silberpappeln mit leise klappernden Blättern werfe ich einen Blick auf den aufgeschütteten Hafen und die Halle einer neu errichteten Fischfabrik. Ich betrachte den schmalen Uferstreifen Sand. Irgendwo dort, so Wolter, verbrachte er harmonische Momente mit seinem Freund Thomas. Es ist so lange her und so schlicht beschrieben im Buch, und doch habe ich das beschämende Gefühl, als schaute ich auf ein Liebesnest, das mich nichts angeht. In meiner Fantasie sehe ich zwei uniformierte Jungen am Strand liegen, Arm in Arm. Wie war dieser intime Rückzug möglich, an einem Ort, wo Offiziere dominierten und Bauarbeiter plackerten? In Gedanken winke ich den Jungen zu, drehe mich um und schlage meinen Weg zurück über braches Land in Richtung der Baracke, die Wolter als Scheune erinnerte.

Tatsächlich, auch hier stimmt die detailgetreue Beschreibung. Ich erkenne die improvisiert angebrachten Scheunentore und werfe einen Blick ins Innere. Auf dem verstockten Boden liegen zerbrochene Möbel und vergessene Baumaterialien. Ich bekomme eine Vorstellung über den geschilderten Arbeitseinsatz bei Wind und feuchter Kälte. Ja, nach einem strengen Winter im Januar waren Februar und März 1987 windig, feucht und nasskalt. Dünn, wie ich selbst mit neunzehn war, fällt es mir nicht schwer, mich in Wolters Lage zu versetzen. Wie er und die anderen in der zugigen Baracke gefroren haben. Ich drehe mich um, lehne mich an das Tor und schließe die Augen. Ich empfinde noch einmal das Gefühl jener Wochen, nach der Ausreise meines Freundes Wolfgang am 6. Februar 1987. Die Angst und Ohnmacht darüber, wie es weitergehen würde ohne den Freund. Dieser brennende Verlust und der Schrecken, sich vielleicht nie wieder zu sehen. Damals trösteten mich die Spaziergänge mit dem gemeinsamen Freund Anton über das freie Feld. Ich spüre wieder den eisigen Wind auf dem Acker, das klamme Körpergefühl, die unsicheren Schritte.

Damals muss das hier ein nackter und hässlicher Platz gewesen sein. Erinnerungen an alte Schwarzweißfotografien auf Wandzeitungen und in Brigadebüchern werden wach. „Baut auf, Freie Deutsche Jugend, baut auf" und „Alles zum Wohle des Volkes". Vom stolzen Aufbau des Sozialismus ist kaum mehr übrig als ein paar verfallende Baracken. Auch sind Bäume herangewachsen. Nur wenige Meter weiter boomt der moderne Tourismus, während dieser Platz verkommt. Ich kann Wolters Unstimmigkeit verstehen. Auf dem heutigen Fährhafengelände wird nur dem Neubau der 90er Jahre gedacht. Für ihn ist dieser Ort aber, wie er sich bis 1989 gestaltete, ein Stück seiner Identität, eine unfreiwillig einschneidende Lebenserfahrung. Wer an diesem Ort erinnert sich heute noch an die Bausoldaten?

Wilde Apfelbäume säumen den Weg. Ich verzehre zwei herangereifte tiefrote Winteräpfel und peile nun Wostevitz an. Ich will den Fährbahnhof besichtigen und hoffe, den Versorger Wostevitz zu finden. Die Straße zieht sich als schwarz geteertes Band durch die gewellte Landschaft. Trotz der vollen Oktobersonne ist es empfindlich kalt. Ich knüpfe meinen Mantel zu. Links hinter der Brücke erstreckt sich der Fährbahnhof Mukran und scheint kein Ende zu finden. Wohin ich auch schaue: überall ziehen sich Strommasten, Gleisanlagen und Plattenbauten hin. Die riesige Anlage wirkt wie verlassen. Nur hin und wieder löst sich langsam und müde quietschend ein Schienentriebfahrzeug aus dem. Bild. Es sieht gespenstisch aus.

Unter mir liegt das ehemalige Heizwerk, in dem Bausoldat Wolter eine Zeit lang arbeiten musste. Die Straße liegt so hoch, dass ich einen Teil des Hofes mühelos überblicken kann. Ich denke: Als Wolter hierher kam, kannte er Eisenach, die Wartburg, Weimar. Der Horizont war noch nicht weit, bei dem die schönen Farben überwogen haben. Wie muss diese häßliche Industrieästhetik auf den halbwüchsigen Pfarrerssohn gewirkt haben?

Rechts vor Wostevitz ragt nochmals wie vergessen ein Schild „Betreten verboten" aus dem Straßengraben. Schon von weitem erkenne ich die ruinöse Baracke der ehemaligen Kantine. Ich biege ab. Es ist merkwürdig. Als würde ich diesen Ort gut kennen, nähere ich mich zielgerichtet dem Gebäude. Dort windet sich die beschriebene Wendeschleife für die LKWs. Und wirklich, hier bröckelt das Treppchen mit dem schmalen Weg, der früher zum Essensaal der Bausoldaten führte. Ich lache auf. Das gibt es doch nicht! Hier wächst tatsächlich das von Wolter beschriebene Apfelbäumchen! Ich komme nicht umhin, von den „verbotenen Früchten" zu kosten und stelle ebenfalls fest, dass sie ungenießbar sind.

Ich betrete den ehemaligen Versorger mit einer unbestimmten Scheu. In den letzten Jahren habe ich viele solcher Orte aufgesucht. Und immer wieder stellte ich denselben Grad der Verwüstung fest. Was treibt mich? Eine Art Bestandsaufnahme dessen, was einmal auch zu meiner Kindheit und Jugend gehörte? Nur fünfzehn Jahre nach dem Fall der Mauer fällt es schwer, Relikte der realen DDR zu finden. Das meiste ist überbaut oder wurde abgerissen. Anderes wird mutwillig dem Verfall preisgegeben oder von der Natur zurückerobert. Bäume und Sträucher wachsen heran - fast überall dort, wo wir zu sozialistischen Bürgern erzogen werden sollten. Zweifellos hat der Verfall eine eigene morbide Ästhetik. Doch es fällt mir schwer einzusehen, das nur wenige Jahre genügen, um die Orte des Geschehens auszulöschen. Immerhin ist dies hier ein Stück meiner eigenen Biografie, wenn auch in einem weiteren Sinne. Ferienlager, Spezialistenlager, FDJ-Schulungslager,

GST-Lager, Lager für Arbeit und Erholung. Immer wieder Lager, Lager, Lager. Die Schauplätze des DDR-Sozialismus sind von Anfang nicht für die Ewigkeit gebaut worden, stelle ich fest. Die Materialien waren billig, die Bauweise wirkte improvisiert. Aschenputtel DDR. Auch hier überwiegt Asbest und verpestet die Landschaft.

Unter meinen schweren Schuhen knacken Scherben. Durch die Räume zieht ein stockiger Geruch. Nur ein paar herausgerissene Neonlampen und Wandkacheln erinnern an dass einstige Versorgungsobjekt, zu dem die Verfallsrelikte der heutigen Zeit gekommen sind. In den Ecken liegen Schlafsäcke, Bierdosen und zerknüllte BILD-Zeitungen. Vom Boden lese ich eine graue Kartei auf und wische den Schmutz fort. Eine alte Inventarliste aus dem Jahr 1987. Also aus der Zeit, als Wolter hier und im benachbarten Versorger Mukran Essen austeilte. Ich streune durch die Räume, ohne recht zu wissen, was ich eigentlich suche. Am Ende des Gangs angelangt, betrete ich eine Rampe, blicke auf den ehemaligen Wirtschaftshof und schaue mich noch einmal um. Wo leben die Menschen heute, die hier einmal gearbeitet, gegessen haben? Was ist aus den Bausoldaten geworden? Sind sie Pastoren geworden? Oder hatten sie nach dem Armeedienst alle Zukunftspläne verworfen? Ich kneife die Augen zusammen und stelle mir ein Trüppchen Bausoldaten vor, wie sie den Flur entlanglaufen. Ihre Bestecktaschen aus bunter Plastikfolie in der Hand. Das Bild löst sich schnell wieder auf. Das Gebäude ist unheimlich. Ich will zurück.

Auf der Brücke, über die die B 196 führt, strebe ich dem ehemaligen Versorger Mukran entgegen. Bald erreiche ich den flachen Plattenbau am Rand des hochstangigen Kiefernwaldes. Hier also harrte Wolter monatelang aus, als eine Art Küchenjunge und Bewacher eines Telefons, das nicht funktionierte. Dieses Kapitel erscheint mir besonders grotesk. Wolter erfuhr in diesem Gebäude ein irreales Raum- und Zeitgefühl, was darin gipfelte, dass er sich mit seiner unfreiwilligen Behausung immer mehr zu identifizieren begann. Ich betrete das unscheinbare Gebäude, das heute eine Gaststätte beherbergt. Zu dieser Nachmittagsstunde sind keine Gäste anwesend. Eine Frau mit schwarzen Haaren saugt im Eingangsbereich. Ich bestelle ein Bier und packe Wolters Buch aus. Ich spreche sie an: „Kennen Sie dieses Buch? Wissen Sie, dass Ihre Gaststätte in diesem Buch erwähnt wird?" Die Frau stutzt einen Moment: „Ach sind Sie der Autor?"
„Nein", antworte ich, „aber ich bin auf den Spuren des Bausoldaten Stefan Wolter, der hier einmal gearbeitet hat."
Die Kellnerin antwortet: „Ja, der junge Mann wird am kommenden Samstag hier lesen. 22. Oktober, neunzehn Uhr." Freude und ein Gefühl der Gewissheit durchströmen mich. Natürlich! Das Buch ist gerade herausgekommen. Mit Lesungen ist zu rechnen. Warum sollte Stefan Wolter hier nicht beginnen, im ehemaligen Versorger Mukran? Das ist ja „sein Ort". Diese unauffällige Raststätte birgt seine Geschichte. Ich muss schmunzeln. Vermutlich bin ich der erste „Fan".
Ich beschließe, zur Lesung wiederzukommen.

Ich suche die Toilette auf. Wie erwartet, ist die Beschreibung auch hier zuverlässig. Als ich die Tür öffne, halte ich inne und fühle mich sofort erinnert. Der Geruch nach alten Spülsteinen und ätzenden Reinigungsmitteln hängt noch immer in der Luft. Diesen Geruch kenne ich. Ich denke an das GST-Lager Cramon, damals im September 1985, als wir uns unter Aufsicht von Vorgesetzten über Steintrögen waschen mussten. Offenbar reichte das Geld für eine umfassende Sanierung der Toiletten nicht aus. Ich schaue auf die grauen Plastikwasserhähne, diese wackeligen Dinger, die ich längst vergessen hatte. An den Toilettentüren entdecke ich unter dem neuen Anstrich die Tages- und Jahreszahlen, eingeritzt von Bausoldaten. Wer kommt heute schon darauf, dass hier einmal Tage gezählt wurden?

Ich will das Areal der ehemaligen Sandsiebanlage erkunden. Der Koch des „Rüganers" steckt seinen Kopf aus der Tür. Ich frage ihn, ob er die Sandsiebanlage noch kennt. „Nein", antwortet er, „davon habe ich noch nie gehört." Ich laufe zum Strand und blättere im Buch. Das Foto, das Wolter im Jahr 2004 vor der Silhouette des Terminals zeigt, bietet eine Orientierung. Endlich glaube ich die Stelle gefunden zu haben. Die Sanddünen sind heute jedermann zugänglich. Und doch beschleicht mich wiederholt ein Gefühl der Scham, das unbegründet ist. Irgendwo hier lag das „Versteck" von Stefan und Thomas. Wenn sie sich unbeobachtet fühlten, flüchteten die Jungen an den Strand, um sich in Umarmungen weit fort zu träumen - jenseits vom Horizont.

Mein Gott, denke ich, Homoerotik bei der Armee, gar bei der Nationalen Volksarmee, das ist bis heute ein Tabuthema. Das wird nicht angetastet und basta. Armee, das ist eine Domäne für „echte Männer", ähnlich dem Fußballfeld. Und doch beunruhigt mich die Geschichte von Stefan und Thomas. Ich erinnere mich, von solchen Liebesgeschichten gehört zu haben. Nachträglich, von Freunden und Kumpels an Biertischen, von Mitstudenten, die noch in der NVA kaserniert waren. Sie erzählten es leise, als fürchteten sie immer noch Entdeckung durch andere. Und oft spürte ich da Scham oder Irritation über ein unbekanntes Gefühl. Aber ich hörte auch von einem kleinen Glück, dass die Augen nachträglich glänzen ließ. Ob schwul oder nicht, das schien oftmals keine Rolle gespielt zu haben. Da war Sehnsucht nach Wärme. Ein Wunsch nach Halt. Darauf kam es an. Doch die Zuneigung untereinander hatte sehr oft eine bestimmte Grenze. Jemand sagte zu mir: „Bei der Armee gab es eben keine Frauen." Gerade darin scheint die Tragik zu liegen, die auch Wolter erfahren hat.

(...) Ich glaube das ehemalige Sandspülfeld entdeckt zu haben. Richtig, außer den nun mehr bewachsenen Sandwällen am Südostende des Feldes erinnert nichts mehr an die Sandsiebanlage, an der Woher sogar als Arbeitsgruppenführer eingeteilt war. Kiefern und Birken sind herangewachsen und verstellen den Blick. Ein Ahnungsloser erkennt nicht mehr, dass es sich hier um eine Industriebrache handelt. Noch steht die Oktobersonne über der Waldkante. Ich taste mit meinen Augen einige Hundert Meter Dünenlandschaft ab und sehe in der Fantasie einen sonnengebräunten Jungen über das Sandfeld hasten. Tag ein, Tag aus. Wie konnte Wolter überhaupt an ein Leben danach glauben? Leben in dem Sinne, dass er Studienpläne hatte, dass er Freundschaften erhalten, dass er einfach beginnen wollte? Wie ist ist es Stefan Wolter gelungen, nach dem Prora-Trauma seinen eigenen Weg zu finden? Auf dem ehemaligen Sandspülfeld ziehen sich Trampelpfade und ein geteerter Radweg entlang - Tendenzen, dass die Gemeinde heute bemüht ist, das Ödland für die Naherholung zu nutzen. Hin und wieder rauscht ein Radfahrer vorbei. Einige Spaziergänger schlendern durch die Dünen. Ich beschließe, die Eindrücke meiner Reise aufzuschreiben. Ich möchte Stefan Wolter ein Zeichen senden. Darüber, wie sehr mich seine Geschichte berührt und betroffen gemacht hat. Dass sie ein Angebot zur eigenen Aufarbeitung ist.

Gedankenverloren wende ich mich dem Meer zu. Ich entdecke das von Wolter erwähnte Wrack des Schiffes. Schwarz ragen scharfe Kanten aus dem Wasser. Alles ist ruhig. Da ich hungrig bin, strebe ich dem „Hülsenkrug" entgegen. Die Gaststätte ist mäßig besetzt. Im Radio dudelt „In the Ghetto" von Elvis Presley. Das passt, denke ich und blättere erneut in Wolters Erinnerungen. Ich bestelle Sülze und Bier. Wenn schon, dann deftig, in dieser ehemaligen Bauarbeiterkneipe. Ich schreibe Tagebuch. So bemerke ich kaum, wie der Nachmittag vergeht. Draußen dämmert es bereits. Vor dem Horizont mit melonenroten Lichtstreifen erkenne ich die schattengleichen Silhouetten von Männern, die vom Angeln kommen.

Ich schaue genau auf die Fläche, auf der früher ein Barackendorf mit Baubuden lag. Ich denke an meinen Klassenkameraden Volker. Er verließ die Schule nach der 8. Klasse und lernte Maurer. Nach der Lehre zog es ihn nach Mukran. Das war 1986. Ich erinnere mich gut daran, wie Volker an den Heimfahrtswochenenden nach Trebbow kam. Bald fuhr er ein neues schweres Motorrad. Das hatte er sich in Mukran erarbeitet. Mukran. Ich hatte keine rechte Vorstellung, was Volker dort machte. Aber der Ort hatte so eine Verheißung. Dort konnte man viel Geld verdienen, so hieß es. Und wenn man jung war und ungebunden, war das Angebot besonders verlockend. Ähnlich meinem ältesten Bruder, der zur selben Zeit als Trassenbauer in der Sowjetunion arbeitete. Ob Wolter und Volker sich damals über den Weg gelaufen sind? Es ist anzunehmen. Volker lernte seine Frau auf Rügen kennen, in einer Disco in Bergen. Auch hier staune ich über die oft bestätigte Gewissheit, dass viele Geschichten, die wir hören und uns beschäftigen, oft einen greifbaren Bezug zu uns selbst haben. Ich muss Volker einmal fragen, wie er seine Mukraner Zeit erlebt hat.

Im letzten Licht beobachte ich den Leuchtturm weit draußen auf der Mole. Die Fähre „Scandlines" legt ab. Vielleicht fährt sie Richtung Bornholm. Der Leuchtturm blinkt mit smaragdgrünen Lichtsignalen. So freundlich dürfte die Atmosphäre damals nicht gewesen sein. Dort draußen erlebten Stefan und Thomas einen Weihnachts- oder Sylvesterabend - ganz allein und weit entfernt von jeder familiären Festtradition. Ich kann die äußere eisige Kälte nachempfinden, aber auch die innere Wärme, die beide Bausoldaten damals gespürt haben müssen.

Saschas Briefe, denke ich. Ich muß noch einmal die Armeebriefe meines Jugendfreundes lesen. Als Wolter im Mai 1988 aus der NVA entlassen wurde, traf die Einberufung meinen Freund Sascha. Er wollte Schauspiel studieren, hatte die Eignungsprüfung an der Rostocker Schauspielschule bestanden. So hatte er keine andere Wahl. Der Mai war feucht und schwül. Nie vergesse ich den letzten Abend in der Veranda seiner Eltern. Noch einmal hörten wir unsere Lieder: Hannes Wader, Hermann von Veen, Herbert Grönemeyer, Georges Moustaki und Angelo Branduardi. Das waren unsere Platten. Sascha und ich sangen das Lied „Rohr im Wind" von Hannes Wader: „Halt dich nicht fest an mich, ich bin ein Rohr im Wind..." und „Morgen gehst du für lange Zeit fort..."

Wir weinten und umarmten uns sehr fest. Wir hatten wohl eine Vorahnung, dass die Bewährungsprobe für unsere Freundschaft hart werden würde. Und tatsächlich, als Sascha im stürmischen Herbst 1989 entlassen wurde, fand ich ihn verändert. Er wirkte verschlossen. Auch hatte er neue Freunde bei der Armee gefunden. Sie teilten nun unsere Runde in der Veranda. Die Songs, die sie auf ihren Gitarren spielten, klangen schärfer als die Balladen, mit denen Sascha und ich uns Mut zugesprochen hatten. Ich fühlte mich fremd inmitten dieser Männerrunde, die etwas ausstrahlte, das ich nicht zu teilen vermochte. Nichts war mehr wie vorher und wir begannen uns auseinanderzuleben. Es sollten Jahre vergehen, bis wir neue Kräfte füreinander gesammelt hatten. So war das Jahr 1989 für mich auch eine sehr persönliche Zäsur.

Dieser frühe Abend im „Hülsenkrug" ist schön. Es geht mir gut. Draußen rauschen Autos vorbei. Die schlanke Kellnerin erscheint in regelmäßigen Abständen in der Tür und lächelt mich an. Ich bestelle einen Grog. Der Mukraner Küstenstreifen erinnert mich an eine Südengland-Reise im Herbst 2003. Ich fuhr von London über Dover und Folkstone nach Dungeness, um den surreal wirkenden Garten des Filmemachers Derek Jarman zu besuchen. Als ich den Garten aus Steinen und aufgelesenem Strandgut besichtigte, hatte ich das Gefühl, etwas sehr Vertrautes aus einem neuen Blickwinkel zu sehen. Hier ist es ähnlich. Wolters Geschichte ist mir vertraut und ich bin froh, diese Reise gemacht zu haben.

Ich zahle und fahre mit dem Sassnitzer Linienbus zurück nach Binz. Im Hotel aufgewärmt, entschließe ich mich zu einem Abendspaziergang bis zur Seebrücke, die Mitte der 80er Jahre nicht existierte. Die Promenade und das Kurhaus sind hell erleuchtet. Die flackernden Kerzen auf den freigestellten Tischen beschwören den vergangenen Sommer. Es fällt mir schwer, die Tristesse des Seebades zu DDR-Zeiten vorzustellen. Ich erinnere die einsame Stimmung, als ich Mitte der 80er Jahre Förderkurse an der damaligen Fachschule für Angewandte Kunst in dem Ostseebad Heiligendamm besuchte und abends durch den verlassen wirkenden Ort schlenderte. Und ich erinnere mich auch an die grauen Gebäude im Ostseebad Boltenhagen, im Juni 1987, als ich Freunde auf dem Zeltplatz besuchte. Da ich für meinen kurzen Besuch keine Zeltplatzgenehmigung hatte, schleppte mich nach einer Ausweiskontrolle ein NVA-Soldat zur Anmeldung. So funktionierte der Küstenschutz. Das kleine NVA-Objekt lag hoch oben auf der Steilküste. Dahinter erschloss sich die weite Aussicht über die Lübecker Bucht. Einmal wagten wir uns bis zu der Landspitze vor, auf der die Kasernen und der Wachturm lagen. Wir befürchteten Verhaftung, mindestens Passkontrolle. Doch stattdessen grölten die Soldaten aus ihren Fenstern und ließen Bandmaße im Wind flattern. Sie riefen:. „Hey, ihr Sprutze! Noch ... Tage!" Die genaue Zahl konnte ich aus dem Geschrei nicht heraushören.

Meine Binz-Prora-Mukran-Reise ist vorläufig zu Ende. Morgen früh werde ich mit dem Zug zurück nach Schwerin fahren. Ich freue mich auf das kommende Wochenende, an dem ich nochmals hierher komme, um Stefan Wolter kennenzulernen: im ehemaligen Versorger Mukran.

Die Begegnung mit Stefan Wolter

22. Oktober 2005. Nochmals fahre ich nach Binz und miete mich wiederholt im Hotel „Zur Promenade" ein. Wie schon eine Woche zuvor genieße ich auch heute den Strand mit der wunderbaren Aussicht über die Prorer Wiek. Nachdem ich eine Wanderung entlang der Granitz bis zum Aussichtspunkt Granitzer Ort unternommen habe, fahre ich mit dem Bus nach Mukran, Haltepunkt Hülsenkrug. Dort stärke ich mich und beschließe einen Strandspaziergang. In knapp zwei Stunden wird die Lesung von Stefan Wolter im ehemaligen Versorger Mukran beginnen.

Ich treibe dahin, sammle besonders schön geformte Feuersteine. So nehme ich nur am Rande wahr, dass sich an der Düne zwei junge Männer niederlassen. Wenig später laufen sie dem Terminal entgegen. Ich schaue ihnen nach. Könnte es sein, dass einer der beiden Stefan Wolter ist? Es sieht aus, als würde der eine dem anderen immerfort etwas zeigen und erklären. Es dämmert rasch. Ich laufe zum Versorger, der menschenleer ist. Noch ist ja Zeit, beruhige ich mich und laufe zurück in die Dünen. Da kommen mir die beiden Jungen direkt entgegen.

„Stefan Wolter?" Obwohl es dunkel ist, bin ich mir ganz sicher, den ehemaligen Bausoldaten erkannt zu haben. Er lacht mit sehr offenem Gesicht. Stefan Wolter strebt auf mich zu und sieht mich forschend an. Ich nenne meinen Namen. „Jens-Peter? Muß ich Dich kennen?", fragt Stefan.

Für den Bruchteil einer Sekunde denke ich, er wird enttäuscht sein, wenn ich sage, dass ich kein ehemaliger Kamerad oder Kollege von einst bin. Ich antworte: „Nein. Ich habe Dein Buch gelesen und Dich wiedererkannt."

„Und wie siehst Du mich jetzt? An diesem Ort?"

Stefan beschreibt mit einem ausholenden Bogen das ehemalige Sandspülfeld. Es ist merkwürdig, einem Menschen zu begegnen, den man noch nie gesehen hat und doch meint, alles von ihm zu wissen. „Ja, an diesem Ort. Das ist schon sonderbar. Das ist jetzt möglich", antworte ich. „Hier war alles abgegrenzt", erinnert sich der Ex Bausoldat und erzählt weiter: „Die

Insel wimmelte von Offizieren, so sehr, dass ich schon Bedenken habe, einige von ihnen heute Abend wiederzusehen. Und Du hast mein Buch gelesen?"

„Sicher. Ich war schon am vergangenen Wochenende hier, um mir alles anzusehen. Das ehemalige Sandspülfeld, den Versorger...“

„... und der Versorger ist übriggeblieben", ergänzt Wolter meinen Satz. Jetzt löst sich Stefans Begleiter aus dem Schweigen. Er lacht und sagt immer wieder „Wahnsinn!"

„Ich habe eine Art Literaturreise gemacht. Dann hörte ich, dass Du heute Abend im Versorger liest."

„Ich habe große Bedenken, ob es der richtige Ort ist", zweifelt Stefan: „Ich weiß nicht, ob die Zeit dafür schon reif ist. Das Schreiben hat mich schon gequält und jetzt habe ich Angst, mich dem Publikum zu stellen."

Stefan schaut zum Versorger, der hell erleuchtet ist. Ich sehe sein Profil. Unglaublich, dass dieser junge Mann hier vor gut 20 Jahren als Bausoldat geschuftet hat, denke ich. Ich kann seine Berührungsängste verstehen und antworte: „Aber Du musst es tun. Es ist Deine Geschichte. Du hast einen Anfang gemacht."

„Und Du bist extra gekommen?" vergewissert sich nochmals Stefan.

„Ich habe das Gefühl, dass Deine Geschichte mit mir selbst zu tun hat, obwohl ich kein Bausoldat gewesen bin." Stefan und sein Begleiter schütteln noch immer ungläubig den Kopf, während wir den Versorger anpeilen.

Stefan ist aufgeregt. Er betritt den Versorger. Der Raum der Gaststätte ist bereits mäßig besetzt. Sogleich erhebt sich ein alter Herr mit gewelltem Silberhaar. Er spricht Stefan auf die Sendung bei „artour" an, die Stefans Buch für den MDR vorstellte. Ist der Mann ein ehemaliger Offizier?

Stefan unterhält sich mit ihm, schüttelt seine Hand. Dann wendet er sich mir zu. „Na dann, hereinspaziert!", ruft Stefan mit großer Geste und mustert mich gleichzeitig im Kneipenlicht. Es ist, als kommentiere er sein damaliges Eingesperrtsein im Versorger heute mit Humor. Überhaupt irritiert mich an diesem Abend die Zeitreise, die sich abspult. Stefan bestellt Bier und läuft wie auf einen Seidenfaden gezogen leicht durch den Gastraum, als wäre er noch immer der Küchenjunge von einst. Der „Prinz von Prora" in seinem Schlösschen Mukran! Hereinspaziert - denn seit der Revolution stehen alle Türen offen. Diese Art Humor gefällt mir. Während der Lesung deutet Stefan in die Winkel und Ecken des Gebäudes. Amüsiert beobachte ich diese scheinbaren Nebensächlichkeiten. Sie rühren mich.

Sein Freund Michael und ich setzen uns nach vorn, wo der Tisch für die Lesung aufgebaut ist. Ich wende mich Stefan zu und sage: „Ich glaube, Du hast einige Tabus gebrochen. Über Bausoldaten zu schreiben, dass ist doch ein Thema, das gemeinhin abgeschlossen ist. Und über Homoerotik bei der Armee zu schreiben, damit trittst Du vielen auf den Schlips."

Stefan: „Oh ja. Auch hier wollen viele davon bestimmt nichts wissen. Die Offiziere gestehen sich schwer ein, dass es so etwas bei der Armee überhaupt gab. Ich werde dieses Thema hier auch nicht ansprechen. Das ist mir zu heikel."

Etwa vierzig Zuhörer sitzen im Raum. Stefans Lesung vollzieht sich ohne Pannen. Anfangs ist er aufgeregt, dann liest er flüssig und anschaulich. Ich schreibe Notizen. Nach der Lesung ergibt sich rasch eine kontroverse Diskussion. Damit war zu rechnen.

Der alte Herr mit Silberhaar rechtfertigt sich. Er argumentiert, Stefans Buch wäre eine Art Beweis, dass in der Armee mehrere Gesinnungen nebeneinander existieren konnten. Er fixiert mich, nickt heischend um Bestätigung. Ich frage mich, ob dieser Mann seine Toleranz schon vor zwanzig Jahren vertreten hat. Ein anderer Mann mit langen Haaren und Bart wirft ein, dass Wolters Geschichte einmal mehr aufzeigt, dass die DDR ein Unrechtsstaat war. „Und was ist heute? Ist das hier etwa kein Unrechtsstaat?", kreischt aus der Ecke eine Frau, die unentwegt Zigaretten raucht. Sie wirkt verbittert. Ein etwa fünfzig Jahre alter Mann steht auf und stellt sich vor. Er war Bauleiter auf der ehemaligen Großbaustelle Mukran. Er betont, dass die Arbeit damals ohne die Bausoldaten gar nicht zu leisten war, und dass diese Leistung bis heute nicht genug gewürdigt werden kann.

Dann positioniert sich der Gatte der Kettenraucherin. Er wäre auf der Baustelle Mukran Fotograf gewesen. Es folgt ein Schwall von Rechtfertigungen, aus denen einzig und allein herausklingt, dass der Mann damals Anerkennung hatte, und dass heute alles zum Teufel ist. Seine Frau wirkt wie erstarrt, während ihr Mann versucht, seine Biografie zu verteidigen. Soviel ist herauszuhören: Da schwelen noch immer Probleme unter der dünnen Decke der Düne, drohen Konflikte von einst aufzubrechen. Und es geht auch um die eigene Ehrenrettung. Eine ältere Frau betont, dass die Bausoldaten beliebt waren. Wie oft hätte sie einen der jungen Männer am Straßenrand aufgelesen, wenn sie die Bahn verpasst hatten.

Ein Ex-Bausoldat aus dem Publikum kommt zu Wort. Ein Pastor fragt Stefan nach seinen Gefühlen, die er heute empfindet, wenn er bei Altefähr die Insel betritt. Schlussendlich ist es immerhin der Ex-Offizier, der vorschlägt, man solle im Dokumentationszentrum Prora den Bausoldaten endlich ein würdiges Denkmal setzen.

Stefan hört aufmerksam zu. Er argumentiert, nach fünfzehn Jahren wäre es an der Zeit, das Los der Bausoldaten aufzuarbeiten. Denn bereits die Zeit danach - die Wendejahre - wären inzwischen Gegenstand der Geschichtsaufarbeitung. Ich frage Stefan: „Wie geht es Dir jetzt, hier im Versorger?"

Stefan hält einen Moment inne. Seine Augen wandern zur Decke, wandern durch den Raum. „Für mich ist alles hier vertraut. Ein wenig ist es, wie zu Hause zu sein. Du musst wissen, dass ich hier manchmal tagelang nicht herausgekommen bin. Da kennst du jeden Winkel." Dann schweigt er.

Die Lesung ist beendet. Die Kulturfrauen der Stadt Sassnitz, die den Abend organisiert haben, argumentieren, 35 bis 50 Besucher wären für eine Lesung normal, „mehr locken Sie hinterm Ofen nicht hervor." Und die Geschichte eines Bausoldaten - nein, da hätten viele abgewinkt. Das Thema wäre erledigt. „Es gibt hier Leute, die mit der Vergangenheit nichts mehr zu tun haben wollen. Die sind mit sich selbst beschäftigt."

Stefan: „Ich verstehe, die haben mit dem Häuslebauen zu tun."

Dennoch äußert Stefan Enttäuschung. Er hatte gehofft, wenigstens einige seiner zivilen Kollegen wiederzusehen. Er nennt sogar Namen. Die Damen zucken ihre Schultern und lächeln süßsauer. Hier will man nicht zu sehr am Lack kratzen, gar alte Wunden aufreißen. Heute lebt die Insel vom Tourismus, das soll und muss so bleiben. Da stören nur die alten Feindbilder.

„Und Deine ehemaligen Kameraden?", frage ich.

Stefan schüttelt den Kopf: „Nicht einer". Nicht ein einziger hätte sich auf sein Buch hin gemeldet.

Das Buch wäre schon seit zehn Wochen auf dem Markt, und er hätte viele Zuschriften bekommen, aber er wäre sehr überrascht, dass sich kein Schicksalsgenosse von einst gemeldet hat. „Hast Du gar keinen Kontakt mehr?", will ich wissen.

„Nein", so Stefan, „nicht einmal zu Thomas. Alle sind in der Welt verstreut. Nur Bernd, dem im Buch erwähnten Musiker, schickte ich eine Karte mit der Einladung zu meiner Lesung. Aber die Karte kam zurück. Adressat unbekannt."

Stefan scheint sich selbst etwas zu beruhigen. „Vielleicht ist es auch besser so. Es ist so lange her und es wäre wohl viel zu anstrengend geworden, sich hier zu treffen. Wir trafen uns alle noch einmal kurz nach der Entlassung. Aber da setzte schon die Entfremdung ein. Man muss sich vorstellen – wir kannten uns alle nur in Uniform, alle waren gleich. Und nun saßen da völlig unterschiedliche Typen zusammen."

Im Versorger ist es leer geworden. Und es ist spät. Stefan und Michael wollen nach Sassnitz, ich zurück nach Binz. Stefan gibt mir seine e-mail-Adresse. „Ich will doch noch Deine Geschichte hören", lacht er. Beim Hinausgehen streicht er über das Riffelglas der Schwenktüren. „Die sind noch original", sagt er leise und staunt selbst, dass sie die Zeit überdauert haben. Draußen zeigt mir Stefan das Fenster, hinter dem er nächtelang die kaputte Telefonanlage bewachen musste. Er schüttelt leicht den Kopf - so, als könne er die Absurdität seines damaligen Schicksals noch immer nicht fassen. Dann dreht es sich zu mir: „Ja Du, dann mach's mal gut. Es ist ein irres Gefühl, einem Fan zu begegnen." Wir verabschieden uns. Draußen weht es vom Meer und die Lichter des Terminals tanzen im Wind.

Am nächsten Tag reise ich mit dem „Binz-Express" zurück nach Schwerin. In Bergen, Stralsund und Rostock steigen gruppenweise junge Soldaten zu. Sie sehen gut genährt aus, sind durchtrainiert. Manche spielen Gameboy oder sitzen vor einem Laptop. Andere beschallen sich mit Musik oder versenden immerfort SMS. Ich schaue in angstfreie Gesichter. Sie lachen.

Epilog

29. November 2005. Wir sitzen in Sonjas wunderschönen Töpferei zusammen. Es ist später Nachmittag. In den Laden kommen Passanten und kramen zwischen den Töpferwaren nach Weihnachtsgeschenken. Sonja lernte ihr Handwerk auf der Insel Rügen. Wir haben uns eine Weile nicht gesehen, so fragt sie mich nach den letzten Ereignissen. Da lege ich Stefan Wolters Buch auf den Tisch: „Das habe ich gelesen. Und ich war auf Rügen und habe Stefan Wolter auch kennengelernt."

Sonja staunt: „Das Buch wollte ich meinem Vater zu Weihnachten schenken. Meinst Du, es ist nicht zu hart?"

Zu hart? Sonja meint ihren Vater, der vor der Wende Offizier der Nationalen Volksarmee war. Heute betreibt er ein gut gehendes Restaurant und eine Biogärtnerei. Mit Sonjas Vater habe ich reden können. Er zeigte mir Fotoalben aus seiner Armeezeit. Panzerbataillon in H. Sein Großvater war Kommunist und war in einem KZ inhaftiert. Ich begriff, warum Sonjas Vater den Beruf eines Offiziers ergriff und warum er von dessen Notwendigkeit überzeugt war. Ich sage: „Ich nehme an, dass Dein Vater mit Kritik umgehen kann. Dann ist das Buch eine Bereicherung".

Sonja erinnert sich. Als Kind war sie als Offizierstochter oft in Prora, in einem Kinderferienlager der NVA. Während ihrer Lehrzeit auf Rügen fuhr sie manchmal dorthin, um am Strand zu übernachten, auch wenn die Ruinen unheimlich waren. „Ich weiß nicht, was mich da immer wieder hinzog." Ihr Freund habe es nicht aushalten können. Er fürchtete sich.

Auch Sonjas Freundin Anke erinnert sich. Ihr Freund Christian war in Prora Soldat. Aber er hat über Prora nie gesprochen. Er hätte nur einmal gesagt, dass die Wirklichkeit die schlimmsten Berichte über die Kaserne übertroffen hat. „Nach seiner Armeezeit war Christian der glücklichste Mensch", sagt Anke: „Man sieht auf den Fotos aus den Monaten nach seiner Armeezeit, wie glücklich und erleichtert er war. Ich frage ihn, ob er das Buch lesen möchte".

Der Architekt Bernhard kommt herein. „Was, Du liest dieses Buch gerade auch?", fragt mich Bernhard und deutet auf Wolters Buch. Ich komme aus dem Staunen über das Band der Zusammenhänge nicht heraus. Bernhard fasst zusammen, was auch ich empfunden habe. Stefan Wolters Buch schließt eine Erinnerungslücke, vor der sich viele gefürchtet haben: die Zeit in der NVA. Und es ist ein Angebot zur eigenen Aufarbeitung. Nach fünfzehn Jahren ist die Zeit reif, Rückschau zu halten. Die späte DDR, der Herbst 1989, die Wende und Nachwende, das alles ist bereits Geschichte.

„Wann, wenn nicht jetzt?", fragt Bernhard: „Ich habe eine fünfzehnjährige Tochter auf Rügen. Die schrieb mir gerade in einem Brief: „Papa, wenn Du nicht zu reden beginnst über die Zeit vor 1989, dann mache ich eine Therapie".

„Die Bausoldaten'", sagt Stefan Stadtherr Wolter, ,das ist die Geschichte der Gewaltlosigkeit.' (...) In zahlreichen Büchern hat der Medizin- und Militärhistoriker das Engagement der Bausoldaten festgehalten, sich wie kaum ein anderer für die Erinnerung an sie starkgemacht. Gegen alle Widerstände kämpft er dafür, dass DDR-Geschichte und insbesondere die der Bausoldaten ,nicht abgeräumt' wird. Seine Initiative ,DenkMalProra' informiert im Netz, er hat für eine Gedenktafel in Prora und vieles andere gesorgt. Unvergessen ist ihm, wie die Bausoldaten nach einem Streit mit den Vorgesetzten mit Kerzen aus ihren Zimmern traten. ,Wir haben gelernt, dass Überzeugungsarbeit möglich ist und der Dialog so wichtig', sagt der engagierte Autor. Dass heute nur aufgerüstet wird, der Dialog zwischen verfeindeten Lagern so gut wie unmöglich geworden ist, bringe die Welt nicht weiter und widerspreche aller christlicher Überzeugung."
Zit. nach B. Röder, Die Kirche, 28.8.24.

Abbildungen: Die Fotos (Abbildungszitate) entstammen mehrheitlich den ehrenamtlichen gemeinnützigen Internetprojekten www.proraer-bausoldaten.de und www.denkmal-prora.de. Es gilt das jeweils dort angegebene Copyright. Ein herzliches Dankeschön allen Zeitzeugen, die zur Erinnerung beitragen, insbesondere: T. Bemmann S. 26 (unten), 18 (oben), 34 (oben), 67 (unten), 68 (oben), 78 (oben), B. Wagner S. 34 (unten), 54 (links), Eckbert Heinz S. 39 (groß), Thomas Kubala 104 (oben, Mitte), 105 (unten) 110 (oben), 113 (unten), 222 (unten) 227 (oben), 228 (unten rechts), 232 (oben),240, 242, J. Kuhnt S. 32 (links), 33 (Mitte, unten), A. Licht S. 41, St. Gehrt S. 42 (oben), 48, 63 (links), J. Sonntag S. 50, Th. Kratzsch S. 67 (oben), Burkhardt S. 56 (rechts), 68 (links), 242 (Mitte), 264; 266, Schnorfeil S. 31, 58, 99 (unten), 110. NVA-Museum Prora: S. 79 (unten), 234 (unten), 234 (Mitte), 237 (Mitte)www.jsch-online.de/pr8/html/wr/wr_galerie.html, S. 106 (dort weitere Infos). M. Maiwald S. 244 (unten)

Umschlagfotos: Vorderseite oben: Block V während des Umbaus im Sommer 2024. Rückseite: *Initial der Auseinandersetzungen vor Ort*: Rückkehr mit dem Buch „Der Prinz von Prora im Spiegel der Kritik", 2007, Ostseh/Küstermann

Abkürzungsverzeichnis: BS = Bausoldat; BK = Baukompanie; E(K) = Entlassungs-(kandidat); GWD = Grundwehrdienst; KD = Kontrolldienst; KdF = Kraft durch Freude; MHO = Militärische Handelsorganisation; MSB = Motorisiertes Schützenbataillon; MSK = Motorisierte Schützenkompanie; NVA = Nationale Volksarmee; NS = Nationalsozialismus; OHS = Offiziershochschule; OvD = Offizier vom Dienst, PiBB = Pionierbaubataillon, SPW = Schützenpanzerwagen

Publikationsverzeichnis:

• BRÖSING, Thomas: Der Bausoldat, 2008.
• EISENFELD, Bernd: Bausoldaten in der DDR – ein Überblick, Themenheft „Bausoldaten in der DDR" (Horch und Guck, Heft 46/2004), S. 1-8.
• EISENFELD, Bernd/SCHICKETANZ, Peter: Bausoldaten in der DDR. Die „Zusammenführung feindlich-negativer Kräfte" in der NVA, 2011.
• HAASE, Jürgen, Hindernislauf. Meine Studienjahre in der Ex-DDR, 1991. KulturKunststatt „NVA-Museum Prora/Rügen" (Hg.), Militärische Nutzung der KdF-Bauten, 1997.
• KEHR, Roland: Nicht klagen, kämpfen!, Eisenach 2006.
• LEUTERT, Gerhard: Fallschirmjäger der NVA: 30 Jahre Fallschirmdienst - Geschichte und Geschichten, 2012.
• LIERSCH, Hendrik: Ein FREIwilliger Besuch als Bausoldat in Prora, 2. Aufl. 2003.
• LIERSCH, Hendrik: Der Gewalt ausgesetzt, auch ohne Krieg (Virtuelles Museum Proraer Bausoldaten)
• PRORA-ZENTRUM (Hg.): Waffenverweigerer in Uniform, Wissenschaftliche Reihe Band 2, Rostock 2011.
• REINHARDT, Dieter: Meine Zeit: Offiziershochschule Otto Winzer, 2005.
• ROGG, Matthias: Armee des Volkes? Militär und Gesellschaft in der DDR, 2008.
• ROSTOCK, Jürgen/ZADNICEK,Franz: Paradiesruinen. Das KdF-Seebad der Zwanzigtausend auf Rügen, Berlin 1992 (8. Auflage 2008).
• STORKMANN, Klaus: Geheime Solidarität? Militärbeziehungen und Militärhilfen der DDR in die Dritte Welt. Diss.phil. 2012.
• SCHWARTZ, Uwe/WERNICKE, Joachim: Der Koloss von Prora auf Rügen, Königstein 2006.
• WENZKE, Rüdiger, Die Bedeutung des Militärstandortes Prora für die Auseinandersetzung mit der DDR-Geschichte, in: Zeitgeschichte regional 2010, Heft 1, S. 73-78.
• ZIMMERMANN, Thomas: „Klapperndes Schutzblech am Prunkwagen des Sozialismus", in: Heinz JANNIG u.a. (Hg.), Kriegs-/Ersatzdienstverweigerung in Ost und West, 1990, S. 273-282.
• WOLTER, Stefan: Hinterm Horizont allein – Der Prinz von Prora, 2005/4. Aufl. 2016.
• WOLTER, Stefan: Der „Prinz von Prora" im Spiegel der Kritik, Halle 2007.
• WOLTER, Stefan: Der Prinz und das Proradies, Vom Kampf gegen das kollektive Verdrängen, 2009.
• WOLTER, Stefan: Asche aufs Haupt! Vom Kampf gegen das kollektive Verdrängen, 2012.
• WOLTER, Stefan: Prora - Inmitten der Geschichte, Bd. 1 und 2
• WOLTER, Stefan: Schriftenreihe Denk-MAL-Prora, Bd. 1-6
• WOLTER STADTHERR, Stefan: Auferstanden aus KdF-Ruinen. Der „Stalinistische Kasernengroßbau" Prora und seine heutige Rezeption, in: Alles Platte?, hrsg. vom Landesamt für Kultur und Denkmalpflege, 2016, S. 158-174.
• Zeitgeschichte regional, 13. und 14. Jg. 2009 und 2010.
• Virtuelles Museum Proraer Bausoldaten/www.bausoldatenseite.de/www.zettmann.de/ Akteneinsicht/www.denk-mal-prora.de/www.DenkMALProra.de

Stefan Wolter

Hinterm Horizont allein
- Der Prinz von Prora
Erfahrungen eines NVA-
Bausoldaten

Verlagsbestseller 2006, 5. Aufl. 2025

»... ein äußerst, manchmal erschreckend persönliches Buch. Doch es ist vor allem auch eine Erinnerung an die Bausoldaten der DDR, die im Wust der Bücher über die NVA oder zwischen der Proraer Urlaubs-Museumsmeile unterzugehen drohen«.

Leipziger Volkszeitung

»Stefan Wolter reflektiert mit einem seltsamen Gemisch aus Komik und Bedrückung die Endzeitstimmung der späten DDR, die die Sichtweise des damals Neunzehnjährigen spürbar beeinflusst. Sein autobiografischer Bericht steht für jene ostdeutsche Generation der heute Mitdreißigjährigen, deren Lebensentwürfe früh beschädigt oder verhindert wurden. Wer je die Facetten eines aufgezwungenen Gehorsams kennengelernt hat, dem bietet das Buch Stoff zur eigenen Aufarbeitung«.

Süddeutsche Zeitung

»... ein hinreißend sensibles und schonungslos offenes Buch, das den Bausoldaten der DDR ein Denkmal setzt (...) Sprachlich gelingt es dem Autor hervorragend, seine tiefsten Gefühlsregungen zu offenbaren. Fast naiv kommen die Worte zu Beginn daher, dann wird die Sprache schwer, ist depressiv gefärbt, manchmal entsteht Humor und auch Romantik, ja gar die Liebe entfaltet sich hinter den Stacheldrahtzäunen von Prora. Wer beim Lesen ein Gefühl von Nähe braucht, wird dieses Buch nicht mehr loslassen können«.

Nordkurierr